Konzepte. Ansätze der Medien- und
Kommunikationswissenschaft

herausgegeben von
Prof. Dr. Patrick Rössler und
Prof. Dr. Hans-Bernd Brosius

Band 4

Constanze Rossmann

Theory of Reasoned Action – Theory of Planned Behavior

2., aktualisierte und erweiterte Auflage

Nomos

Die Deutsche Nationalbibliothek verzeichnet diese Publikation in
der Deutschen Nationalbibliografie; detaillierte bibliografische
Daten sind im Internet über http://dnb.d-nb.de abrufbar.

ISBN 978-3-8487-4576-0 (Print)
ISBN 978-3-8452-8827-7 (ePDF)

Onlineversion
Nomos eLibrary

2., aktualisierte und erweiterte Auflage 2021
© Nomos Verlagsgesellschaft, Baden-Baden 2021. Gesamtverantwortung für Druck
und Herstellung bei der Nomos Verlagsgesellschaft mbH & Co. KG. Alle Rechte, auch
die des Nachdrucks von Auszügen, der fotomechanischen Wiedergabe und der Übersetzung, vorbehalten. Gedruckt auf alterungsbeständigem Papier.

Vorwort der Reihenherausgeber

Etliche Jahre schien das Fehlen von Lehrbüchern auch die akademische Emanzipation der Kommunikationswissenschaft zu behindern. Doch in jüngerer Zeit hat der fachkundige Leser die Auswahl aus einer Fülle von Angeboten, die nur noch schwierig zu überblicken sind. Wie lässt es sich dann rechtfertigen, nicht nur noch ein weiteres Lehrbuch, sondern gleich eine ganze Lehrbuchreihe zu konzipieren?

Wir sehen immer noch eine Lücke zwischen den großen Überblickswerken auf der einen Seite, die eine Einführung in das Fach in seiner ganzen Breite versprechen oder eine ganze Subdisziplin wie etwa die Medienwirkungsforschung abhandeln – und andererseits den Einträgen in Handbüchern und Lexika, die oft sehr spezifische Stichworte beschreiben, ohne Raum für die erforderliche Kontextualisierung zu besitzen. Dazwischen fehlen allerdings (und zwar vor allem im Bereich der Mediennutzungs- und Medienwirkungsforschung) monographische Abhandlungen über zentrale KONZEPTE, die häufig mit dem Begriff der „Theorien mittlerer Reichweite" umschrieben werden.

Diese KONZEPTE gehören zum theoretischen Kerninventar unseres Fachs, sie bilden die Grundlage für empirische Forschung und akademisches Interesse gleichermaßen. Unsere Lehrbuchreihe will also nicht nur Wissenschaftlern einen soliden und gleichzeitig weiterführenden Überblick zu einem Forschungsfeld bieten, der deutlich über einen zusammenfassenden Aufsatz hinausgeht: Die Bände sollen genauso Studierenden einen fundierten Einstieg liefern, die sich für Referate, Hausarbeiten oder Abschlussarbeiten mit einem dieser KONZEPTE befassen. Wir betrachten unsere Lehrbuchreihe deswegen auch als eine Reaktion auf die Vorwürfe, mit der Umstellung auf die Bachelor- und Masterstudiengänge würde Ausbildung nur noch auf Schmalspurniveau betrieben.

Die Bände der Reihe KONZEPTE widmen sich deswegen intensiv jeweils einem einzelnen Ansatz der Mediennutzungs- und Wirkungsforschung. Einem einheitlichen Aufbau folgend sollen sie die historische Entwicklung skizzieren, grundlegende Definitionen liefern, theoretische Differenzierungen vornehmen, die Logik einschlägiger Forschungsmethoden erläutern und empirische Befunde zusammenstellen. Darüber hinaus greifen sie aber auch Kontroversen und Weiterentwicklungen auf, und sie stellen die Beziehungen zu theoretisch verwandten KONZEPTEN her. Ihre Gestaltung und ihr Aufbau enthält didaktische Elemente in Form von Kernsätzen, Anekdoten oder Definitionen – ebenso wie Kurzbiografien der Schlüsselautoren und kommentierte Literaturempfehlungen. Sie haben ein Format, das es in der Publikationslandschaft leider viel zu selten gibt: ausführlicher als ein Zeitschriften- oder Buchbeitrag, kompakter als dickleibige Forschungsberichte und konziser als thematische Sammelbände.

Die Reihe KONZEPTE folgt einem Editionsplan, der gegenwärtig 25 Bände vorsieht, die in den nächsten Jahren sukzessive erscheinen werden. Als Autoren zeichnen fachlich bereits ausgewiesene, aber noch jüngere Kolleginnen und Kollegen, die einen frischen Blick auf die einzelnen KONZEPTE versprechen und sich durch ein solches Kompendium auch als akademisch Lehrende qualifizieren. Für Anregungen und Kritik wenden Sie sich gerne an die Herausgeber unter

patrick.roessler@uni-erfurt.de   brosius@ifkw.lmu.de

Inhaltsverzeichnis

Abbildungsverzeichnis

1 Grundzüge der Theorien

Grundfragen

Warum haben manche Menschen vor, eine Diät zu machen, andere nicht? Weshalb nehmen sich die einen vor, Sport zu treiben, während die anderen ihre Freizeit lieber auf der Couch verbringen? Aus welchem Grund entscheiden sich einige dafür, sich bei *Netflix* anzumelden, während andere das nicht tun?

Diese und andere Fragen des Verhaltens[1] versucht die von Martin Fishbein und Icek Ajzen begründete *Theory of Reasoned Action* (TRA) zu beantworten. Es geht in der TRA also darum, menschliches Verhalten zu verstehen und vorherzusagen. Dies geschieht auf der Basis menschlicher Kognitionen, von denen zwei entscheidend sind: die Einstellung zum in Frage stehenden Verhalten und der wahrgenommene soziale Druck, ein Verhalten auszuführen – die subjektive Norm. Menschen werden also eher bereit sein, Streamingdienste wie *Netflix* zu nutzen, wenn sie die Nutzung insgesamt positiv bewerten, etwa weil die erwarteten Vorteile wie der Zugriff auf aktuelle Serienangebote den monetären Aufwand überwiegen (Einstellung), und weil sie den Eindruck haben, ihr persönliches Umfeld würde es ebenfalls gutheißen, wenn sie *Netflix* nutzen, und dies auch selbst tut (subjektive Norm). Sind diese Bedingungen gegeben, so ist es wahrscheinlich, dass eine Person vorhat, *Netflix* zu nutzen (Verhaltensintention), und sich in der Folge dann auch tatsächlich bei *Netflix* anmeldet (Verhalten).

Die *Theory of Planned Behavior* (TPB) modifiziert die TRA und erweitert sie um eine Komponente. Die Verhaltensintention wird hier nicht nur von der verhaltensspezifischen Einstellung und der subjektiven Norm beeinflusst, sondern auch von der wahrgenommenen Verhaltenskontrolle, d.h. davon, ob man sich – etwa in technischer oder zeitlicher Hinsicht – überhaupt in der Lage fühlt, etwas zu tun.

Typische Anwendungsfelder der TRA und TPB sind Gesundheit, Umweltschutz oder Wahlverhalten. Aber auch aus kommunikationswissenschaftlicher Sicht ergeben sich verschiedene Anknüpfungsmöglichkeiten, etwa wenn es wie im skizzierten Beispiel darum geht, Mediennutzungsverhalten bzw. die Adoption neuer Medien zu erklären, oder

---

1   Im Kontext von Handlungstheorien werden die Begriffe Handlung und Verhalten in der Regel voneinander abgegrenzt: Der Begriff Handlung impliziert, etwa im Sinne Max Webers (1980), jenes Verhalten, das mit einem subjektiven Sinn verbunden ist, also zielgerichtet und rational überlegt ist. Insofern müsste man bei dem in der TRA/TPB in Frage stehenden Verhalten streng genommen ebenfalls von Handeln sprechen. Aufgrund der Tatsache, dass sich für die TPB jedoch die deutsche Übersetzung als „Theorie des geplanten Verhaltens" etabliert hat, und da zudem die strikte Verwendung des Handlungsbegriffs etwas sperrig ist, wird in diesem Buch i.d.R. der allgemeinere Verhaltensbegriff verwendet.

aber, wenn durch die Integration von TRA/TPB in Medienwirkungs-
theorien der Einfluss der Medien auf menschliches Verhalten untersucht werden soll. Auch in die Kommunikator:innenforschung hielten TRA und TPB in den letzten Jahren Einzug. Nicht zuletzt spielen
sie für die Entwicklung theorie- und evidenzbasierter Kampagnen
eine ganz zentrale Rolle.

Aufbau des Lehrbuchs Das vorliegende Buch führt in die Theorien TRA und TPB ein und
liefert einen Überblick über ihre Entwicklung, über den wissenschaftlichen Diskurs rund um Potenziale und Grenzen der Theorien, über
methodische Fragen, Anwendungsfelder und konkurrierende Ansätze. Kapitel 1 stellt die Theorien zunächst in ihren Grundzügen vor.
Das 2. Kapitel geht auf den entwicklungsgeschichtlichen Hintergrund
der Theorien ein und stellt ihre Urheber vor. Um Fragen der Operationalisierung und des Forschungsdesigns geht es im 3. Kapitel. Das
4. Kapitel stellt Forschungsbefunde und Anwendungsmöglichkeiten
der Theorien im Bereich des Gesundheitsverhaltens und der Gesundheitskommunikation sowie der Mediennutzung, Adoption, Medienwirkung und Kommunikator:innenforschung vor. Konkurrierende
Ansätze zu TRA und TPB werden im 5. Kapitel vorgestellt, Kapitel 6
schließt mit einer Diskussion der zentralen Kritikpunkte ab.

1.1 Theory of Reasoned Action

Hintergrund Begründet wurde die originär sozialpsychologische TRA Ende der
sechziger Jahre von Martin Fishbein. Ausgangspunkt war die Beobachtung, dass die Psychologie auch nach jahrzehntelanger Einstellungsforschung keine konsistenten Befunde zu der Frage hervorgebracht hatte, ob sich Verhalten aus Einstellungen vorhersagen lässt.
Anders ausgedrückt fand die Forschung keine konsistenten Belege für
einen Zusammenhang zwischen Einstellungen und Verhalten. Dieses
Problem wollte Fishbein (1967) lösen – nicht durch eine Erweiterung
des Begriffsverständnisses von Einstellungen wie zahlreiche Wissen-
schaftler:innen zuvor, sondern (1) durch Berücksichtigung eines begrenzten Sets an Variablen, die als Determinanten von Verhalten fun-
gieren sollten, und (2) durch die Überprüfung der Zusammenhänge
zwischen den Verhaltensdeterminanten und traditionellen Einstellungsmaßen (ebd.: 491). In diesem Rahmen formulierte der Autor
Ziel und Grundannahmen einer Theorie, die er selbst zunächst *Theory of Behavioral Prediction* (ebd.: 491) nannte, die aber später in der
TRA aufgehen sollten (ausführlicher zum entwicklungsgeschichtlichen Hintergrund vgl. Kapitel 2).

Zwei Grundprämissen müssen gegeben sein, damit die TRA Gültigkeit besitzt (vgl. Ajzen & Fishbein 1980, Frey, Stahlberg & Gollwitzer 2001):

(1) Die TRA geht von rational denkenden und handelnden Menschen aus, die die Bedeutung ihres Verhaltens unter Berücksichtigung aller zur Verfügung stehenden Informationen bewusst antizipieren, bevor sie sich entschließen, ein bestimmtes Verhalten auszuführen oder nicht.

(2) Das zu erklärende Verhalten steht unter willentlicher Kontrolle. Menschen müssen also, wenn sie es wollen, in der Lage sein, bestimmte Verhaltensweisen ohne Probleme auszuführen.

Setzen sich Menschen hingegen vor der Ausübung eines Verhaltens nicht mit ihren Intentionen oder der Bedeutung ihres Verhaltens auseinander (etwa aufgrund langfristig manifestierter und automatisierter Gewohnheiten, z.B. Ernährungsverhalten oder Verkehrsmittelwahl, oder aufgrund emotional gesteuerter Reaktionen, z.B. Aggressionsverhalten) oder sind sie nicht in der Lage, ein Verhalten umzusetzen (etwa aufgrund mangelnder Ressourcen wie Zeit, Geld oder Fähigkeit), so stößt die TRA an ihre Grenzen. Verhalten, das nicht willentlicher Kontrolle unterliegt und nicht bewusst überlegt ist, kann die TRA nicht erklären. Auch Mediennutzungsverhalten ist teilweise stark von Gewohnheiten geprägt (z.B. die tägliche Rezeption der *Tagesschau* oder das regelmäßige Überprüfen von Statusupdates in sozialen Netzwerken), weshalb die TRA hier nicht immer anwendbar ist. Geht der Mediennutzung hingegen ein bewusster Entscheidungsprozess voraus, weil sie mit monetären Kosten, Zeitaufwand oder Risiken verbunden ist (z.B. ein Kinobesuch oder die Entscheidung, einen kostenpflichtigen Account bei einem Streaminganbieter anzulegen), so dürfte sich die TRA durchaus eignen, um das Verhalten zu erklären.

Kernsätze

Die TRA basiert auf der Annahme, dass Menschen rational handeln und die Bedeutung ihres Verhaltens bewusst antizipieren, bevor sie sich entschließen, ein Verhalten auszuführen oder nicht.

Sind diese Grundprämissen gegeben, so ist das Verhalten nach Ansicht von Ajzen und Fishbein (1980) gut zu prognostizieren, da es direkt und präzise aus der Intention, das Verhalten auszuführen, vorhersagbar ist. Die Verhaltensintention ist also die unmittelbare Antezendenz von Verhalten, was aber nichts anderes bedeutet als: Menschen tun genau das, was sie tun wollen. Wenn Menschen die Absicht haben, *Netflix* zu nutzen, so werden sie das auch tun. Die Verhaltensintention hängt ihrerseits von zwei Komponenten ab: der Einstellung zum in Frage stehenden Verhalten („Finde ich es gut oder schlecht, *Netflix* zu nutzen?") und dem sozialen Druck, den eine Person verspürt, das Verhalten auszuführen, sprich der subjektiven Norm („Finden auch meine Freund:innen, dass ich *Netflix* nutzen sollte?", „Nutzen meine Freund:innen selbst *Netflix*?").

Diese Komponenten – Einstellung, subjektive Norm, Verhaltensintention und Verhalten – bilden das Basismodell der TRA, welches in Abbildung 1 dargestellt ist. Die folgenden Abschnitte erläutern Modell und Begriffsdefinitionen jeweils im Detail.

Modell

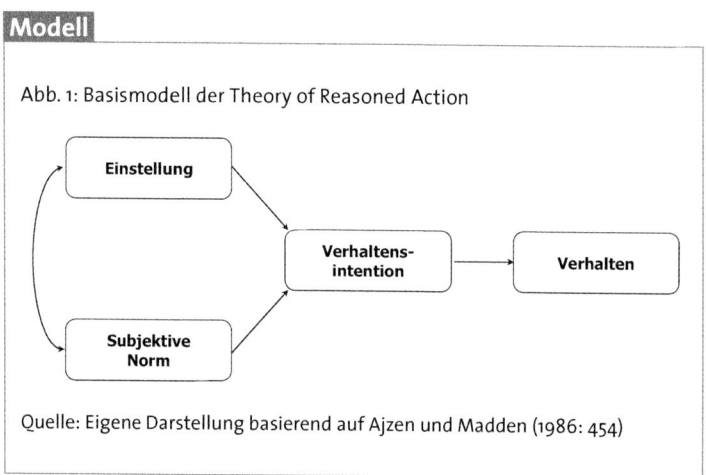

Abb. 1: Basismodell der Theory of Reasoned Action

Quelle: Eigene Darstellung basierend auf Ajzen und Madden (1986: 454)

1.1.1 Verhalten und Verhaltensintention

Definierende Elemente

Für das Verständnis von Verhalten und die Operationalisierung von Einstellungs-Verhaltens-Zusammenhängen ist es wichtig, Verhalten im Hinblick auf vier verschiedene Dimensionen einzugrenzen:

(1) Handlung (*action element*): In diesem Zusammenhang gilt es, zwischen einzelnen Handlungen und Verhalten bzw. Verhaltensmustern zu unterscheiden. Das Verhaltensmuster *Nutzung von Netflix* beruht auf mehreren Einzelhandlungen (durch das Streamingangebot scrollen, verschiedene Trailer rezipieren, eine Serie oder einen Film ansehen, das Angebot bewerten), von denen eine einzige das Verhaltensmuster nicht unbedingt valide beschreibt. Die Beobachtung, dass eine Person eine Serie rezipiert, kann ein Indikator dafür sein, dass diese Person tatsächlich eine Serie auf *Netflix* ansieht. Da *Netflix* jedoch nur eine von vielen Möglich-

keiten darstellt, eine Serie zu rezipieren, kann sie auch bedeuten, dass die Person gerade YouTube oder lineares Fernsehen nutzt, um eine Serie anzusehen. Grundsätzlich können Verhaltensmuster enger (wenige Einzelhandlungen) oder breiter (viele Einzelhandlungen) definiert sein.

(2) Ziel (*target element*): Hier geht es um die Frage, auf welches Objekt oder Ziel sich ein Verhalten bezieht. Auch Objekte können in ihrem Spezifikationsgrad variieren (z.B. Nutzung von Streamingangeboten vs. Nutzung von *Netflix*).

(3) Kontext (*context element*): In welchem Kontext oder Umfeld wird das Verhalten ausgeführt? Hier können unterschiedliche Ebenen spezifiziert werden, etwa die Unterscheidung zwischen verschiedenen Orten und Umgebungen (*Netflix*nutzung zuhause oder unterwegs, alleine oder mit Freund:innen), oder zwischen unterschiedlichen technischen Geräten (*Netflix* auf dem Smartphone, Tablet oder Smart-TV).

(4) Zeit (*time element*): Zu welchem Zeitpunkt wird das Verhalten ausgeführt? Auch hier sind unterschiedliche Spezifikationsgrade möglich, etwa dieses vs. nächstes Jahr, nachmittags vs. abends oder sofort vs. morgen.

Begriffe

Was genau meint die TRA mit Verhalten, was versteht sie unter Verhaltensintentionen? Um Verhalten zu definieren, muss es zunächst klar von seinen Folgen abgegrenzt werden: Ajzen und Fishbein (1980) stellen fest, dass Verhalten und Verhaltensergebnis häufig vermischt werden. Ein gutes Beispiel hierfür stellt die Unterscheidung von „abnehmen" und „weniger essen" dar. Im Alltag sprechen wir, wenn wir eine Diät machen oder weniger essen, häufig davon, dass wir abnehmen wollen. Um genau zu sein, meint „abnehmen" jedoch die Konsequenz daraus, dass wir unser Essverhalten ändern. Es ist jedoch wichtig, das tatsächliche Verhalten von seinen Konsequenzen abzugrenzen, zumal Letztere Einflüssen unterliegen, die von einer Person nur bedingt steuerbar sind (z.B. genetische Prädispositionen, die eine Gewichtsreduktion durch Diäten erschweren). Somit lässt sich zwar das Verhalten (eine Diät machen) relativ gut aus der Verhaltensintention (Absicht, eine Diät zu machen) vorhersagen, nicht aber die Konsequenz des Verhaltens (Gewichtsverlust). Wenn wir dies auf unser Beispiel der Nutzung von *Netflix* übertragen, so bedeutet dies, dass wir auch hier klar zwischen dem Verhaltensziel (z.B. Unterhaltung, Eskapismus) und dem konkreten Verhalten (z.B. Rezeption von Serien) unterscheiden müssen. Letzteres lässt sich vermutlich gut mit der Theorie er-

Verhalten

> klären, das Verhaltensziel bzw. die Folge des Verhaltens jedoch nur bedingt (erst mit der *Theory of Reasoned Goal Pursuit* schlugen Ajzen & Kruglanski 2019 eine Erweiterung der TPB vor, die unter Einbeziehung der Motivation auch Verhaltensziele erklären soll).

Verhalten kann auf allen vier Ebenen sehr spezifisch oder unspezifisch definiert sein. Verwenden wir wieder unser Beispiel der Nutzung von *Netflix*: Auch dieses können wir spezifisch fassen oder breit. So könnte man untersuchen, was die Entscheidung einer Person beeinflusst, sich in den nächsten Tagen (Zeit) zuhause über ihr Tablet (Kontext) bei *Netflix* (Ziel) anzumelden (Handlung). Aber vielleicht möchte man das Thema auch breiter fassen und herausfinden, ob eine Person generell vorhat, sich einmal (Zeit) über ein Smart-Device (Kontext) bei einem Streaminganbieter (Ziel) anzumelden (Handlung).

Kompatibilitätsprinzip Entscheidend für den Zusammenhang zwischen Verhalten und Verhaltensintention, genauso wie für Zusammenhänge zwischen Einstellungen und Verhaltensintentionen, ist, dass die einzelnen Komponenten jeweils denselben Spezifikationsgrad aufweisen. Einstellungen, subjektive Norm, Intention und Verhalten müssen also im Hinblick auf Handlung, Ziel, Kontext und Zeit gleich definiert sein. Diese Voraussetzung diskutierten Ajzen und Fishbein (1977) zunächst unter dem Begriff der Korrespondenz (*correspondence*), später bezeichneten sie sie als Kompatibilitätsprinzip (*principle of compatibility*): Je ähnlicher sich die Indikatoren im Hinblick auf Ziel, Handlung, Kontext und Zeit sind, desto größer sind die statistischen Zusammenhänge zwischen den Indikatoren (Ajzen 2005: 86).

Kernsätze

Kompatibilitätsprinzip: Die Stärke der Zusammenhänge zwischen den verschiedenen Komponenten des Einstellungs-Verhaltens-Zusammenhangs hängt in weiten Teilen davon ab, ob sie im Hinblick auf Ziel, Handlung, Kontext und Zeit denselben Spezifikationsgrad aufweisen und somit kompatibel sind.

Die unmittelbare Antezendenz von Verhalten ist die Verhaltensintention.

> Verhaltensintention

Begriffe

Die Verhaltensintention beschreibt die Absicht, ein bestimmtes Verhalten
auszuführen. Indikator ist die Wahrscheinlichkeit, sich für eine bestimmte
Handlungsalternative zu entscheiden. Entsprechend beschreiben Ajzen
und Fishbein (1980) Verhaltensintentionen als Maß der Wahrscheinlichkeit, dass eine Person ein bestimmtes Verhalten ausführen wird (ebd.: 42).

Zwei Bedingungen müssen gegeben sein, damit sich Verhalten aus
der entsprechenden Intention vorhersagen lässt:

(1) Kompatibilität: Genauso wie das Verhalten selbst, lässt sich auch
die Verhaltensintention im Hinblick auf Handlung, Ziel, Kontext
und Zeit spezifizieren. Um nun gewährleisten zu können, dass das
Verhalten aus der Intention abgeleitet werden kann, müssen Verhalten und Verhaltensintention korrespondieren, d.h. sie müssen
im Hinblick auf Handlung, Ziel, Kontext und Zeit gleich definiert sein.

(2) Stabilität: Verhaltensintentionen können sich im Laufe der Zeit
verändern. Wird die Intention, ein Verhalten auszuführen, mit
einem deutlichen Zeitabstand zum entsprechenden Verhalten erfasst, kann sich die Intention und somit das tatsächlich ausgeführte Verhalten innerhalb dieser Zeit verändern. So ist es denkbar, dass sich eine Studentin z.B. in der vorlesungsfreien Zeit
einen *Netflix*-Account anlegt und auch weiterhin vorhat, den Account zu nutzen, damit sich die Kosten lohnen. Während der Semesterferien nutzt sie ihren Account auch noch regelmäßig, doch
im neuen Semester kommt sie kaum noch dazu, da sie vollkommen ausgelastet ist. Nutzungsabsicht und tatsächliche Nutzung
von *Netflix* lassen nach. Misst man die Intention, *Netflix* zu nutzen, nun zu Beginn der Semesterferien, das tatsächliche Verhalten
aber erst während des neuen Semesters, so würde man aus den
Befunden fälschlicherweise schließen, dass sich das Verhalten
nicht aus der Verhaltensintention vorhersagen lässt, obwohl dies
zum entsprechenden Zeitpunkt durchaus der Fall gewesen wäre.

1.1.2 Determinanten der Verhaltensintention

Da es aber nicht nur darum geht, Verhalten aus seinen Intentionen
vorherzusagen, sondern die Auslöser des Verhaltens zu verstehen, gilt
es im nächsten Schritt, die Determinanten der Verhaltensintention zu

> Einstellungen und
> subjektive Norm

identifizieren. Nach der TRA werden Verhaltensintentionen von zwei Faktoren determiniert: verhaltensbezogenen Einstellungen einerseits und subjektiven Normen andererseits. Der erste Faktor liegt in der Person selbst begründet und beschreibt die Frage, ob eine Person ein bestimmtes Verhalten positiv oder negativ bewertet. Der zweite Faktor beschreibt den sozialen Druck, den eine Person spürt, ein Verhalten auszuführen oder nicht. Die Intention, ein Verhalten auszuführen, hängt demnach auch davon ab, wie andere Menschen, deren Meinung bzw. Handlungen für eine Person relevant sind, ein bestimmtes Verhalten bewerten und wie sie sich selbst verhalten. Personen haben also eher die Absicht, ein Verhalten auszuführen (*Netflix* zu nutzen), wenn sie das Verhalten positiv bewerten („Ich finde es gut, *Netflix* zu nutzen."), wenn sie glauben, dass auch andere Menschen finden, sie sollten es tun („Meine Freund:innen finden, ich sollte *Netflix* nutzen."), und wenn sie glauben, die anderen tun es auch („Meine Freund:innen nutzen *Netflix*.").

Begriffe

Einstellungen

Was genau versteht die TRA unter Einstellungen? Prinzipiell beschreiben Einstellungen relativ stabile Bewertungen eines Objekts. Diese sind jedoch nicht eindimensional, sondern bestehen aus drei Komponenten: einer kognitiven (Vorstellungen von einem Objekt), einer affektiven (emotionale Reaktion auf ein Objekt) und einer konativen (Verhaltenstendenz) Komponente (Rosenberg & Hovland 1960, Breckler 1984).

In diesem Punkt geht die TRA mit anderen Einstellungskonzepten konform, in einem anderen unterscheidet sie sich gravierend: Üblicherweise beschäftigen sich Sozialpsycholog:innen mit Einstellungen gegenüber Institutionen, Menschen und anderen Bezugsobjekten. Die TRA geht von verhaltensbezogenen Einstellungen (*attitudes toward the behavior*) aus, sie meint also die positive oder negative Bewertung eines Verhaltens bzw. kognitive, affektive und konative Reaktionen in Bezug auf ein Verhalten. Die neuere Literatur unterscheidet hier zwei Dimensionen, nämlich instrumentelle (z.B. Nützlichkeit) und erfahrungsbezogene (z.B. Unterhaltsamkeit) Aspekte (vgl. Ajzen & Driver 1992, Ajzen & Fishbein 2005, Crites, Fabrigar & Petty 1994).

> **Subjektive Norm**
>
> Die subjektive Norm, die die Verhaltensintention nach der TRA ebenfalls beeinflusst, beschreibt die „individuelle Wahrnehmung des sozialen Umgebungsdrucks, ein bestimmtes Verhalten durchzuführen oder zu unterlassen" (Frey et al. 2001: 367). Ein hoher wahrgenommener Umgebungsdruck entsteht, wenn eine Person glaubt, dass für sie wichtige Menschen der Meinung sind, sie sollte ein bestimmtes Verhalten ausführen oder nicht. Die neuere Forschung unterscheidet zwei verschiedene Dimensionen der Normkomponente: Die Wahrnehmung der Meinung anderer Personen wird als *injunctive norm* bezeichnet und von der *descriptive norm*, also der Wahrnehmung, was andere Personen tatsächlich tun, unterschieden (Cialdini 2003, Cialdini, Reno & Kallgren 1990, Heath & Gifford 2002). Eine Reihe von Studien deutet darauf hin, dass beide Normdimensionen menschliches Verhalten beeinflussen: „people tend to do what is socially approved as well as what is popular" (Cialdini 2003: 105). Entsprechend konstatieren Ajzen und Fishbein (2005: 199), dass die subjektive Normkomponente nur dann vollständig erfasst werden kann, wenn beide Dimensionen berücksichtigt werden.

In den meisten Fällen werden verhaltensspezifische Einstellungen und subjektive Norm übereinstimmen. So ist anzunehmen, dass Personen, die glauben, dass ihre Freund:innen es gutheißen, wenn sie *Netflix* nutzen, dieses Verhalten auch selbst positiv bewerten. In manchen Fällen können Einstellungen und subjektive Norm aber auch divergieren. So ist denkbar, dass eine Person den Eindruck hat, dass ihr ganzes Umfeld *Netflix* nutzt, und sich dadurch unter Druck gesetzt fühlt, dies ebenfalls zu tun (positive subjektive Norm). Aufgrund des Überangebots an Filmen und Serien nutzt sie diese dann aber zu oft länger als geplant und hat dadurch das Gefühl, wertvolle Zeit zu verschwenden. Aus diesem Grund ist sie Streaminganbietern wie *Netflix* gegenüber kritisch eingestellt (negative Einstellung). In diesem Fall hängt die Verhaltensintention davon ab, welche der Komponenten, Einstellung oder subjektive Norm, der:dem Einzelnen wichtiger ist. Dies kann in Abhängigkeit von individuellen Merkmalen (z.B. Soziodemographie oder Persönlichkeit), situationsbedingten Merkmalen oder dem in Frage stehenden Verhalten variieren (Ajzen & Fishbein 1980: 58f.).

1.1.3 Determinanten der Einstellung und subjektiven Norm

Einstellungen hängen ihrerseits von den Vorstellungen von einem Verhalten (*behavioral beliefs*) ab. Konkret bedeutet das: Eine Person hat dann eine positive Einstellung zu einem Verhalten, wenn sie

Vorstellungen

glaubt, dass das entsprechende Verhalten positive Konsequenzen haben wird. Umgekehrt wird eine Person einem bestimmten Verhalten gegenüber negativ eingestellt sein, wenn sie glaubt, dass das Verhalten eher negative Folgen hat (vgl. hierfür das entsprechend erweiterte Modell Abbildung 2). Denken wir auf der einen Seite beispielsweise an unsere Studentin in den Semesterferien zurück. Sie verbindet positive Vorstellungen damit, in ihren Ferien *Netflix* zu nutzen, etwa weil sie so bestimmte Serien ansehen kann, sich damit die Zeit vertreiben und sich darüber mit ihren Freund:innen austauschen kann (positive Konsequenzen). Die Studentin hat folglich eine positive Einstellung zur Nutzung von *Netflix*. Auf der anderen Seite haben ihre Eltern große Bedenken und befürchten, dass ihre Tochter durch die *Netflix*nutzung zu sehr von sinnvolleren Dingen abgehalten werden könnte, etwa vom Lesen oder von sportlichen Aktivitäten. Entsprechend haben die Eltern eine negative Einstellung zur *Netflix*nutzung.

Modell

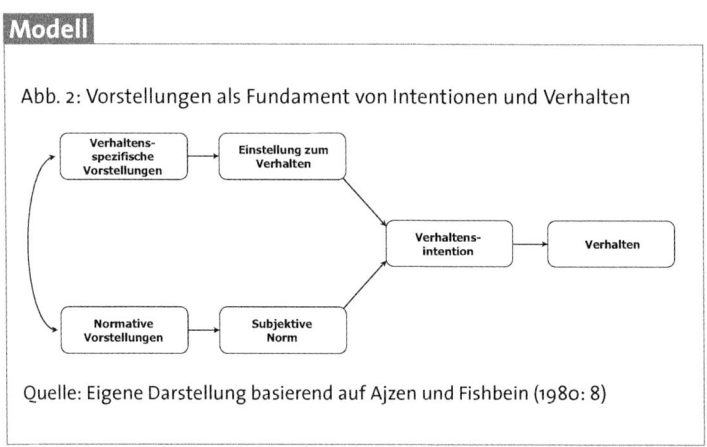

Abb. 2: Vorstellungen als Fundament von Intentionen und Verhalten

Quelle: Eigene Darstellung basierend auf Ajzen und Fishbein (1980: 8)

Die wahrgenommenen Konsequenzen eines Verhaltens reichen allein nicht aus, um daraus verhaltensbezogene Einstellungen abzuleiten. So ist etwa denkbar, dass Personen nicht ausschließlich positive *oder* negative Vorstellungen von einem Verhalten haben, sondern positive *und* negative. Die Bedeutung einzelner Vorstellungen für die Einstellung hängt daher von zwei Aspekten ab: dem Bewertungsgrad der wahrgenommenen Konsequenz eines Verhaltens und der Stärke der einzelnen Vorstellungen (*belief strength*). Beim Bewertungsgrad geht es um die Frage, ob eine Verhaltenskonsequenz als besonders positiv, eher positiv, eher negativ oder sehr negativ wahrgenommen wird. Der zweite Faktor, die Vorstellungsstärke, leitet sich von der wahrgenommenen Wahrscheinlichkeit ab, mit der eine Verhaltenskonsequenz eintritt. Wenn es eine Person für sehr wahrscheinlich hält, dass sie sich durch die *Netflix*nutzung gut unterhalten fühlt, und gleichzeitig mögliche negative Folgen, wie die Ablenkung von anderen Aktivitäten, für sehr unwahrscheinlich hält, so wird dies in einer positiven Einstellung resultieren. Dies bedeutet auch, dass Personen trotz ähnlicher Vorstellungen von den Konsequenzen eines Verhaltens unterschiedliche Einstellungen zu diesem haben können, oder umgekehrt, dass Personen trotz unterschiedlicher Vorstellungen dennoch ähnliche Einstellungen haben können (Ajzen & Fishbein 1980: 66f.).

Die Autoren beschreiben diesen Zusammenhang in einem Erwartungs-Bewertungs-Modell (*expectancy-value model*), das mathematisch ausgedrückt wie folgt aussieht:

Erwartungs-Bewertungs-Modell der Einstellungen

$$A_B \propto \sum b_i e_i$$

Dabei ist A_B die Einstellung gegenüber dem Verhalten B, b_i die wahrgenommene Wahrscheinlichkeit, dass das Verhalten B zur Konsequenz i führen wird, und e_i die Bewertung der Verhaltenskonsequenz (*evaluation of outcome i*). Die Einstellung gegenüber dem Verhalten ergibt sich aus der Summe der Produkte von Auftretenswahrscheinlichkeit und Bewertung in Bezug auf alle salienten Konsequenzen eines Verhaltens (vgl. z.B. Ajzen 2005: 124). Greifen wir, um dies zu veranschaulichen, also nochmals unterschiedliche denkbare Verhaltenskonsequenzen der *Netflix*nutzung auf: aktuelle Serien und Filme zu sehen, sich darüber mit Freund:innen austauschen zu können, sich neues Wissen anzueignen, dem Alltag entfliehen zu können, aber auch weniger Zeit für andere Aktivitäten zu haben oder länger als gewollt an Serien hängen zu bleiben. In einer Studie zur Nutzung von *Netflix* würde man Befragten nun diese Verhaltenskonsequenzen vorlegen und sie bitten, auf einer mehrstufigen Skala erstens die Wahrscheinlichkeit einzuschätzen, mit der jede dieser Verhaltenskonsequenzen eintritt, wenn die Befragten *Netflix* nutzen, und zweitens die Bewertung der Konsequenz anzugeben, sprich, wie gut oder schlecht man diese jeweils findet. Aus den Antworten errechnet sich nun für jede der Verhaltenskonsequenzen ein Produktwert aus wahrgenommener Auftretenswahrscheinlichkeit und Bewertung. Diese werden addiert und ergeben zusammen einen bestimmten Wert für die Einstellung.

Genauso wie Einstellungen eine Funktion aus Erwartung und Bewertung sind, basiert die subjektive Norm auf den Vorstellungen einer Person, die sich ebenfalls in einem Erwartungs-Bewertungs-Modell

Erwartungs-Bewertungs-Modell der subjektiven Norm

beschreiben lassen. Allerdings sehen diese etwas anders aus. In diesem Fall geht es um die Vorstellung, ob wichtige Bezugspersonen oder -personengruppen die Ausübung eines bestimmten Verhaltens gutheißen oder nicht und ob diese das Verhalten selbst ausüben oder nicht (*normative beliefs*). Wichtige Bezugspersonen können die Eltern sein, enge Freund:innen, Arbeitskolleg:innen oder auch Fachexpert:innen (z.B. Ärzt:innen, Finanzberater:innen). Personen, die glauben, dass ihnen wichtige Personen ein Verhalten gutheißen oder dieses Verhalten selbst ausführen, werden einen sozialen Druck spüren, dieses Verhalten ebenfalls auszuführen. Umgekehrt wird die Wahrnehmung, dass wichtige Bezugspersonen ein Verhalten negativ bewerten, einen sozialen Druck aufbauen, dieses Verhalten nicht auszuführen. Die Stärke dieses sozialen Drucks hängt von der Motivation ab, sich an den jeweiligen Bezugspersonen zu orientieren. Auch dies lässt sich formelhaft beschreiben:

$$SN \propto \sum n_i m_i$$

SN meint die subjektive Norm, n_i beschreibt die normativen Vorstellungen in Bezug auf die Person i und m_i die Motivation, sich an der Bezugsperson i zu orientieren (vgl. z.B. Ajzen 2005: 124f.). Die subjektive Norm ergibt sich aus der Summe der Vorstellungs-Motivations-Produkte in Bezug auf alle wichtigen Referenzpersonen. Im Zusammenhang mit der Nutzung von *Netflix* ist denkbar, dass etwa Freund:innen und Eltern eine Rolle spielen. Um die der subjektiven Norm zugrunde liegenden Vorstellungen zu erfassen, müssen die Befragten nun zunächst angeben, was die jeweiligen Bezugsgruppen ihrer Ansicht nach von der Nutzung von *Netflix* halten (= normative Vorstellung n). Zusätzlich werden sie gebeten anzugeben, inwieweit sie gewillt sind, sich an den Vorstellungen ihrer Freund:innen und Eltern jeweils zu orientieren (= Motivation, sich an der Bezugsgruppe zu orientieren m). Die subjektive Norm basiert nun auf der Summe der Produkte aus den beiden Komponenten. Bei unserer Studentin ist vor diesem Hintergrund denkbar, dass ihre subjektive Norm stark positiv ausgeprägt ist: Denkt sie etwa, dass ihre Freund:innen es gut finden, *Netflix* zu nutzen, und dass die Eltern dagegen sind, bevorzugt dabei jedoch die Meinung der Freund:innen, so wird sie eher einen sozialen Druck spüren, *Netflix* zu nutzen.

1.1.4 Grenzen und Bedingungen für die Gültigkeit des Modells

Die bisherigen Ausführungen haben bereits einige Voraussetzungen thematisiert, die gegeben sein müssen, damit die TRA Gültigkeit besitzt und Verhalten aus Verhaltensintentionen und diese aus verhaltensspezifischen Einstellungen und subjektiver Norm vorhersagbar sind. Die wichtigsten seien an dieser Stelle zusammenfassend aufgeführt:

(1) *Rationalität der Verhaltensentscheidung*: Die Annahmen der TRA bestätigen sich nur dann, wenn Menschen die Bedeutung ihres Verhaltens unter Berücksichtigung aller zur Verfügung stehenden Informationen bewusst antizipieren, bevor sie sich entschließen, ein bestimmtes Verhalten auszuführen.

(2) *Kompatibilitätsprinzip*: Alle am Modell beteiligten Konstrukte müssen denselben Spezifikationsgrad aufweisen. Dies betrifft die vier Dimensionen Handlung, Ziel, Kontext und Zeit.

(3) *Stabilität der Verhaltensintention*: Verhaltensintentionen können sich ändern. Verhalten lässt sich daher nur dann gut aus den entsprechenden Intentionen vorhersagen, wenn diese kurz vor der Verhaltensmessung erfasst wurden. Je größer das Zeitintervall zwischen Messung von Intention und Verhalten, desto geringer ist der Zusammenhang (vgl. Ajzen & Fishbein 1980: 47ff.).

(4) *Grad willentlicher Kontrolle*: Das zu erklärende Verhalten muss unter willentlicher Kontrolle stehen. Menschen müssen also in der Lage sein, ein Verhalten ohne Probleme auszuführen, damit es sich entsprechend der TRA vorhersagen lässt (Ajzen & Madden 1986: 455, Fishbein & Ajzen 1975, Madden, Ellen & Ajzen 1992: 4).

Die ersten drei Bedingungen gelten auch für die *Theory of Planned Behavior*, die vierte Einschränkung greift die neuere Theorie auf und integriert sie in ihr Modell. Kapitel 1.2 stellt sie im Einzelnen vor.

1.2 Theory of Planned Behavior

Die *Theory of Planned Behavior* (TPB) wurde 1985 von Ajzen eingeführt (Ajzen 1985) und von Schifter und Ajzen (1985) sowie Ajzen und Madden (1986) erstmals empirisch überprüft (vgl. hierzu auch Ajzen 1991, Madden et al. 1992). Der entscheidende Unterschied zur TRA liegt in der Einbeziehung einer dritten Komponente, die neben Einstellungen und subjektiver Norm ebenfalls einen Einfluss auf Verhaltensintentionen hat: die wahrgenommene Verhaltenskontrolle (*perceived behavioral control*). Abbildung 3 veranschaulicht dies.

Modell

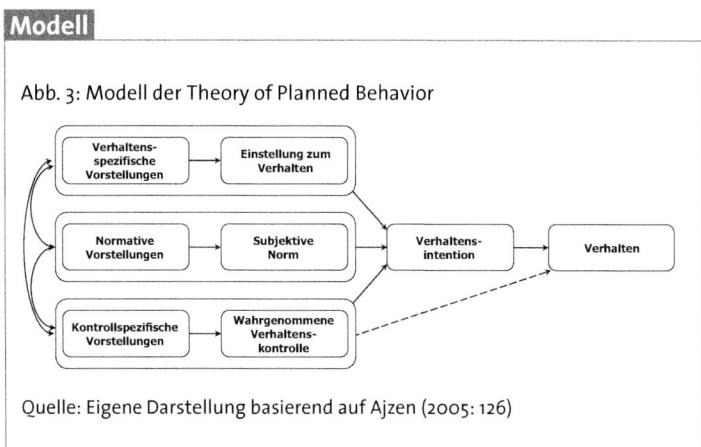

Abb. 3: Modell der Theory of Planned Behavior

Quelle: Eigene Darstellung basierend auf Ajzen (2005: 126)

Wahrgenommene
Verhaltenskontrolle

Auslöser für die Einbeziehung dieser Komponente war die Beobachtung, dass Verhalten häufig nicht – wie ursprünglich vorausgesetzt – willentlich kontrollierbar ist, sondern von verschiedenen internen und externen Einflüssen abhängt. Nicht jede Person wird in der Lage sein, *Netflix* zu nutzen. Vielmehr hängt die Nutzung von *Netflix* auch davon ab, ob eine Person die notwendigen technischen Fähigkeiten mitbringt und ob sie Zeit hat (interne Faktoren), aber auch ein guter Internetzugang mit ausreichender Datenrate und monetäre Ressourcen (externe Faktoren) spielen eine Rolle.

Eine Vielzahl dieser Faktoren lässt sich nicht oder nur bedingt vorher erahnen, geschweige denn vorher messen. Die individuell unterschiedliche Wahrnehmung der Menschen, zu welchem Grad sie ihr Verhalten beeinflussen können, ist besser messbar und reflektiert die tatsächliche Verhaltenskontrolle laut Ajzen (2005: 111) sehr gut. Empirische Belege für die bessere Erklärungskraft der TPB im Vergleich zur TRA gibt es zuhauf (für einen der ersten Belege vgl. etwa Schifter & Ajzen 1985). Somit ist die Relevanz der wahrgenommenen Verhaltenskontrolle unumstritten. Kritisiert wird jedoch, dass die Komponente stark an das Konstrukt der Selbstwirksamkeit erinnert: Die wahrgenommene Verhaltenskontrolle beschreibt die wahrgenommene Leichtigkeit oder Schwierigkeit, ein bestimmtes Verhalten auszuführen (vgl. Ajzen 2005: 111). Die der sozialkognitiven Theorie Banduras entlehnte Selbstwirksamkeit bezieht sich auf das generelle Vertrauen in die eigene Fähigkeit, schwierige Verhaltensweisen trotz vorhandener Widerstände und Hürden auszuführen (vgl. Bandura 2001, 2004). Tatsächlich sind sich die beiden Konstrukte also nicht ganz unähnlich: Je nach Operationalisierung und vor allem dann, wenn sich beide auf konkrete Verhaltensweisen beziehen, werden sie entweder relativ ähnliche oder sogar identische Phänomene erfassen (vgl. Ajzen 2002a, Fishbein 2007, vgl. hierzu auch Kapitel 4.3.2).

Genauso wie die beiden anderen Komponenten wird auch die wahrgenommene Verhaltenskontrolle von den Vorstellungen einer Person determiniert. In diesem Fall geht es um die Vorstellung, welche Faktoren die Ausführung eines Verhaltens wie stark beeinflussen. Quelle dieser Vorstellungen sind in der Regel eigene Erfahrungen, Erfahrungen anderer und andere interne und externe Faktoren. Zusammen bilden diese kontrollspezifischen Vorstellungen eine Wahrnehmung davon, ob man in der Lage ist, ein bestimmtes Verhalten auszuführen oder nicht, also die wahrgenommene Verhaltenskontrolle. Die folgende Gleichung bildet diesen Zusammenhang ab.

Erwartungs-Bewertungs-Modell der wahrgenommenen Verhaltenskontrolle

$$PBC \propto \sum c_i p_i$$

Dabei ist PBC die wahrgenommene Verhaltenskontrolle (*perceived behavioral control*), c_i die kontrollspezifische Vorstellung (*control belief*), dass ein bestimmter Einflussfaktor i wirksam wird (z.B. „In den kommenden Wochen werde ich viel Zeit haben."), und p_i die Stärke (*power*) des Faktors i, die Ausführung eines Verhaltens zu erleichtern oder zu verhindern (z.B. „Wenn ich in den kommenden Wochen viel Zeit habe, wird es mir sehr leichtfallen, *Netflix* zu nutzen."; vgl. z.B. Ajzen 2005: 125f.).

Die wahrgenommene Verhaltenskontrolle kann Verhalten in zweierlei Hinsicht beeinflussen: direkt und indirekt über die Verhaltensintention (vgl. Madden et al. 1992). Die Annahme eines indirekten Zusammenhangs basiert auf der Überlegung, dass die wahrgenommene Verhaltenskontrolle einen motivationalen Einfluss auf die Verhaltensintention haben kann. Wenn Menschen glauben, dass sie nicht in der Lage sind, ein bestimmtes Verhalten auszuführen, so wird ihre Intention ebenfalls niedriger ausgeprägt sein, selbst wenn Einstellung und subjektive Norm das Verhalten begünstigen. Entsprechend scheitert die Nutzung von *Netflix* bei manchen Menschen nicht unbedingt daran, dass sie es nicht gut finden würden, *Netflix* zu nutzen, oder keinen sozialen Druck spüren, dies zu tun. Vielmehr ist die Verhaltensabsicht dadurch gemindert, dass sie nicht das nötige Budget für die Nutzung haben.

Einfluss

Denkbar ist aber auch, dass die Verhaltenskontrolle Verhalten direkt und nicht über die Verhaltensintention beeinflusst. Dieser Fall reflektiert die tatsächliche – nicht die wahrgenommene – Kontrolle, die ein

Individuum über sein Verhalten hat, und kommt dann zum Tragen, wenn das tatsächliche Verhalten nicht willentlich kontrollierbar ist (ebd.). Will sich eine Person beispielsweise gerade auf *Netflix* einloggen, scheitert aber daran, dass die Internetverbindung gestört ist (sie sitzt z.b. im Zug ohne WLAN), so handelt es sich hierbei um einen Faktor der Verhaltenskontrolle, den die Person nicht willentlich beeinflussen kann, der sich aber direkt auf die Ausübung des Verhaltens (sie nutzt *Netflix* in diesem Moment nicht) auswirkt.

Hintergrundfaktoren
In den bisherigen Ausführungen klang bisweilen schon an, dass verhaltens-, norm- und kontrollspezifische Vorstellungen von einer Vielzahl von Hintergrundfaktoren abhängig sind. Hierbei spielen zahlreiche Attribute eine Rolle, z.b. soziodemographische Merkmale, allgemeine Wertvorstellungen oder auch Erfahrungen durch interpersonale oder medial vermittelte Kommunikation. Abbildung 4 integriert diese Faktoren in das Modell.

Modell

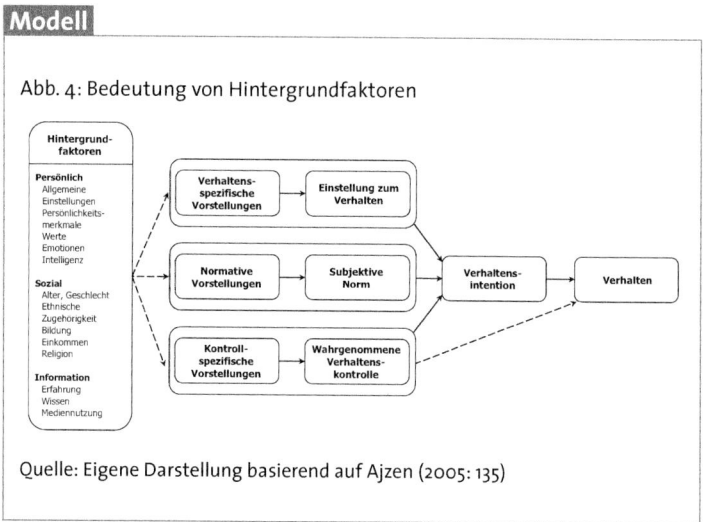

Abb. 4: Bedeutung von Hintergrundfaktoren

Quelle: Eigene Darstellung basierend auf Ajzen (2005: 135)

Die beschriebenen Faktoren können zwar einen Einfluss auf die Vorstellungen der Menschen haben, dies muss jedoch nicht notwendigerweise so sein. Das Modell veranschaulicht dies durch die gestrichelten Pfeile zwischen Hintergrundfaktoren und Vorstellungsdimensionen. Auf genauere Aussagen zum Einfluss einzelner Attribute legt sich die Theorie nicht fest, da je nach zu erklärendem Verhaltensbereich unterschiedliche Faktoren eine Rolle spielen, und es jeweils unterschiedlicher theoretischer Konzepte bedarf, um vorherzusagen, welche der vielen Hintergrundfaktoren relevant sind. Entscheidend

für die TPB ist, dass Hintergrundfaktoren zwar einen Einfluss haben
können, sich aber auf Verhalten und Verhaltensintentionen nur indirekt über Einstellung, subjektive Norm und wahrgenommene Verhaltenskontrolle auswirken. Auch wenn Forscher:innen gelegentlich di-
rekte Effekte von Hintergrundfaktoren messen, bestätigt das Gros
der Studien eher eine indirekte Wirksamkeit der antezendierenden
Faktoren (vgl. Ajzen 2015a, Ajzen & Fishbein 2005, Conner &
Flesch 2001, Fishbein et al. 2002, Hagger, Chatzisarantis & Biddle
2002b).

Die TPB bietet an dieser Stelle neben ihrer Anwendbarkeit auf die Erklärung von Mediennutzungsentscheidungen weitere Anknüpfungsmöglichkeiten für kommunikationswissenschaftliche Fragestellungen.
So sind auch interpersonale Kommunikation und Mediennutzung als
Hintergrundfaktoren denkbar, denn die Vorstellungen darüber, welche Konsequenzen ein Verhalten mit sich bringt, dürften nicht nur
dem eigenen Erfahrungsschatz entspringen, sondern entweder durch
den Austausch mit der Peergroup, Fachexpert:innen oder auch durch
medial vermittelte Erfahrungen geprägt werden. Kapitel 4.2.4 geht
auf entsprechende Überlegungen zur Integration von Medienwirkungsansätzen und TRA/TPB näher ein.

*Relevanz für die
Kommunikationswissenschaft*

Zusammenfassend stellen sich die Annahmen der TPB somit wie
folgt dar:

Kernthesen

– Intention ist die unmittelbare Antezendenz von tatsächlichem
  Verhalten.
– Intention wird von verhaltensspezifischen Einstellungen, subjektiven Normen und wahrgenommener Verhaltenskontrolle determiniert.
– Diese Determinanten sind ihrerseits jeweils Funktion zugrunde
  liegender Verhaltens-, Norm- und Kontrollvorstellungen.
– Verhaltens-, Norm- und Kontrollvorstellungen können in Abhängigkeit einer Vielzahl von Hintergrundfaktoren variieren.

1.3 Kritik

Insgesamt ist die TPB eine der Theorien zur Erklärung von Verhalten, die empirisch mit am besten belegt ist. Mehrere Tausend Studien
setzten sich seit den ausgehenden sechziger Jahren mit der postulierten Erklärung von Verhalten auseinander und lieferten verschiedenste
Belege für die Modellannahmen, auch Metaanalysen bestätigen die
empirische Gültigkeit des Modells (vgl. z.B. Albarracín et al. 2001,
Armitage & Conner 2001, Hagger, Chatzisarantis & Biddle 2002a,
Hagger et al. 2016, Hagger, Polet & Lintunen 2018, Li, Figg &

Empirische Belege

Schüz 2019, Manning 2009, McEachan et al. 2011, Starfelt Sutton & White 2016). Entsprechend positiv fällt auch die Beurteilung des Modells durch andere Forscher:innen aus (vgl. z.b. Armitage 2015, Eagly & Chaiken 1993, Petraitis, Flay & Miller 1995, Petty & Cacioppo 1996).

Anwendungsfelder Die Brauchbarkeit der Theorie wird auch dadurch evident, dass sie in der Lage ist, nicht nur bestimmte Verhaltensweisen zu erklären, sondern Verhalten aus den verschiedensten Bereichen. Die angewandte Forschung reicht von der Erklärung von Konsumentscheidungen (z.b. Ajzen 2008, 2015a, Arora & Sahney 2018, Arvola, Lähteenmäki & Tuorila 1999) über Studien zur Verkehrsmittelwahl (z.b. Bamberg, Ajzen & Schmidt 2003, Haustein & Hunecke 2007, Lanzini & Khan 2017), zu Klimaschutzverhalten (z.b. Cialdini 2003, de Leeuw et al. 2015, Ho, Liao & Rosenthal 2015, Morren & Grinstein 2016), Karriereentscheidungen (z.b. Arnold et al. 2006, Evers & Sieverding 2015, Giles & Rea 1999, Krupat et al. 2017), politischer Partizipation (z.b. Eckstein, Noack & Gniewosz 2013, Johnson Avery 2007, Singh et al. 1995) bis hin zu sexueller oder häuslicher Gewalt (Edwards, Gidycz & Murphy 2015, Hermann, Liang & DeSipio 2018, Lemay et al. 2019).

Den weitaus größten Anteil machen Studien zur Erklärung von gesundheitsschädlichem oder -förderlichem Verhalten aus, die sich etwa mit Ernährung (im Überblick vgl. Hagger et al. 2016, Li et al. 2019, Riebl et al. 2015), Safer Sex (z.b. Albarracín et al. 2001, Appiah, Tenkorang & Maticka-Tyndale 2017, Guan et al. 2016, Reinecke, Schmidt & Ajzen 1996), körperlicher Aktivität (z.b. Hagger et al. 2002a, 2002b, Hagger et al. 2016, Rossmann 2013, Stehr, Rossmann et al. 2021), Impfverhalten (z.b. Chirayil, Thompson & Burney 2014, Dubé et al. 2018, Yang 2015), Organ- oder Blutspende (z.b. Bae & Kang 2008, Faqah et al. 2015, Reynolds-Tylus & Quick 2017), Sonnenschutz (im Überblick Starfelt Sutton & White 2016), Alkoholkonsum (Bhochhibhoya & Branscum 2018), Rauchverhalten (z.b. Tseng et al. 2018, van de Ven et al. 2007) oder Drogenkonsum (z.b. Stephenson et al. 2005, Zemore & Ajzen 2014) beschäftigen (für einen Überblick über verschiedene Gesundheitsbereiche vgl. Ajzen & Manstead 2007, Ajzen, Albarracín & Hornik 2007, McEachan et al. 2011, Montaño & Kasprzyk 2015).

Für die Kommunikationswissenschaft am relevantesten sind auf der TRA/TPB basierende Ansätze zum Mediennutzungsverhalten (z.b. Alzahrani et al. 2017, Carmack & Heiss 2018, Herrmann & Kim 2017, Tefertiller 2017), zur Adoption neuer Medien (z.b. Dermentzi

& Papagiannids 2018, Leung & Chen 2017, Mou & Lin 2015), zur Informationssuche (z.B. Austvoll-Dahlgren, Falk & Helseth 2012, Lai, Chen & Chang 2014, Mitchell & Grieve 2020), zu Medienwirkungen (z.B. Bae & Kang 2008, Beullens, Roe & Van den Bulck 2011, Vu & Lee 2013) und zur Kommunikator:innenforschung (z.B. Guenther, Froehlich & Ruhrmann 2015, Karnowski, Leonhard & Kümpel 2018, Tandoc & Ferrucci 2017). Näheres zu Annahmen und Befunden der TPB-Forschung in Medien- und Gesundheitskontexten stellt Kapitel 4 vor (im Überblick vgl. auch Rossmann 2020).

Trotz der vielfältigen Anwendbarkeit muss sich die TPB eine Reihe von konzeptuellen und empirischen Kritikpunkten gefallen lassen (ausführlicher hierzu siehe Kapitel 6). Kritisiert wird vor allem die Annahme, dass Verhalten immer bewusst und rational entschieden wird. Dies lasse, so die Kritiker:innen, spontanes Verhalten und nicht-kognitive oder irrationale Verhaltensdeterminanten außer Acht. Andere Kritiker:innen stellen die Vollständigkeit der Komponenten in Frage. Häufig wird dabei etwa auf das vergangene Verhalten als fehlende Komponente verwiesen, welches im Kontext der Diskussionen um die Anwendbarkeit der TPB auf habitualisiertes Verhalten eine große Rolle spielt (vgl. für eine ausführliche Diskussion Ajzen 2002b, Fishbein & Ajzen 2010, Kapitel 4.2.1). Ein weiterer Punkt bezieht sich auf den fehlenden Zusammenhang zwischen Intention und Verhalten (*intention-behavior-gap*). Auch wenn Intentionen Verhalten insgesamt gut vorhersagen, variieren die beobachteten Effektstärken beträchtlich. In diesem Fall dürften die sog. Durchführungsintentionen (*implementation intentions*) erheblich zu einer besseren Verhaltensaufklärung beitragen (Ajzen & Fishbein 2010: 358; Gollwitzer 1999). Andere Aspekte sind methodischer Natur und beziehen sich auf die Operationalisierung der Modellkomponenten und die Kausalitätsproblematik (vgl. hierzu Kapitel 3). Nicht zuletzt wird bisweilen auch der Blickwechsel von generellen Einstellungen hin zu den im Modell verankerten verhaltensspezifischen Einstellungen kritisiert und die Relevanz dieser spezifischen Einstellungen angezweifelt (im Überblick vgl. Ajzen 2011, Ajzen & Fishbein 2005, Armitage & Conner 2001, Eagly & Chaiken 1993, Jonas & Doll 1996 und Kapitel 6).

Zentrale Schwächen

2 Entwicklungsgeschichtlicher Hintergrund

Entwicklungsgeschichtlich lassen sich TRA und TPB in zweierlei Hinsicht verorten: Zum einen reihen sich die Theorien in den Kanon der *Handlungstheorien* ein und rekurrieren dabei vor allem auf die Überlegungen der *Rational Choice*-Theorie. Zum anderen leiteten die Begründer der TRA ihre Überlegungen aus vorangegangenen Erkenntnissen und Fehlschlägen der psychologischen Einstellungs-Verhaltens-Forschung ab. Auf beide Bereiche geht das vorliegende Kapitel ein.

2.1 Handlungstheorien und Rational Choice-Theorie

Grundverständnis

Handlungstheoretische Ansätze nehmen etwa seit den siebziger Jahren in Soziologie und Psychologie eine zunehmend bedeutende Rolle ein (für einen Überblick vgl. z.B. Werbik 1978, Dunckel 1986). Dabei handelt es sich um keine vollkommen neuen Konzepte, vielmehr versuchen Handlungstheorien, Begriffe und Annahmen verschiedener psychologischer Theorien in ein gemeinsames Theorieverständnis zu integrieren (Greif 1983). Allen Handlungstheorien gemein ist das Ziel, das situationsspezifische Handeln von Menschen mit psychologischen Phänomenen wie Wahrnehmungen, Überzeugungen, Erwartungen, Zielen, Normen, Präferenzen und Handlungsabsichten zu erklären (vgl. Greve 2002). Anders ausgedrückt versuchen Handlungstheorien, „eine Systematik des Zusammenhangs zwischen (individuellen, situationellen, institutionellen und kulturellen) Rahmenbedingungen und den individuellen Zielen der Akteure" (Büschges, Abraham & Funk 1998: 121) herauszuarbeiten.

Nach Greve (2002) lassen sich die (psychologischen) Handlungstheorien in vier Gruppen gliedern: (1) solche, die sich mit der Frage beschäftigen, wie sich Menschen für eine konkrete Handlung entscheiden (im Überblick vgl. Krampen 2000); (2) solche, die sich mit der konkreten Umsetzung beabsichtigter Handlungen beschäftigen, z.B. das Rubikonmodell menschlichen Handelns (z.B. Gollwitzer 1996, siehe Kapitel 5.3.1); (3) kybernetische Handlungstheorien, die meist im Rahmen arbeitspsychologischer Fragen untersuchen, wie Handlungen gesteuert und reguliert werden; und (4) Handlungstheorien, die danach fragen, wie und inwieweit wir kontrollieren können, was wir tun. TRA und TPB ordnen sich wie andere Erwartungs-Bewertungs-Theorien der ersten Kategorie zu.

Erklärung von Verhalten

Eine Gemeinsamkeit aller Handlungstheorien ist ihr Verständnis von Verhalten und seiner Vorhersagbarkeit. Die Voraussetzung dafür, dass Verhalten handlungstheoretisch erklärt werden kann, ist den

Theorien zufolge, dass es absichtlich, zielgerichtet, kontrolliert und in einem spezifischen sozialen Kontext ausgeführt wird. Die sozial-psychologisch geprägten Handlungstheorien verstehen zielgerichtetes Verhalten dabei als „Wahlhandlung in einer konkreten Situation" (Büschges et al. 1998: 120), denn selbst wenn es keine Alternative zu einer bestimmten Handlung zu geben scheint (z.B. in der Kantine wird lediglich eine warme Speise angeboten), bleibt immer noch die Wahl, die Handlung auszuführen oder nicht (z.B. überhaupt etwas zu essen oder nicht). Dem Verhalten einer Person liegt somit immer die Wahl zwischen mindestens zwei Alternativen zugrunde.

Spätestens hier wird die enge Verbindung zu den *Rational Choice*-Theorien deutlich (z.B. Abell 1991, Coleman & Fararo 1992, Hogarth & Reder 1987). Auch diese beschreiben keine klar definierte Theorie, sondern verschiedene Theorievarianten, die auf demselben Grundgedanken basieren: Individuen handeln zielgerichtet in Bezug auf bestimmte Handlungskonsequenzen. Weitere Kennzeichen von *Rational Choice*-Theorien sind, dass sie von einem:r bestimmten Akteur:in (Individuum oder Gruppe) ausgehen, diese:r zwischen mindestens zwei Alternativen wählen kann und es Entscheidungsregeln gibt, die vorhersagen, für welche Alternative sich ein:e Akteur:in entscheidet (vgl. Diekmann 1996: 91). Rationales Handeln meint dabei ganz allgemein, dass Akteur:innen in Übereinstimmung mit einer bestimmten Entscheidungsregel handeln. Rational Choice

Diese Entscheidungsregeln sind nun je nach Theorievariante unterschiedlich. Der wohl bekannteste Ansatz findet sich in der aus den Wirtschaftswissenschaften stammenden Vorstellung vom *Homo oeconomicus*, nach der sich rationales Handeln an der Maximierung des ökonomischen Erwartungsnutzens orientiert (vgl. z.B. Kirchgässner 2008). Demnach verhält sich eine Person, die vor mehrere Alternativen gestellt wird, im ökonomischen Sinne rational, wenn sie (1) in der Lage ist, eine Entscheidung zu treffen, (2) alle in Frage kommenden Alternativen nach ihren Kosten-Nutzen-Erwägungen in eine Rangreihe bringt, die (3) für jede Alternative genau festgelegt und somit transitiv ist. Von den gegebenen Alternativen wählt die rational handelnde Person dann (4) immer die aus, die in ihrer Rangfolge den höchsten Rang einnimmt, und sie trifft (5) vor den gleichen Alternativen stehend immer wieder die gleiche Entscheidung (vgl. Downs 1957, im Überblick vgl. auch Brosius 1995).

Aus dem ökonomischen Ursprungskonzept der *Rational Choice*-Theorie entwickelten sich im Laufe des 20. Jahrhunderts zahlreiche Varianten. Downs (1957) etwa wandte es auf die Erklärung von Nutzentheorie

Wahlentscheidungen an und postulierte, dass nicht das politische Konzept einer Partei wahlentscheidend sei, sondern die Optimierung des individuellen Nutzeneinkommens der Wähler:innen. Weitere Varianten stellen die *Spieltheorie* (vgl. z.b. Heap & Varoufakis 1995) und die *Nutzentheorie* dar (auch *Theorie des subjektiv erwarteten Nutzens* oder *Subjective Expected Utility-* bzw. *SEU-Theorie*, im Überblick vgl. Büschges et al. 1998: 122ff., Diekmann 1996). Entscheidungsprozesse lassen sich nach der von Savage (1954) begründeten Nutzentheorie vereinfacht wie folgt beschreiben: Eine Person, die vor einer Entscheidung steht, zieht eine beschränkte Anzahl von Handlungsalternativen in Betracht und überlegt sich jeweils ihre möglichen Konsequenzen. Jede einzelne Handlungskonsequenz ist mit einem Nutzenwert verbunden, der mit einer jeweils unterschiedlichen Wahrscheinlichkeit eintreten wird. Das Produkt aus Nutzenwert und Eintretenswahrscheinlichkeit ergibt den subjektiv erwarteten Nutzen einer Handlungskonsequenz. Aus der Summe des subjektiv erwarteten Nutzens aller Handlungskonsequenzen einer Handlungsalternative lässt sich schließlich für jede Handlungsalternative ein bestimmter subjektiv erwarteter Nutzen errechnen. Rational handelt eine Person nun dann, wenn sie die Handlungsalternative mit dem größten subjektiv erwarteten Nutzen wählt (Prinzip der Nutzenmaximierung).

In den Kanon der Nutzentheorie reihen sich auch TRA und TPB ein. Ajzen und Fishbein (1970) verweisen selbst auf die Ähnlichkeit ihrer theoretischen Überlegungen zur SEU-Theorie (ebd.: 469). Auch hier werden Nutzenwerte (Bewertung der Verhaltenskonsequenz, *evaluation*) und ihre Eintretenswahrscheinlichkeiten (Vorstellungsstärke, *belief strength*) in Betracht gezogen, aus denen sich die verhaltensspezifischen Vorstellungen (*behavioral beliefs*) und schließlich die verhaltensspezifischen Einstellungen (*attitudes toward the behavior*) ableiten lassen (vgl. Kapitel 1.1.3).

Kernsätze

TRA und TPB lassen sich in ihren Grundgedanken der Nutzentheorie zuordnen, die wiederum eine Variante der Handlungstheorien im Allgemeinen und der *Rational Choice*-Ansätze im Speziellen darstellt.

2.2 Einstellungs-Verhaltens-Forschung

Abgesehen von den allgemeinen wissenschaftstheoretischen Überlegungen der Handlungstheorien prägten vor allem die Entwicklungen der Einstellungs-Verhaltens-Forschung die Begründung der TRA. In den Anfängen des 20. Jahrhunderts schien der Zusammenhang zwischen Einstellung und Verhalten in der Sozialpsychologie zunächst recht eindeutig zu sein und wurde wenig hinterfragt. Auch gaben die meisten Studien zu dieser Zeit wenig Anlass, daran zu zweifeln, dass sich soziales Verhalten durch Einstellungen erklären lässt (z.B. Smith 1932, Thurstone & Chave 1929; vgl. Ajzen & Fishbein 2005).

Ab Mitte der dreißiger Jahre aber kamen Forscher:innen zunehmend häufiger zu dem Ergebnis, dass Einstellungen kein valider Prädiktor für Verhalten waren. Eine der bekanntesten Studien zum Einstellungs-Verhaltens-Zusammenhang stammt von LaPiere (1934), der auf einer Reise mit einem chinesischen Ehepaar herausfand, dass sich die negativen Einstellungen der Amerikaner:innen gegenüber chinesisch-stämmigen Gästen im tatsächlichen Verhalten von Hoteliers nicht äußerten (siehe *Schlüsselstudien*).

Fehlender Einstellungs-Verhaltens-Zusammenhang

Schlüsselstudien

LaPieres Studie zu Einstellungen und Verhalten

Anfang der dreißiger Jahre reiste der amerikanische Soziologe Richard T. LaPiere (Standford University) zusammen mit einem chinesischen Ehepaar durch die USA. Negative Vorurteile gegenüber Chines:innen waren dort zu dieser Zeit weitverbreitet, weshalb LaPiere und sein:e Begleiter:innen erwarteten, von Hotels und Restaurants abgewiesen zu werden. Tatsächlich war dies aber in keinem der 184 besuchten Restaurants und nur in einem der 67 besuchten Hotels der Fall. Ein halbes Jahr später versandte der Forscher einen Fragebogen an jedes der besuchten Hotels und Restaurants, welcher erfasste, ob chinesisch-stämmige Besucher:innen als Gäste aufgenommen werden würden. Im Gegensatz zu dem sechs Monate vorher beobachteten Verhalten, aber in Übereinstimmung mit dem gängigen Vorurteil, antworten nun über 90 Prozent der Befragten mit einem eindeutigen Nein. Die im Fragebogen gemessenen Einstellungen stimmten also nicht mit dem tatsächlich beobachteten Verhalten überein (LaPiere 1934).

Corey (1937) untersuchte den Zusammenhang zwischen Einstellungen und Verhalten am Beispiel von Prüfungsbetrug bei Studierenden. Auch er konnte nur eine marginale Korrelation nachweisen. Wicker (1969) stellte schließlich in einer Metaanalyse von 42 Studien fest, dass die Korrelationen zwischen Einstellungen und Verhalten nur selten einen Wert von $r = 0.30$ überstiegen. Insgesamt, so sein Fazit, deuten die Studien auf keinen oder nur einen geringen Zusammenhang zwischen Einstellungen und Verhalten hin (ebd.: 65).

Armitage und Christian (2003) sehen in Wickers (1969) Studie einen Wendepunkt in der Einstellungs-Verhaltens-Forschung. Sozialpsycholog:innen verloren das Interesse an den kläglichen Versuchen, einen direkten Zusammenhang zwischen Einstellungen und Verhalten nachzuweisen, und fingen an, sich einerseits mehr den methodischen Fragen und andererseits den Umständen, unter denen Einstellungen möglicherweise doch mit Verhalten korrelieren würden, zu widmen.

Erklärungsansätze So wurden etwa Tendenzen im Antwortverhalten (z.B. sozial erwünschte Antworten) für die mangelnde Einstellungs-Verhaltens-Relation verantwortlich gemacht, genauso wie die mangelhafte Operationalisierung von Einstellungen: In der frühen Forschung waren Einstellungen häufig eindimensional erfasst worden. Spätere Befunde deuteten jedoch darauf hin, dass Einstellungen aus drei Komponenten bestehen: einer kognitiven, einer affektiven und einer konativen Komponente (z.B. Rosenberg & Hovland 1960). Aber auch die verbesserte Operationalisierung von Einstellungen erhöhte ihre Vorhersagekraft nicht (vgl. Ajzen & Fishbein 2005).

Ein weiterer Ansatz zur Verbesserung der Einstellungs-Verhaltens-Zusammenhänge lag darin, Moderator- und Mediator-Variablen zu identifizieren. So wurde versucht, die mangelnde Konsistenz der Zusammenhänge zu lösen, indem Persönlichkeitsmerkmale (z.B. *need for cognition*), Situationsvariablen (z.B. Zeitdruck) oder Charakteristika der Einstellung selbst (z.B. Einstellungsstärke) berücksichtigt wurden (Ajzen & Fishbein 2005, Armitage & Christian 2003). Auch dies verbesserte die Grundstruktur der Einstellungs-Verhaltens-Zusammenhänge jedoch nur bedingt, da die Merkmale häufig nur indirekt eine Rolle spielten und die Zusammenhänge eher verkomplizierten.

Auf dem Weg zur TRA Von entscheidender Bedeutung war die Erkenntnis, dass Einstellungen und Verhalten häufig deshalb nicht korrelierten, weil sie auf einem unterschiedlichen Spezifikationslevel gemessen wurden. So erfasste Corey (1937) etwa die Einstellung dazu, in Tests zu betrügen, auf einer ganz allgemeinen Ebene, das Verhalten aber auf der Basis von fünf spezifischen Prüfungen – und konnte keinen Zusammenhang zwischen Einstellung und Verhalten nachweisen. Ajzen und Fishbein (1977) diskutierten diese Überlegung unter dem Begriff des Kompatibilitätsprinzips und forderten, Einstellungen und Verhalten in Bezug auf Handlung, Ziel, Kontext und Zeit mit demselben Spezifikationsgrad zu erfassen (vgl. Kapitel 1.1.1). Entsprechend konnten

Davidson und Jaccard (1979) zeigen, dass die allgemeine Einstellung zur Empfängnisverhütung die tatsächliche Einnahme der Pille nur schlecht vorhersagte, während die konkrete Einstellung zur Pilleneinnahme stärker mit dem Verhalten korrelierte. Auch Kraus (1995) zeigte in einer Metaanalyse von acht Studien, dass sich spezifisches Verhalten besser durch spezifische Einstellungsmaße erklären ließ als durch allgemeine Einstellungen.

Neben der Spezifikation von Moderatoren trugen v.a. die Identifikation der Verhaltensintention als Mediator zwischen Einstellungen und Verhalten und die Erkenntnis, dass Einstellungen nur eine von mehreren Faktoren der Verhaltensintention darstellen, zum Verständnis der Zusammenhänge bei (vgl. Ajzen & Fishbein 1969, Armitage & Christian 2003). Don Dulany (1961) ging bereits in seiner *Theory of Propositional Control* – einer Theorie zur Erklärung von Sprechverhalten und verbaler Konditionierung – davon aus, dass Verhaltensintentionen von Einstellungen, Vorstellungen, Motivation und Erwartungsdruck beeinflusst werden und diese wiederum die unmittelbare Antezedenz von Sprechverhalten darstellen. Martin Fishbein (siehe *Akteure*) übertrug diese Überlegungen 1967 auf allgemeines Verhalten und stellte sie zunächst als *Theory of Behavioral Prediction* (ebd.: 491) vor. Mit den darin enthaltenen Grundprämissen hatte der Autor schon zu diesem Zeitpunkt den Grundstein für die später zusammen mit Icek Ajzen (siehe *Akteure*) formulierte TRA gelegt (z.B. Fishbein & Ajzen 1975). Mit dem Namen *Theory of Reasoned Action* taucht die Theorie aber erst seit 1980 in Publikationen auf (Ajzen & Fishbein 1980, Fishbein 1980).

Wie in Kapitel 1 dargestellt, beruhen die Grundüberlegungen auch hier darauf, dass Einstellungen nicht direkt mit Verhalten korrelieren, sondern der Zusammenhang vielmehr durch die Verhaltensintention mediiert wird. Schon die frühen empirischen Studien (z.B. Ajzen & Fishbein 1969, 1970, 1974, 1977; vgl. hierzu auch Kapitel 4.1) zeigten, dass sich die bislang inkonsistenten Einstellungs-Verhaltens-Zusammenhänge unter Berücksichtigung der in der TRA vermuteten Komponenten deutlich verbessern ließen. Entsprechend zogen Fishbein und Ajzen (1974: 44) bereits aus den frühen Befunden den Schluss, dass die Theorie die geringe Konsistenz der Zusammenhänge zwischen traditionellen Einstellungsmaßen und Verhalten erklären kann. Diese Beobachtung besitzt einer Metaanalyse von zehn Metaanalysen zufolge trotz zahlreicher Kritik auch mehrere Jahrzehnte später noch Gültigkeit: Obwohl, so schloss Sheeran (2002: 29) aus seiner Analyse, Forschungsbefunde zu automatisierten und habituali-

sierten Verhaltensweisen darauf hindeuteten, dass die bewusste Ausübung von Verhalten begrenzter sein dürfte als bisher angenommen,
sei es sehr wahrscheinlich, dass Intentionen für Sozial- und angewandte Psycholog:innen in absehbarer Zukunft die entscheidende
psychologische Schlüsselvariable bleiben werden. Dies bestätigen
auch neuere Metaanalysen (Hagger et al. 2016, Li et al. 2019, Manning 2009, McEachan et al. 2011, Starfelt Sutton & White 2016).

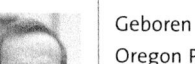

Martin Fishbein

Geboren 1936 in New York, studierte Martin Fishbein am Reed College in
Oregon Psychologie und Ökonomie und machte 1961 an der University of
California seinen PhD in Psychologie. Von 1961 bis 1997 lehrte er zunächst
als Assistant Professor, später als Associate Professor und schließlich als
Full Professor an der University of Illinois Psychologie. Danach ging er als
Harry C. Coles Jr. Distinguished Professor in Communication an die Annen-
berg School for Communication, war dort Direktor der Abteilung Gesund-
heitskommunikation des Annenberg Public Policy Center der University of
Pennsylvania sowie ab 2003 Direktor der Abteilung Theory and Method
Core des Centers of Excellence in Cancer Communication Research.

Fishbein erhielt zahlreiche Auszeichnungen und Nominierungen, darunter
ein *Guggenheim Fellowship* und den *Mayhew Derryberry Award* der American Public Health Association für herausragende Beiträge zur Gesund-
heitserziehung, Gesundheitsförderung und Gesundheitskommunikation.
Sein Name findet sich u.a. in der *Attitude Research Hall of Fame* der American Marketing Association, im *Who's Who in America*, *Who's Who in
Psychology* und nicht zuletzt im *Who's Who in the World*.

Der Autor veröffentlichte elf Monographien und Sammelbände und über
250 Zeitschriften- und Buchbeiträge zu den Themen Einstellungen, Verhalten, Kommunikation, Persuasion und Gesundheit. Zusammen mit seinem Schüler Icek Ajzen begründete Fishbein die *Theory of Reasoned Action* (z.B. Ajzen & Fishbein 1980). Sie zählt zusammen mit dem später entwickelten *Integrative Model of Behavioral Prediction and Change* (z.B.
Fishbein 2000, siehe Kapitel 4.3.2) zu seinen wichtigsten wissenschaftlichen Beiträgen zur Verhaltenspsychologie. Im November 2009 verstarb
Fishbein auf einer Reise in London (vgl. Ajzen 2010, Sheehy, Chapman &
Conroy 1997).

Akteure

Icek Ajzen

Icek Ajzen wurde 1942 in Polen geboren. Er studierte Psychologie und Soziologie an der Hebrew University of Jerusalem und machte dort 1967 seinen Bachelor. An der University of Illinois machte er seinen Master, später seinen PhD in Sozialpsychologie, und schließlich war er dort von 1969 bis 1971 Professor für Psychologie. Von 1971 bis 2012 war er zunächst Assistant Professor, später Associate und schließlich Full Professor für Psychologie an der University of Massachusetts. Seit 2012 ist er Professor Emeritus. Als Visiting Professor war er mehrmals an der Tel Aviv University und an der Hebrew University of Jerusalem in Israel, als Visiting Fellow an der Università Commerciale Luigi Bocconi in Mailand, als Gastprofessor wurde er an die Universität Gießen und die Higher School of Economics, Moskau, eingeladen.

Ajzen hat sechs Bücher, rund 80 Zeitschriften- und über 60 Buch- und Lexikonbeiträge über den Zusammenhang von Einstellungen und Verhalten veröffentlicht, die ihm 2005 die Identifikation als *Highly Cited Researcher im ISI Web of Knowledge* und 2010 die Identifikation als *Social-Personality Psychologist with the Highest Cumulative Impact Score* (Nosek et al. 2010) einbrachten. Außerdem erhielt er folgende weitere Auszeichnungen: *Christiansen Memorial Award in Psychology* der Universität Bergen, Norwegen, *Joyce Barnes Farmer Distinguished Guest Professorship* der Miami University, Oxford Ohio, *Distinguished Professor Honoree* der CENTRUM Católica Graduate Business School, Lima, Peru, *Distinguished Scientist Award* der Society of Experimental Social Psychology, *Distinguished Scientific Contribution Award* der Society for Personality and Social Psychology sowie Erwähnungen in *American Men and Women of Science: Social and Behavioral Sciences*, im *Who's Who in Social Sciences Higher Education* und im *Marquis Who's Who in America*.

Zusammen mit Martin Fishbein begründete Ajzen die *Theory of Reasoned Action* (z.B. Ajzen & Fishbein 1980). Mit der Einführung der wahrgenommenen Verhaltenskontrolle als weitere zentrale Komponente begründete er später die *Theory of Planned Behavior*, mit der er einen entscheidenden Beitrag zur besseren Erklärungskraft der Theorie und somit zur Erklärung von Verhalten leistete (z.B. Ajzen 1991; zur Vita von Ajzen vgl. Ajzen 2009, Sheehy et al. 1997).

2.3 TRA und TPB in der Kommunikationswissenschaft

Im Gegensatz zu manch anderen sozialpsychologischen Theorien und Modellen, die sich in den üblichen Curricula kommunikationswissenschaftlicher Einführungskurse wiederfinden (z.B. *sozial-kognitive Lerntheorie*, Bandura 2001, oder *Elaboration-Likelihood-Modell*, Petty & Cacioppo 1986, vgl. auch den Band zum *Elaboration-Likelihood-Modell* in dieser Lehrbuchreihe, Klimmt & Rosset 2020), haben TRA und TPB in der Kommunikationswissenschaft bislang keine zentrale Bedeutung erlangt. Dennoch gibt es einige vielversprechende Anknüpfungspunkte mit kommunikationswissenschaftlichen Fragestellungen (für eine ausführliche Darstellung der TRA/TPB in der Kommunikationswissenschaft vgl. Kapitel 4.2, für ihre Anwendung in der Gesundheitskommunikation vgl. Kapitel 4.3)

Mediennutzung Bereits in den achtziger Jahren finden sich in der Kommunikationswissenschaft Ansätze, die auf ähnliche Grundgedanken wie die TRA/TPB zurückgreifen oder sogar explizit auf die TRA verweisen. Am deutlichsten lässt sich dies im Bereich der Mediennutzungsforschung beobachten, zuvorderst im Zusammenhang mit dem *Uses-and-Gratifications-Ansatz*. Genauso wie die TRA geht der Ansatz davon aus, dass Menschen Entscheidungen rational, bewusst und zielgerichtet treffen (vgl. z.B. Rubin 2009, für einen Überblick vgl. auch den Band zum *Uses-and-Gratifications-Approach* in dieser Lehrbuchreihe, Sommer 2019). Teilweise findet sich in den Modellen der *Uses-and-Gratifications-Forschung* auch der Erwartungs-Bewertungs-Ansatz wieder (vgl. z.B. Palmgreen & Rayburn 1982, 1983).

Erst mit Ende der achtziger Jahre greifen kommunikationswissenschaftliche Studien häufiger explizit auf die TRA oder TPB zurück, um Mediennutzungsverhalten zu erklären (vgl. z.B. Babrow & Swanson 1988, Babrow 1989, Doll & Ajzen 1992, Doll, Petersen & Rudolf 2000). Vor allem in den letzten zehn bis 15 Jahren wurden einige TRA/TPB-basierte Studien zu unterschiedlichen Facetten der digitalen Mediennutzung publiziert, etwa zur Nutzung sozialer Medien (z.B. Carmack & Heiss 2018, Lucero-Romero & Arias-Bolzmann 2019, Mitchel & Grieve 2020), zu Video- oder Onlinespielen (z.B. Alzahrani et al. 2017, Haagsma et al. 2013, Wang et al. 2017), zu mobilen Medien (z.B. Carter & Yeo 2016, Herrmann & Kim 2017) oder Musikstreamingdiensten (Kinally & Bolduc 2020). Trotz der inzwischen zahlreichen Belege für die Anwendbarkeit der TRA/TPB auf Fragen der Mediennutzung stößt sie in diesem Kontext an Grenzen. So kann sie streng genommen nur intentionales zielgerichtetes Handeln erklären und ist somit für habitualisiertes Mediennutzungsverhalten nicht geeignet (vgl. hierzu ausführlicher Kapitel 4.2.1).

Adoption neuer Medien Ein weiterer kommunikationswissenschaftlicher Forschungszweig, in dem die TRA/TPB Beachtung fand, ist der der Adoption neuer Medien (vgl. ausführlicher hierzu Kapitel 4.2.2). Ähnlich wie im Bereich der Mediennutzungsforschung haben sich hier zahlreiche unterschiedliche Ansätze entwickelt. Zu den meist beachteten zählen das *Technology Acceptance Model* (TAM), das Davis und Kollegen Ende der achtziger Jahre aus der TRA entwickelten (vgl. Davis 1989, Davis, Bagozzi & Warshaw 1989), und seine Nachfolger, u.a. die *Unified Theory of Acceptance and Use of Technology* (UTAUT, Venkatesh et al. 2003; im Überblick vgl. auch Rondan-Cataluna, Arenas-Gaitán & Ramírez-Correa 2015). Studien, die die Adoption neuer Medien explizit mit der TRA oder TPB erklären, kommen jedoch ebenfalls zu guten Ergebnissen (vgl. z.B. Hung, Ku & Chang 2003, Lee, Kim & Hong 2010, Mou & Lin 2015).

Seit Beginn des Jahrtausends finden sich zunehmend auch Studien, die die Suche nach Informationen auf Basis der TRA/TPB erklären (u.a. Chang et al. 2017, Lai et al. 2014, Millar & Shevlin 2003, Mitchel & Grieve 2020). Auch wenn sich auch dieses Verhalten recht gut mit Einstellungen, subjektiver Norm, wahrgenommener Verhaltenskontrolle und Verhaltensintentionen erklären lässt, haben sich – vor allem im Kontext der Suche nach risikobezogenen Informationen (z.B. zu Gesundheits- oder Umweltrisiken) neue Modelle etabliert, die die TPB zwar integrieren, jedoch weitere Determinanten hinzuziehen (vgl. ausführlicher Kapitel 4.2.3). Zu den bekanntesten zählen das *Risk Information Seeking and Processing Model* (Griffin, Dunwoody & Neuwirth 1999) und sein Nachfolger, das *Planned Risk Information Seeking Model* (Kahlor 2010). *(Informationssuche)*

Die TRA/TPB findet seit Beginn des neuen Jahrtausends auch in Medienwirkungsansätzen Beachtung. Es gibt zwar nicht allzu viele Studien, die die TRA/TPB in Medienwirkungsansätze integriert haben, dennoch stellen sie eine fruchtbare Verknüpfung des handlungstheoretischen Grundgedankens mit kommunikationswissenschaftlichen Wirkungsansätzen dar. Vielversprechend sind etwa solche Studien, die den *Kultivierungsansatz* mit der TRA/TPB verknüpfen. Auf der Basis der *Kultivierungshypothese* lässt sich dabei postulieren, dass das Fernsehen Realitätsvorstellungen und Einstellungen der Rezipierenden beeinflusst. Im Sinne der TPB stellen Medien also ein zentrales Hintergrundmerkmal dar, welches einstellungs-, norm- und kontrollspezifische Vorstellungen der Zuschauer:innen determiniert und darüber Verhaltensintentionen und Verhalten beeinflussen kann. Nabi und Sullivan (2001) sowie Segrin und Nabi (2002) lieferten erste Befunde zu diesen Überlegungen, und auch aktuellere Studien greifen *(Medienwirkung)* diese Überlegungen auf (z.B. Beullens et al. 2011, Vu & Lee 2013; vgl. ausführlicher hierzu Kapitel 4.2.4).

Kommunikator:innenforschung

Die oben dargestellten Bereiche liegen im Kommunikationsprozess allesamt auf der Seite der Rezipierenden. Erst in der letzten Dekade wurde die TRA/TPB vereinzelt auch auf Fragen der Kommunikator:innenforschung angewendet (vgl. ausführlicher Kapitel 4.2.5). So untersuchten Guenther et al. (2015) vor dem Hintergrund der TPB, wie Wissenschaftsjournalist:innen in ihrer Berichterstattung mit wissenschaftlichen Unsicherheiten umgehen. Lee, Coleman und Molyneux (2016) setzten sich TPB-basiert mit der Bedeutung sozialer Normen für ethisches Verhalten im Journalismus auseinander, und Tandoc und Ferrucci (2017) untersuchten auf Basis der TPB, welche Faktoren Journalist:innen dazu bewegen, Publikumsfeedback auf sozialen Medien in ihre Selektionsentscheidungen einzubeziehen. Eine Reihe weiterer Studien lässt sich im weitesten Sinne dem Bereich des Bürger:innen-Journalismus zuordnen und beschäftigt sich mit der Frage, was Individuen dazu bewegt, Nachrichten oder Videos auf sozialen Medien zu teilen oder zu kommentieren (z.B. Karnowski et al. 2018, Park, Jung & Lee 2011, Soffer & Gordoni 2018).

Kampagnenforschung

Nicht zuletzt spielt die TRA/TPB auch eine ganz zentrale Rolle, wenn es darum geht, effektive Kampagnenbotschaften zu identifizieren. Dies wird vor allem im Bereich von Gesundheitskampagnen evident (für einen Überblick vgl. Fishbein & Ajzen 2010, Montaño & Kasprzyk 2015, Rossmann 2015, 2017). Die Grundidee ist, auf Basis der TPB diejenigen Verhaltensdeterminanten und zugrunde liegenden einstellungs-, norm- und kontrollspezifischen Vorstellungen in der anvisierten Zielgruppe zu identifizieren, die die Verhaltensintentionen am stärksten beeinflussen, um diese dann in der Kampagne gezielt zu adressieren. Eine Metaanalyse von 82 Publikationen, die 123 TPB-basierte Gesundheitskampagnen evaluierten, bestätigt die Effektivität dieser Herangehensweise mit einer mittleren Effektstärke von $d = 0.50$ (Steinmetz et al. 2016; vgl. ausführlicher Kapitel 4.3).

Insgesamt zeigt sich also, dass die TRA/TPB durchaus einen fruchtbaren Beitrag zur kommunikationswissenschaftlichen Forschung leistet, weshalb Kapitel 4.2 und 4.3 auf ihre Bedeutung für kommunikationswissenschaftliche Fragestellungen nochmals genauer eingehen werden. Bevor wir uns näher mit der Anwendung der Theorie auf verschiedene Gegenstandsbereiche auseinandersetzen, befassen wir uns zunächst jedoch mit Fragen des Forschungsdesigns und der Operationalisierung der an der TRA/TPB beteiligten Konstrukte.

3 Forschungslogik

Die Forschungslogik soll im Hinblick auf mehrere Aspekte näher beleuchtet werden. Zunächst geht es darum, Methodik, Designs und Auswertungsstrategien von TRA/TPB-Analysen darzustellen. Der zweite Abschnitt des Kapitels widmet sich der Frage, wie die einzelnen Komponenten der Theorie zu operationalisieren sind.

3.1 Methoden und Forschungsdesign

Um die Forschungslogik der TRA/TPB zu veranschaulichen, wenden wir uns wieder unserem in Kapitel 1 verwendeten Leitbeispiel – Nutzung von *Netflix* – zu. Eine Studie, die die Nutzung von *Netflix* auf Basis der TPB erklären und empirisch prüfen will, folgt im Idealfall dem unter *Fallbeispiele* skizzierten Ablauf.

Fallbeispiele

Fallbeispiel: Erklärung der Nutzung von *Netflix* auf Basis der TPB

In unserem Beispiel geht es also um die Frage, inwieweit sich die TPB eignet, die Nutzung von *Netflix* bei Studierenden vorhersagen. Optimalerweise umfasst die Studie dann eine (in der Regel qualitative) Vorstudie und eine zweiwellige quantitative Erhebung der Modellkomponenten. So müssen wir im ersten Schritt zunächst herausfinden, welche verhaltens-, norm- und kontrollspezifischen Vorstellungen in der Grundgesamtheit vorherrschen. Es ist nicht unwahrscheinlich, dass Jugendliche ganz andere Verhaltenskonsequenzen mit der Nutzung von *Netflix* verbinden als Studierende oder berufstätige Erwachsene. Diese gilt es daher für die eigene Zielgruppe, etwa im Rahmen qualitativer Leitfadeninterviews,

zu identifizieren (für Details zur Erfassung der Vorstellungen vgl. Kapitel 3.2).

Im nächsten Schritt geht es dann darum, die Modellkomponenten und etwaige relevante Hintergrundfaktoren quantitativ zu erheben. Idealerweise geschieht dies in einem zweiwelligen Design: Zum ersten Messzeitpunkt werden Hintergrundmerkmale und die dem Verhalten vorausgehenden TPB-Komponenten, also Verhaltensintention, Einstellung zum Verhalten, subjektive Norm, wahrgenommene Verhaltenskontrolle, wahrgenommene Verhaltenskonsequenzen, Bewertung der Verhaltenskonsequenzen, normative Vorstellungen, Motivation, diesen zu entsprechen, kontrollspezifische Vorstellungen und ihre Stärke, in einer standardisierten Befragung erfasst. Jede der TPB-Komponenten wird am besten mit mindestens drei Items gemessen, die jeweils zu einem Index zusammengefasst werden (für Details zur Erfassung der Komponenten vgl. Kapitel 3.2).

Zum zweiten Messzeitpunkt wird erfasst, ob und wie häufig die Studierenden *Netflix* genutzt haben. In unserem Beispiel lässt sich das Verhalten am besten durch Abfrage ermitteln, auch wenn Antworttendenzen und Erinnerungslücken die Validität einschränken und Beobachtungen theoretisch besser geeignet wären. Letztere sind hier allerdings aufgrund des eher langfristigen und wiederholten Verhaltens nur schwer anzuwenden. Um Verzerrungen, die in einer Nachherbefragung entstehen können, einzugrenzen, sollte das Verhalten in diesem Fall eher mit der Tagebuchmethode erhoben

werden (vgl. hierzu Kapitel 3.1.1).

Für die Auswertung eignen sich Strukturgleichungsanalysen am besten. Damit können wir ermitteln, ob sich die Nutzung von *Netflix* (Verhalten) tatsächlich – wie es das Modell postuliert – am besten durch die Absicht, *Netflix* zu nutzen (Verhaltensintention), vorhersagen lässt. Außerdem lässt sich etwa herausfinden, ob und wie gut sich die Verhaltensintention durch Einstellungen, subjektive Norm und wahrgenommene Verhaltenskontrolle erklären lässt und welche der Komponenten die Verhaltensintention am stärksten beeinflusst, und nicht zuletzt auch, welche einstellungs-, norm- und kontrollspezifischen Vorstellungen die einzelnen Komponenten am stärksten determinieren.

3.1.1 Methode

Befragung   Wie das Fallbeispiel verdeutlicht, werden die für eine Überprüfung der TPB notwendigen Konstrukte üblicherweise in standardisierten Befragungen erhoben, die wiederum in einem zweiwelligen Paneldesign, also zu zwei verschiedenen Messzeitpunkten, durchgeführt werden. Zum ersten Messzeitpunkt werden alle Komponenten erfasst, die das Verhalten dem Modell nach erklären, sprich Einstellungen, subjektive Norm, wahrgenommene Verhaltenskontrolle sowie die entsprechenden verhaltens-, norm- und kontrollspezifischen Vorstellungen und ihre Bewertungen. Zum zweiten Messzeitpunkt wird das zu erklärende Verhalten – aus forschungsökonomischen Gründen ebenfalls meist mit Befragungen – erfasst.

Es ist nicht unproblematisch, sich bei der Erhebung nur auf Befragungen zu stützen. Zwar stellen Befragungen den Königsweg dar, um Wahrnehmungs- und Einstellungsphänomene zu erfassen, doch gibt es in der Literatur genügend Hinweise darauf, dass Verhaltensmessungen auf Basis von Selbstauskünften stark zu Verzerrungen neigen (vgl. Brosius, Haas & Koschel 2015). Wenn wir Menschen danach fragen, wie häufig sie im letzten Monat *Netflix* genutzt haben, wird ihre Angabe möglicherweise deutlich unter dem tatsächlichen Wert liegen. Bei größeren Zeiträumen können Verzerrungen schlichtweg dadurch auftreten, dass sich die Befragten nicht mehr erinnern, wie häufig sie tatsächlich auf *Netflix* waren. Dieses Problem ließe sich dadurch lösen, dass man das Verhalten nicht einmalig nach einem längeren Zeitraum abfragt, sondern in kurzen Abständen mehrmalig, wie dies etwa in der Tagebuchmethode angelegt ist (vgl. z.B. Taylor & Todd 1997, die diese Methode im Rahmen der TPB in einer Studie zur Kompostierung von Abfällen angewendet haben). Dies löst jedoch nicht das zweite Problem, das mit Selbstauskünften über Verhalten verbunden ist. Denn ein weiterer Grund für mögliche Verzerrungen liegt in der Tendenz von Befragten, sozial erwünschte Antworten zu geben (vgl. z.B. DeMaio 1984). Da es in der Anwendung der TPB häufig gerade darum geht, sozial erwünschtes (z.B. gesundheitsförderliches Verhalten, Umweltschutz, gute Schulleistungen) oder unerwünschtes Verhalten (z.B. gesundheitsschädliches Verhalten, illegale Handlungen) zu erklären, könnte dieses Problem die Validität von TPB-Studien nicht unerheblich angreifen (vgl. Armitage & Conner 2001: 475).

Eine validere Methode der Verhaltensmessung ist die Beobachtung (z.B. Gehrau 2017). Studien, die das Verhalten durch Beobachtung erfassten, konnten die Annahmen der Theorien in der Regel genauso bestätigen wie reine Befragungsstudien (vgl. z.B. Ajzen & Madden 1986 zur Teilnahme am Schulunterricht, Blanchard et al. 2002 zur Teilnahme am Sportprogramm in Rehabilitationsprogrammen, Christian & Armitage 2002 zur Inanspruchnahme von Hilfsprogrammen durch Obdachlose, Steadman & Rutter 2004 zur Inanspruchnahme der Brustkrebsvorsorge, Ghasemzadeh et al. 2017 zum Tragen von Motorradhelmen, Menozzi et al. 2017 zum Konsum neuer Ernährungsprodukte auf Insektenbasis; für einen Überblick vgl. Elliott, Armitage & Baughan 2007). Auffällig ist, dass es sich bei den durch Beobachtung gemessenen Verhaltensarten meist um einzelne in sich geschlossene Handlungen oder Handlungssequenzen handelt. Diese dürften zum einen leichter vorhersagbar sein, da solche Verhaltensentscheidungen immer nur kurzfristige Folgen haben. Zum anderen sind sie mit Beobachtungen leicht zu messen. Anders verhält es sich bei kontinuierlichem Verhalten (z.B. Geschwindigkeit beim Autofahren, Ernährung, Fernsehverhalten), bei dem Menschen kontinuierliche oder immer wiederkehrende Entscheidungen treffen müssen.

Beobachtung

Solche Verhaltensentscheidungen mit Beobachtungen zu messen, ist erheblich schwieriger und aufwändiger, es sei denn, es handelt sich um Verhalten, das technisch messbar ist (z.b. die Messung von Umschaltverhalten durch GfK-Meter). Schwierig ist der Einsatz von Beobachtungen auch dann, wenn es um intime Verhaltensweisen wie Sexualverhalten, Benutzung von Kondomen oder die Tastuntersuchung der eigenen Brust geht (vgl. Pellino 1997).

Objektive Verhaltensindikatoren Alternativ werden aufgrund der Schwierigkeiten, die mit der Beobachtung von Verhalten einerseits und den Selbstauskünften in Befragungen andererseits verknüpft sind, bisweilen auch objektive Verhaltensindikatoren hinzugezogen. So untersuchten Hessing, Elffers und Weigel (1988) in ihrer Studie zur Steuerhinterziehung offizielle Steuerunterlagen, Ajzen und Madden (1986) sowie Niepel et al. (2018) griffen auf schulische Leistungen zurück, und Schifter und Ajzen (1985) verwendeten Veränderungen im Körpergewicht als Indikator für eine Gewichtsabnahme. Dabei fällt auf, dass sowohl im Zusammenhang mit schulischen Leistungen als auch mit der Gewichtsabnahme eher Verhaltensziele beschrieben werden, nicht eigentliches Verhalten (Lernverhalten, Reduktion der zugeführten Kalorienmenge). Tatsächlich messen TRA/TPB-Studien häufig eher Verhaltensziele als Verhalten (vgl. Sheppard, Hartwick & Warshaw 1988). Seit Einführung der wahrgenommenen Verhaltenskontrolle in der TPB lassen sich Verhaltensziele zwar eher mit dem Modell vorhersagen (vgl. Ajzen 2005: 122; vgl. auch Ajzen & Kruglanski 2019 zur *Theory of Reasoned Goal Pursuit*), dennoch gilt es dabei, Verhalten und Verhaltensziele definitorisch zu unterscheiden.

Kurz gesagt: Je nachdem, um welche Verhaltensweisen es sich handelt, ob Verhaltensziele oder Verhalten, einzelne Handlungen oder kontinuierliche Verhaltensentscheidungen erfasst werden sollen, ist es möglich, externe Indikatoren oder Beobachtungsmaße heranzuziehen. Diesen sollte immer der Vorzug gegeben werden, da Befragungen aufgrund möglicher Verzerrungen durch Antworttendenzen und Selbstauskunft für die Verhaltensmessung mit Vorsicht zu genießen sind.

Kernsätze

Verhaltensintentionen, Einstellungen, subjektive Norm, wahrgenommene Verhaltenskontrolle und die entsprechenden Vorstellungen werden mit der Methode der Befragung erfasst. Das Verhalten lässt sich nur mit Beobachtungen oder anderen objektiven Indikatoren valide messen. In der Praxis wird jedoch auch hierfür häufig die forschungsökonomisch günstigere Variante der Befragung herangezogen.

3.1.2 Design

Wie oben bereits erwähnt, setzt die vollständige Überprüfung der Modellannahmen der TRA/TPB ein Längsschnittdesign mit mindestens zwei Messzeitpunkten voraus. Zunächst müssen zu einem Messzeitpunkt die dem Verhalten vorausgehenden Modellkomponenten (Vorstellungen, Einstellungen, subjektive Norm, wahrgenommene Verhaltenskontrolle und Verhaltensintention) erfasst werden, um so ihre Zusammenhänge untereinander eruieren zu können. Zu einem späteren Zeitpunkt wird dann das zu erklärende Verhalten erfasst. Nur auf der Basis zweier Messzeitpunkte lässt sich die Kausalität der Zusammenhänge zwischen Verhaltensintentionen und Verhalten eindeutig bestimmen und nur so kann eindeutig aus den Befunden geschlossen werden, dass die gemessenen Intentionen dem Verhalten vorausgingen und dieses somit auch bedingt haben. Werden Intentionen und Verhalten hingegen zum selben Zeitpunkt erhoben, so lässt sich eine Kausalbeziehung nicht eindeutig nachweisen und die Befunde lassen sich in die eine oder andere Richtung interpretieren. So kann es sein, dass die Befragten ihre Verhaltensintentionen – ob bewusst oder unbewusst – ihrem tatsächlichen Verhalten anpassen, wenn dieses gleichzeitig und somit ex post gemessen wird. In diesem Fall würden die Verhaltensintentionen aber aus dem Verhalten folgen und nicht umgekehrt das Verhalten aus den Verhaltensintentionen (vgl. hierzu auch Albarracín et al. 2001, Osberg & Shrauger 1986).

Da Längsschnittstudien immer einen relativ hohen forschungsökonomischen Aufwand bedeuten, lassen sich in der Literatur zahlreiche Studien finden, die die TRA/TPB in einem Querschnittdesign überprüfen und das Verhalten gleichzeitig mit den restlichen Komponenten des Modells abfragen. Vor dem Hintergrund der methodischen Angreifbarkeit dieser Vorgehensweise verglichen Albarracín et al. (2001) in ihrer Metaanalyse Intentions-Verhaltens-Zusammenhänge in Quer- und Längsschnittstudien. Dabei fanden sie heraus, dass die Zusammenhänge mit dem (in Querschnittstudien) ex post erfassten Verhalten stärker waren als die Zusammenhänge mit dem Verhalten,

Längsschnittdesign

Querschnittdesign

das zu einem zweiten Messzeitpunkt erfasst wurde. Dies könnte darauf hindeuten, dass das vergangene Verhalten im ersten Fall die Intentionen beeinflusst hat und nicht umgekehrt. Das eigentliche Ziel, zukünftiges Verhalten aus den Intentionen vorherzusagen, können solche Studien somit nicht erfüllen.

Wichtig ist es, bei der Wahl des zweiten Messzeitpunktes in Längsschnittstudien zu berücksichtigen, dass die Vorhersagekraft von Verhalten aus den Intentionen mit zunehmendem Zeitabstand abnimmt. Verhaltensintentionen können sich im Laufe der Zeit verändern. Wird nun die Intention, ein Verhalten auszuführen, mit einem deutlichen Zeitabstand zum entsprechenden Verhalten erfasst, so kann sich die Intention und somit auch das tatsächlich ausgeführte Verhalten innerhalb dieser Zeit verändert haben (vgl. hierzu auch Kapitel 1.1.1).

Kernsätze

Um eindeutige Aussagen über die Kausalität der Zusammenhänge zwischen den TPB-Komponenten machen zu können, ist ein Längsschnittdesign mit mindestens zwei Messzeitpunkten erforderlich.

Experimentaldesign

Bisweilen wird die TRA/TPB auch herangezogen, um den Einfluss unterschiedlicher Stimuli auf Verhalten zu messen. In diesem Fall sind die Studien in einem experimentellen Design angelegt. In einem einfaktoriellen Design wird die Experimentalgruppe etwa mit einer persuasiven Botschaft konfrontiert, die Vorstellungen, Einstellungen, Intentionen und Verhalten beeinflussen soll. Die Kontrollgruppe erhält diese nicht oder in einer anderen Form. Anschließend werden die Komponenten der TRA/TPB in einer zweimaligen Messung (t_1: Vorstellungen, Einstellung, Intentionen, t_2: Verhalten) erfasst. Um dem experimentellen Grundgedanken vollständig gerecht zu werden, müsste man vor der Stimuluspräsentation eine Nullmessung durchführen. Häufig erweist sich dies im Zusammenhang mit der Untersuchung persuasiver Stimuli jedoch als ungeeignet, da die Proband:innen auf das Untersuchungsziel aufmerksam gemacht werden (vgl. etwa Brosius et al. 2015). Verschiedene Studien haben auf diese oder ähnliche Weise die Wirksamkeit von TPB-basierten Interventionsmaßnahmen im Gesundheitsbereich (z.B. Aaro et al. 2006, Gregorio-Pascual & Mahler 2020, Norman, Webb & Millings 2019, Treise & Weigold 2001) sowie von Schulungs- (z.B. Edwards et al. 2007) und Beratungsprogrammen (z.B. Lepre 2007) getestet.

3.1.3 Auswertung

Die frühen Studien der TRA/TPB-Forschung verwendeten zunächst meist bivariate Korrelationen, um die Zusammenhänge zwischen den einzelnen Komponenten des Modells zu prüfen (vgl. z.b. die in Ajzen & Fishbein 1980 dargestellten Studien). Dieses Verfahren ermöglicht es jedoch nicht, den unabhängigen Einfluss von Einstellungen, subjektiven Normen und ggf. wahrgenommener Verhaltenskontrolle auf die Verhaltensintentionen festzustellen. Mit multiplen Regressionen lässt sich dies besser lösen, weshalb viele Studien zunächst bivariate Korrelationen mit relativ einfachen multiplen Regressionsverfahren kombinierten (vgl. z.b. Schifter & Ajzen 1985, für einen Überblick Sheppard et al. 1988).

Bivariate Korrelationen

Aktuelle Studien verwenden komplexere – meist hierarchische – Regressionsverfahren, die es ermöglichen, die Zusammenhänge der einzelnen Komponenten unter Berücksichtigung von gemeinsam erklärten Varianzen und Drittvariableneinflüssen in einem Gesamtmodell zu prüfen. Am besten geeignet sind statistische Methoden zur korrelativen Überprüfung kausaler Zusammenhänge, wie Pfadanalysen und Strukturgleichungsmodelle. Pfadanalysen wurden bereits in den zwanziger Jahren entwickelt (vgl. Wright 1921). Sie können kausale Beziehungen zwischen direkt beobachtbaren Variablen prüfen. Strukturgleichungsmodelle kombinieren die Pfadanalyse mit regressionsanalytischen Verfahren und Aspekten der Faktorenanalyse (vgl. Bortz 1993, Kaplan 2000) und sind ebenfalls in der Lage, theoretische (Kausal-)Beziehungen statistisch zu prüfen. Anders als Pfadanalysen eignen sie sich jedoch nicht nur für direkt beobachtbare, sondern auch für latente Merkmale (vgl. Brandl 2004). In aktuelleren Studien der TRA/TPB-Forschung hat sich dieses Verfahren etabliert (vgl. z.B. Bamberg et al. 2003, Reinecke et al. 1996, Stehr, Rossmann et al. 2021, van de Ven et al. 2007).

Komplexere statistische Verfahren

Hankins, French und Horne (2000) halten Strukturgleichungsmodelle in TPB-Analysen aus drei Gründen für besser geeignet als multiple Regressionen:

Regressionen oder Strukturgleichungsanalysen?

(1) Die Messung latenter Konstrukte, mit denen wir es im Zusammenhang mit den Verhaltensdeterminanten der TPB üblicherweise zu tun haben (z.B. Einstellungen), bringt immer einen gewissen Grad an Fehlervarianz mit sich. Wenn wir mit multiplen Regressionen nun einen Zusammenhang zwischen unabhängiger und abhängiger Variable feststellen, können wir nie ganz sicher sein, inwieweit diese Variablen nicht durch Messfehler verfälscht wurden. Strukturgleichungsmodelle berücksichtigen solche Messfeh-

ler, indem sie zunächst prüfen, wie gut die einzelnen Items, mit denen ein Konstrukt erfasst wurde, dieses abbilden. Somit lässt sich nicht nur eine Aussage darüber treffen, inwieweit unabhängige und abhängige Variable korrelieren, sondern auch, inwieweit die Einzelitems der beteiligten Merkmale jeweils dasselbe Konstrukt messen.

(2) Um die TPB in ihrer einfachsten Form mit Regressionen zu prüfen, bedarf es mindestens zweier Analyseschritte: Die erste Regression überprüft den Einfluss von Verhaltensintention und Verhaltenskontrolle auf das Verhalten, die zweite untersucht den Einfluss von Einstellungen, subjektiver Norm und wahrgenommener Verhaltenskontrolle auf die Verhaltensintention. Strukturgleichungsanalysen sind in der Lage, beides in einem Analyseschritt zu kombinieren.

(3) Einen weiteren Vorteil sehen Hankins et al. (2000) in der relativ einfachen Möglichkeit, die Güte unterschiedlicher Strukturgleichungsmodelle miteinander vergleichen und damit verschiedene theoretische Modelle einander gegenüberstellen zu können. Dieser Punkt ist jedoch nicht unkritisch zu sehen, da das Analyseverfahren alle erdenklichen Zusammenhänge prüft, egal wie gut ihre theoretische Fundierung ist. Durch Zufall ist es durchaus denkbar, dass sich darunter auch ein Modell findet, welches zwar jeglicher theoretischer Basis entbehrt, aber eine bessere Güte aufweist, als das klassische TPB-Modell. Deshalb sind solche explorativen Vergleiche eher mit Vorsicht zu genießen und sollten nur dann angewendet werden, wenn vor dem Hintergrund bisheriger theoretischer Erkenntnisse mehrere Alternativen gleichermaßen denkbar sind.

Grenzen von Strukturgleichungsmodellen

Die Entscheidung, ob multiple Regressionsverfahren oder Strukturgleichungsanalysen besser zur statistischen Überprüfung der TRA/TPB geeignet sind, lässt sich nicht pauschal treffen. Nicht nur Regressionsanalysen haben Nachteile (für weitere Details zu den Problemen von Regressionsanalysen in der TPB-Forschung vgl. Hankins et al. 2000), sondern auch Strukturgleichungsanalysen (vgl. hierzu auch van den Putte & Hoogstraten 1997). So stoßen Letztere an ihre Grenzen, wenn nicht nur der Einfluss der drei zentralen TPB-Komponenten interessiert, sondern eine größere Anzahl von Hintergrundvariablen berücksichtigt werden soll. Jede zusätzliche latente Variable im Modell steigert die Komplexität des Modells, wodurch es schnell unüberschaubar und nicht mehr handhabbar wird, während dies in regressionsanalytischen Verfahren weniger schnell zum Problem wird. Nicht zuletzt hängt die Entscheidung für das eine oder andere Verfahren vom Forschungsinteresse ab, welches im Vordergrund steht. Strukturgleichungsanalysen dürften sich besser eignen, wenn man die kausalen Zusammenhänge der an der TPB beteiligten Komponenten und ggf. einer begrenzten Anzahl zusätzlicher Einflussmerkmale testen will. Eine Reihe von TPB-Studien beschäftigt sich nun aber gar nicht mehr mit der Frage, ob das Modell empirisch bestätigt werden kann, sondern wendet TPB-Analysen etwa in der Planungsphase einer Gesundheitskampagne an, um herauszufinden, welche der Determinanten Verhaltensintention und Verhalten in einer spezifischen Zielgruppe am stärksten beeinflusst (vgl. ausführlicher hierzu Kapitel 4.3). In diesem Fall ist es nicht unbedingt notwendig, die kausale Struktur des Modells abbilden zu können. Die entscheidende Frage ist hier vielmehr, welche der TPB-Komponenten das Verhalten am stärksten beeinflusst. Dies lässt sich gut mit hierarchischen Regressionsanalysen prüfen.

3.2 Operationalisierung der einzelnen Konstrukte

Grundsätzlich ist bei der empirischen Erfassung der einzelnen TPB-Komponenten zu berücksichtigen, dass es sich hierbei größtenteils nicht um manifeste Merkmale handelt, die eindeutig definiert und erfassbar sind, sondern um latente. Da diese somit nicht direkt beobachtbar sind, müssen sie durch Indikatorenbildung erst messbar gemacht werden (vgl. z.B. Schnell, Hill & Esser 1999). Dies gilt vor allem für die dem Verhalten vorausgehenden Komponenten des Modells, aber auch für das – in der Praxis häufig nicht beobachtbare, sondern mit Befragungen erfasste – Verhalten selbst.

Vorüberlegungen

Die Operationalisierung der Konstrukte setzt zunächst voraus, dass diese klar und eindeutig definiert sind. Mit dem Kompatibilitätsprinzip gibt das Modell einen klaren Rahmen vor, anhand dessen alle beteiligten Konstrukte näher bestimmt werden. So müssen die Konstrukte im Hinblick auf die Elemente Handlung, Ziel, Kontext und Zeit eindeutig definiert sein und denselben Spezifikationsgrad aufweisen (vgl. hierzu Kapitel 1.1.1). Greifen wir in Anlehnung an das oben dargestellte Fallbeispiel als Verhalten die *Nutzung von Netflix innerhalb der nächsten vier Wochen* heraus. Hier haben wir es mit einem spezifischen Verhalten (*Nutzung*), einem klar definierten Ziel (*Netflix*), einer begrenzten Zeitvorgabe (*in den nächsten vier Wochen*) zu tun. Der Kontext ist nicht näher bestimmt, was aber nichts anderes bedeutet, als dass der Spezifikationsgrad hier sehr niedrig ist (anders ausgedrückt ließe sich der Kontext beschreiben als *egal wo*). Man könnte manche dieser Dimensionen sicherlich noch genauer fassen.

So ließe sich die *Netflix*nutzung etwa auf einzelne Formate wie Serien, Spielfilme, Dokumentationen oder bestimmte Genres wie Action, Science Fiction oder Sitcoms eingrenzen. Solange alle Komponenten des Modells jedoch auf demselben unspezifischen Niveau (allgemeine *Netflix*nutzung) bleiben, ist das nicht zwingend notwendig. Entscheidend ist also, dass alle Komponenten des Modells im Hinblick auf diese Elemente gleich definiert sind und operationalisiert werden, d.h. sowohl die Abfrage des Verhaltens als auch die Erhebung von Einstellungen, subjektiver Norm und wahrgenommener Verhaltenskontrolle sowie der entsprechenden Vorstellungen erfolgt konkret im Hinblick auf die Frage, ob *in den nächsten vier Wochen Netflix genutzt* wird.

Wie dieses Beispiel deutlich macht, wird man in den meisten Studien jeweils wieder neue Skalen zur Erfassung der Konstrukte entwickeln oder zumindest ähnliche Skalen an den eigenen Themenbereich und die eigene Zielgruppe anpassen müssen. In der Regel sind auch Vorstudien erforderlich, mit deren Hilfe etwa saliente verhaltensspezifische Vorstellungen, bedeutsame Bezugspersonen für die subjektive Norm oder saliente Aspekte der wahrgenommenen Verhaltenskontrolle identifiziert werden (für eine genauere Darstellung vgl. den Abschnitt zur Messung von Vorstellungen in diesem Kapitel). Für alle Konstrukte gilt, dass sie mit mehreren Indikatoren erfasst werden sollten, um sie valide abbilden zu können. Für die Auswertung werden die einzelnen Indikatoren nach Prüfung ihrer Eindimensionalität und internen Konsistenz (z.B. durch Reliabilitätsanalysen wie Cronbachs Alpha) zu einem Index zusammengefasst.

Werden mehrstufige Skalen verwendet, so stellt sich die Frage nach der optimalen Anzahl der Messpunkte. Nimmt man fünf, sechs, sieben, neun oder elf Abstufungen? Ajzen (2021b) verwendet in seinen Beispielfragen durchweg siebenstufige Antwortvorgaben, was einer Faustregel entspricht, die Hippler et al. (1991: 54) für mehrstufige Antwortskalen formuliert haben: *sieben plus minus zwei*. Bei weniger als fünf Skalenpunkten werden sich die Befragten in den Antwortvorgaben eventuell nicht wiederfinden, bei mehr als neun Skalenpunkten fällt es den Befragten schwer, sich auf dem Messkontinuum zu orientieren. Daher hat sich eine Skalierung zwischen fünf und neun Messpunkten in der Praxis bewährt (Möhring & Schlütz 2010).

Verhalten

Konkrete Umsetzung

Wie können die Skalen zur Erfassung der einzelnen Konstrukte nun aber konkret aussehen? Anhand des Beispiels *Nutzung von Netflix in den nächsten vier Wochen* werden wir dies Schritt für Schritt durchspielen. Dabei folgen wir weitestgehend den Empfehlungen zur Konstruktion eines TPB-Fragebogens von Ajzen (2021b). Für weitere Hinweise und Beispiele sei auf Ajzen und Fishbein (1980: 261-274) verwiesen.

Zunächst zur Verhaltensmessung: Oben wurde bereits dargestellt, dass das Verhalten streng genommen nur durch Beobachtung valide erfasst werden kann. Dies ist jedoch in der Praxis häufig nur schwer umsetzbar, weshalb die Forschung häufig auf Selbstauskünfte setzt, die mithilfe von Skalen rückblickend erfasst werden. Je nach Komplexität des Verhaltens wird man dieses mithilfe eines konkreten Verhaltensindikators erfassen können oder mehrere Indikatoren einsetzen. Backman et al. (2002) zogen in einer Studie zum Ernährungsverhalten etwa eine sehr umfassende 67-Item-Skala heran. Zusätzlich validierten sie die Skala mit Tagebuchdaten zum Essverhalten. Unser hier dargestelltes Beispiel lässt sich hingegen schon mit einem Item recht eindeutig erfassen. Für die Häufigkeitserfassung eines Verhaltens stehen dann unterschiedliche Spezifikationsgrade zur Verfügung: eine ganz konkrete, offene Abfrage der Häufigkeit, eine geschlossene Abfrage mit gröberen Häufigkeitskategorien oder eine Abfrage mit relativ unspezifischen Ratingskalen. Ajzen (2021b) empfiehlt, verschiedene Möglichkeiten der Abfrage zu kombinieren, um die Konsistenz der Antworten prüfen zu können. Konkret ließe sich das wie folgt umsetzen.

Verfahren

Offene Abfrage der exakten Verhaltenshäufigkeit

▷ An wie vielen Tagen haben Sie innerhalb der letzten vier Wochen *Netflix* genutzt?

an _____ Tagen

Geschlossene Abfrage der ungefähren Verhaltenshäufigkeit

▷ An wie vielen Tagen haben Sie innerhalb der letzten vier Wochen *Netflix* genutzt?

☐ täglich
☐ fast täglich
☐ alle zwei Tage
☐ alle drei Tage
☐ einmal pro Woche
☐ seltener
☐ nie

Ratingskala zur Messung der Verhaltenshäufigkeit

▷ Wie oft haben Sie innerhalb der letzten vier Wochen *Netflix* genutzt?

nie ☐-----☐-----☐-----☐-----☐-----☐-----☐ täglich

Intention

Auch für die Erfassung der Verhaltensintention bieten sich mehrere Items an, die am besten kombiniert verwendet werden. Beispielfragen wären etwa die folgenden:

Verfahren

Beispielfragen für die Messung der Intention

▷ Ich habe vor, in den nächsten vier Wochen *Netflix* zu nutzen.

sehr unwahr-
scheinlich   □-----□-----□-----□-----□-----□   sehr wahr-
                                                      scheinlich

▷ Ich habe die Absicht, in den nächsten vier Wochen *Netflix* zu nutzen.

stimmt voll
und ganz   □-----□-----□-----□-----□-----□   stimmt
                                                    gar nicht

▷ Ich plane, in den nächsten vier Wochen jeden Tag *Netflix* zu nutzen.

trifft überhaupt
nicht zu   □-----□-----□-----□-----□-----□   trifft voll und
                                                    ganz zu

Einstellung zum Verhalten

Semantisches Differential

Für die Operationalisierung der Einstellung eignen sich grundsätzlich alle klassischen Skalierungsverfahren der Einstellungsmessung (z.B. Likertskala, Thurstoneskala). Aufgrund seiner Einfachheit wird im Rahmen von TPB-Analysen am häufigsten das semantische Differential verwendet (vgl. Ajzen 2021b), das Einstellungen auf Basis adjektivischer Gegensatzpaare erfasst (vgl. Osgood, Suci & Tannenbaum 1957). Wie generell üblich gilt es, bei der Entwicklung der Skala zunächst einen größeren Pool an möglichen Items zu sammeln, diesen in Vorstudien zu testen, um dann mit einem kleineren Set an Items ins Feld zu gehen, das die Dimensionen reliabel und valide abbildet.

Grundsätzlich sind Einstellungen im Kontext der TRA/TPB als Bewertung eines spezifischen Verhaltens definiert. Diese Bewertung besteht in der Regel aus zwei Komponenten: einer instrumentellen (z.B. nützlich – nicht nützlich, informativ – nicht informativ) und einer erfahrungsbezogenen (z.B. angenehm – unangenehm, unterhaltsam – langweilig). Es ist daher wichtig, beide Dimensionen in der Skala zu erheben, um das Konstrukt vollständig zu erfassen (vgl. Ajzen & Driver 1992, Ajzen & Fishbein 2005, Crites, Fabrigar & Petty 1994). Zusätzlich empfiehlt es sich, die übergreifende Bewertung (gut – schlecht) in einem Item abzufragen (vgl. Ajzen 2021b). Um Antworttendenzen zu vermeiden, sollten bei der Anordnung der Items positive und negative Endpunkte möglichst gemischt werden.

Verfahren

Beispielitems zur Erfassung der Einstellung zum Verhalten

▷ In den nächsten vier Wochen *Netflix* zu nutzen, finde ich…

nicht nützlich	□-----□-----□-----□-----□-----□-----□	nützlich
angenehm	□-----□-----□-----□-----□-----□-----□	unangenehm
gut	□-----□-----□-----□-----□-----□-----□	schlecht
informativ	□-----□-----□-----□-----□-----□-----□	nicht informativ
langweilig	□-----□-----□-----□-----□-----□-----□	unterhaltsam

Subjektive Norm

Genauso wie die Einstellung zum Verhalten umfasst auch die subjektive Normkomponente zwei Dimensionen. Die injunktive Norm (*injunctive norm*) beschreibt den wahrgenommenen sozialen Druck, den eine Person empfindet, ein bestimmtes Verhalten auszuüben oder nicht. Dieser wird von der deskriptiven Norm (*descriptive norm*) unterschieden, welche die Wahrnehmung des tatsächlichen Verhaltens anderer Personen beschreibt (Cialdini 2003, Cialdini, Reno & Kallgren 1990, Heath & Gifford 2002). Eine Reihe von Studien deutet darauf hin, dass beide Normkomponenten das Verhalten beeinflussen, weshalb Ajzen und Fishbein (2005) davon ausgehen, dass die subjektive Normkomponente nur dann vollständig erfasst werden kann, wenn beide Dimensionen berücksichtigt werden.

Injunktive und deskriptive Norm

Verfahren

Beispielfragen zur Erfassung der injunktiven Normkomponente

▷ Die meisten Leute, die mir wichtig sind, finden, dass ich in den nächsten vier Wochen *Netflix* nutzen sollte.

trifft voll und ganz zu	□-----□-----□-----□-----□-----□-----□	trifft überhaupt nicht zu

▷ Die Personen aus meinem Umfeld, deren Meinung mir wichtig ist, finden es …

gut	□-----□-----□-----□-----□-----□-----□	schlecht,

… wenn ich in den nächsten vier Wochen *Netflix* nutze.

Beispielfragen zur Erfassung der deskriptiven Normkomponente

▷ Die meisten Leute, die mir wichtig sind, nutzen *Netflix*.

trifft voll und ganz zu	□-----□-----□-----□-----□-----□-----□	trifft überhaupt nicht zu

▷ Die meisten Leute, deren Meinung mir wichtig ist, …

nutzen *Netflix*.   □-----□-----□-----□-----□-----□-----□   nutzen *Netflix* nicht.

Wahrgenommene Verhaltenskontrolle

Fähigkeit und Kontrolle

Die wahrgenommene Verhaltenskontrolle meint die wahrgenommene Leichtigkeit oder Schwierigkeit, ein Verhalten auszuführen. Auch diese umfasst zwei Dimensionen: *Fähigkeit* und *Kontrolle*. Erstere beschreibt die Frage, ob sich eine Person prinzipiell in der Lage fühlt, ein Verhalten auszuführen. Zweitere erfasst, inwieweit Personen das Gefühl haben, die Verhaltensausübung bewusst kontrollieren und steuern zu können. Bei der Operationalisierung der wahrgenommenen Verhaltenskontrolle ist darauf zu achten, dass beide Dimensionen erfasst werden.

Verfahren

Beispielfragen zur Erfassung der Fähigkeit, ein Verhalten auszuführen

▷ In den nächsten vier Wochen *Netflix* zu nutzen, erscheint mir…

unmöglich.   □-----□-----□-----□-----□-----□-----□   möglich.

▷ Wenn ich will, kann ich in den nächsten vier Wochen *Netflix* nutzen.

definitiv   □-----□-----□-----□-----□-----□-----□   definitiv nicht

Beispielfragen zur Erfassung der wahrgenommenen Kontrolle über die Verhaltensausübung

▷ Was glauben Sie, wie viel Kontrolle haben Sie darüber, in den nächsten vier Wochen *Netflix* zu nutzen?

gar keine Kontrolle   □-----□-----□-----□-----□-----□-----□   vollständige Kontrolle

▷ Es hängt ganz von mir selbst ab, ob ich in den nächsten vier Wochen *Netflix* nutze.

trifft voll und ganz zu   □-----□-----□-----□-----□-----□-----□   trifft überhaupt nicht zu

Vorstellungen

Einstellungen, subjektive Norm und wahrgenommene Verhaltenskontrolle hängen von den Vorstellungen einer Person in Bezug auf die drei Komponenten ab. Die verhaltensbezogenen Einstellungen leiten sich konkret aus der Vorstellung ab, mit welcher Wahrscheinlichkeit bestimmte Konsequenzen aus einem Verhalten resultieren und wie die Person die jeweiligen Konsequenzen bewertet. Die subjektive Norm beruht auf der Vorstellung einer Person, ob bestimmte für sie wichtige Personen oder Personengruppen die Ausübung eines bestimmten Verhaltens gutheißen würden oder nicht, und ihrer Motivation, sich an der Bezugsperson oder -gruppe zu orientieren. Die wahrgenommene Verhaltenskontrolle hängt schließlich von der Vorstellung ab, welche Faktoren die Ausführung eines Verhaltens wie stark beeinflussen. Diese ergibt sich aus der wahrgenommenen Wahrscheinlichkeit, dass ein bestimmter Einflussfaktor wirksam wird, sowie der Stärke des Faktors, d.h. inwiefern die Ausführung des Verhaltens durch den Faktor erleichtert oder verhindert wird.

Für das Modell relevant sind jeweils nur die salienten Vorstellungen. Diese lassen sich über ihre Verfügbarkeit ermitteln: Vorstellungen, die für eine Person bedeutsam sind, sind im Gehirn stärker verknüpft und werden somit beim Abruf der entsprechenden Kognitionen auch schneller erinnert – sie sind also schneller verfügbar. Dieser Forderung kann in TPB-Analysen Rechnung getragen werden, indem in Vorstudien zunächst die salienten Vorstellungen ermittelt werden. So werden die Befragten – die in ihrer Struktur und Zusammensetzung der späteren Stichprobe entsprechen müssen – im Rahmen der Vorstudie etwa gefragt, welche Vorteile/Nachteile sie damit verbinden, in den nächsten vier Wochen *Netflix* zu nutzen. Aus den am häufigsten gegebenen Antworten kann dann eine Liste salienter, einstellungsspezifischer Vorstellungen erstellt werden, die später quantitativ abgefragt wird.

Wie oben bereits dargestellt, ist es wichtig, die Eindimensionalität der Einzelitems einer Skala bei allen Modellkomponenten zu prüfen, bevor sie zu einem Einstellungsindex zusammengefasst werden können. Diese Forderung entfällt bei den Vorstellungen, da es theoretisch denkbar ist, dass die ermittelten salienten Vorstellungen mehrere Dimensionen beschreiben. So kann eine Person durchaus positive *und* negative Konsequenzen mit einem Verhalten verknüpfen, z.B. „Wenn ich in den nächsten vier Wochen *Netflix* nutze, kann ich meine Alltagssorgen vergessen.", aber auch „Wenn ich in den nächsten vier Wochen *Netflix* nutze, habe ich weniger Zeit, ein Buch zu lesen."

Saliente Vorstellungen

Verfahren

Erfassung der verhaltensspezifischen Vorstellungen

Offene Fragen für die Vorstudie

▷ Was glauben Sie, sind die Vorteile davon, in den nächsten vier Wochen *Netflix* zu nutzen?

▷ Was glauben Sie, sind die Nachteile davon, in den nächsten vier Wochen *Netflix* zu nutzen?

▷ Was fällt Ihnen noch ein, wenn Sie daran denken, in den nächsten vier Wochen *Netflix* zu nutzen?

Standardisierte Beispielfragen für Verhaltenskonsequenz und deren Bewertung

▷ Wenn ich in den nächsten vier Wochen *Netflix* nutze, kann ich meine Alltagssorgen vergessen.

sehr unwahr-   □-----□-----□-----□-----□-----□-----□   sehr wahr-
scheinlich   scheinlich

▷ Meine Alltagssorgen zu vergessen, finde ich...

sehr schlecht   □-----□-----□-----□-----□-----□-----□   sehr gut

Erfassung der normativen Vorstellungen

Offene Fragen für die Vorstudie

▷ Gibt es irgendwelche Personen oder Gruppen, die es gut finden, wenn Sie in den nächsten vier Wochen *Netflix* nutzen?

▷ Gibt es irgendwelche Personen oder Gruppen, die es nicht gut finden, wenn Sie in den nächsten vier Wochen *Netflix* nutzen?

▷ Fallen Ihnen noch weitere Personen oder Gruppen ein, wenn Sie daran denken, in den nächsten vier Wochen *Netflix* zu nutzen?

Standardisierte Beispielfragen für normative Vorstellung und Motivation, sich daran zu orientieren

▷ Meine Freunde finden, ...

ich sollte   □-----□-----□-----□-----□-----□-----□   ich sollte nicht

... in den nächsten vier Wochen *Netflix* nutzen.

▷ Wenn es um die Nutzung von *Netflix* geht, wie wichtig ist es Ihnen, das zu tun, was Sie nach Ansicht Ihrer Freunde tun sollten?

überhaupt nicht   □-----□-----□-----□-----□-----□-----□   sehr wichtig
wichtig

Erfassung der kontrollspezifischen Vorstellungen

Offene Fragen für die Vorstudie

▷ Welche Faktoren oder Umstände würden es Ihnen leichter machen, in den nächsten vier Wochen *Netflix* zu nutzen?

▷ Welche Faktoren oder Umstände würden es Ihnen schwerer machen, in den nächsten vier Wochen *Netflix* zu nutzen?

▷ Fallen Ihnen noch irgendwelche anderen Dinge ein, wenn Sie über die Schwierigkeit nachdenken, in den nächsten vier Wochen *Netflix* zu nutzen?

Standardisierte Beispielfragen für die Stärke der kontrollspezifischen Vorstellung und ihrem Einfluss auf die Verhaltenskontrolle

▷ Ich gehe davon aus, dass ich in den nächsten vier Wochen viel für mein Studium lernen muss.

trifft überhaupt   ☐-----☐-----☐-----☐-----☐-----☐   trifft voll und
nicht zu   ganz zu

▷ Wenn ich in den nächsten vier Wochen viel für mein Studium lernen muss, wird es mir...

erheblich schwe-   ☐-----☐-----☐-----☐-----☐-----☐   erheblich leich-
rer   ter

... fallen, *Netflix* zu nutzen.

Die Berechnung der entsprechenden Indizes erfolgt auf der Basis der in Kapitel 1.1.3 und 1.2 dargestellten Formeln, die dem Prinzip des *Erwartungs-Bewertungs-Modells* folgen. Konkret heißt das für den Gesamtindex verhaltensspezifischer Vorstellungen, dass zunächst für jede Konsequenz das Produkt aus der wahrgenommenen Wahrscheinlichkeit, mit der die Konsequenz eintritt, und ihrer Bewertung errechnet wird und anschließend alle Konsequenz-Bewertungs-Produkte addiert werden. Spielen wir dies am Beispiel zweier möglicher Konsequenzen der *Netflix*nutzung einmal durch: Denkbare Verhaltenskonsequenzen sind etwa „den Alltagssorgen zu entfliehen" und „weniger Zeit, ein Buch zu lesen". Für beide erfassen wir jeweils die wahrgenommene Wahrscheinlichkeit, mit der eine Konsequenz in Folge der *Netflix*nutzung eintritt (auf einer siebenstufigen Skala von 1 = „sehr unwahrscheinlich" bis 7 = „sehr wahrscheinlich"), und die Bewertung (1 = „ich finde es sehr schlecht, wenn die Konsequenz eintritt" bis 7 = „ich finde es sehr gut, wenn die Konsequenz eintritt"). Nun nehmen wir an, eine Person hält es für sehr wahrscheinlich, die Alltagssorgen vergessen zu können (Wert 7 für die Konsequenz), und ihr ist dies auch wichtig (Wert 6 für Bewertung), wohingegen sie die Folge, weniger Zeit für Bücher zu haben, für eher unwahrscheinlich hält (Wert 3 für Konsequenz), dieser Folge aber neutral gegenübersteht (Wert 4 für Bewertung). Der Formel

$$A_B \propto \sum b_i e_i$$

entsprechend errechnet sich die Einstellung der Person in diesem Beispiel dann wie folgt: $A_B = 7 \times 6 + 3 \times 4 = 54$.

Zu berücksichtigen ist dabei allerdings die Skalierung der jeweiligen Vorstellung und ihrer Bewertung. So ist es nicht dasselbe, wenn die

Indexbildung

Optimale Skalierung

beiden Komponenten unipolar erfasst werden, wie im oberen Beispiel (d.h. die Werte reichen von 1 bis 7), oder bipolar (z.B. -3 bis +3). Auch wenn der Unterschied zunächst lediglich in einer simplen linearen Transformation zu bestehen scheint (Differenz von 4 bei allen Werten), resultiert er bei der Produktberechnung in einer nonlinearen Transformation (in unserem oben dargestellten Beispiel würden wir bei denselben Antworten, aber bipolarer Skalierung der Items, anstatt des Gesamtwerts von 54 einen Gesamtwert von 6 erhalten). Für die Analyse des Gesamtmodells hat dies bisweilen relativ niedrige Korrelationen – etwa zwischen wahrgenommenen Verhaltenskonsequenzen und der allgemein erfassten Einstellungskomponente – zur Folge. Das Problem wird in der Literatur unter dem Begriff der optimalen Skalierung diskutiert und konnte bislang nicht endgültig gelöst werden, weshalb es in zukünftigen Studien unbedingt beachtet werden sollte (vgl. z.B. Ajzen 1991, Ajzen 2008, Gagné & Godin 2000, Hardeman et al. 2013).

Abschließende Randbemerkung

So einfach die vorgestellten Skalen zur Erfassung der TPB-Konstrukte auch zu sein scheinen, eine vollständige Abfrage der Konstrukte, wie die Literatur sie vorschlägt, ist in der Praxis nicht immer umzusetzen. Aufgrund des Kompatibilitätsprinzips, das es erforderlich macht, alle Konstrukte in gleicher Weise abzufragen, werden sich innerhalb eines Fragebogens identische oder ähnliche Wortlaute unzählige Male wiederholen (hier etwa „in den nächsten vier Wochen täglich *Netflix* nutzen"). Wenn einzelne Komponenten zudem durch mehrere ähnliche Items erfasst werden, haben Befragte zwangsläufig schnell das Gefühl, immer wieder dieselben Fragen beantworten zu müssen. Ihnen wird sich der Grund für die Wiederholung der scheinbar immer gleichen Fragen nicht ohne Weiteres erschließen. Daher muss bei der Messung der TPB-Komponenten immer auch hinterfragt werden, was man den Befragten zumuten kann. Grundsätzlich sollte man die Fragen zur Erfassung der zentralen TPB-Komponenten möglichst durch Pufferfragen oder die Abfrage von Hintergrundmerkmalen unterbrechen, um der Eintönigkeit des Fragebogens entgegenzuwirken. Unter Umständen wird es zudem auch valider sein, von den oben dargestellten Operationalisierungsregeln abzuweichen, etwa indem der Wortlaut etwas variiert wird (z.B. „Wie oft waren Sie in den vergangenen vier Wochen auf *Netflix*?" statt „Wie oft haben Sie in den vergangenen vier Wochen *Netflix* genutzt?") oder indem eine Komponente anstatt mit drei ähnlichen Items nur mit ein oder zwei Items erfasst wird.

4 Empirische Befunde und Anwendungsfelder

4.1 Die frühe Forschung

Den Anfangspunkt der TRA-Forschung zu finden und damit eindeutige Pionierstudien auszuwählen, ist nicht leicht. Schon lange bevor überhaupt von der Theorie die Rede war, beschäftigte sich Fishbein mit Fragen, die Teilaspekte der späteren TRA beleuchteten. So begann Fishbein Anfang der sechziger Jahre zu hinterfragen, wie sich Einstellungen definieren und empirisch erklären lassen. Er formulierte eine Theorie zum Zusammenhang zwischen Vorstellungen von und Einstellungen zu einem Objekt und belegte diese in verschiedenen Studien (z.B. Fishbein 1963, 1965). So ging er davon aus, dass Einstellungen zu einem Objekt immer eine Funktion ihrer Vorstellungen von dem Objekt (z.B. Eigenschaften einer Personengruppe) und der Bewertung dieser Vorstellungen (z.B. Bewertung dieser Eigenschaften) sind. Diese Annahme findet sich in der späteren TRA wieder, die ebenfalls postuliert, dass sich Einstellungen zu einem Verhalten aus den Vorstellungen über die Konsequenzen eines Verhaltens und der Bewertung dieser Konsequenzen erklären lassen.

Einstellungen und Vorstellungen

Schlüsselstudien

Schlüsselstudie zur Erklärung von Einstellungen aus Vorstellungen und deren Bewertung (Fishbein 1963)

Zur Überprüfung seiner Überlegungen führte Fishbein (1963) eine zweiwellige Befragung mit 125 Studierenden durch. Thema der Befragung war die Einstellung zu Afroamerikaner:innen. Entsprechend seiner Annahme zum Zusammenhang zwischen Vorstellungen und Einstellungen ging der Forscher davon aus, dass die Einstellung zu Afroamerikaner:innen von den Eigenschaften, die Personen mit Afroamerikaner:innen verbinden, und deren Bewertung abhängt.

Um dies zu bestätigen, ermittelte Fishbein in einem Assoziationstest zunächst die wichtigsten Vorstellungen, die Studierende mit Afroamerikaner:innen, aber auch anderen Personengruppen, verbanden (z.B. dunkle Haut, athletisch, freundlich). Aus den häufigsten Antworten entwickelte er dann einen Fragenkatalog zur standardisierten Erhebung der wahrgenommenen Eigenschaften (z.B. Afroamerikaner:innen haben dunkle Haut, … sind athletisch, … sind freundlich).

Zwei Wochen nach der ersten Erhebung erhielten die Studierenden einen schriftlichen Fragebogen. Dieser erfasste die Einstellung zu Afroamerikaner:innen mit einem semantischen Differential, die in der Vorstudie ermittelten Eigenschaften von Afroamerikaner:innen und deren Bewertung. Aus den wahrgenommenen Eigenschaften und ihrer Bewertung errechnete Fishbein nun gemäß der in Kapitel 1.1.3 und 1.2 dargestellten Erwartungs-Bewertungs-Formel einen geschätzten Wert für die Einstellung zu Afroamerikaner:innen und korrelierte diesen mit dem im semantischen Differential direkt gemessenen Einstellungswert. Dabei bestätigten sich die Annahmen der Theorie: So ließen sich die Einstellungen sehr gut vorhersagen, wenn sowohl die Vorstellungen als auch deren Bewertung in die Schätzung einbezogen wurden ($r = 0.8$; $p < .001$). Die Einstellung der Studierenden zu Afroamerikaner:innen war demnach eine Funktion der wahrgenommenen Eigenschaften von Afroamerikaner:innen und ihrer Bewertung.

Erklärung von Verhalten

Ein paar Jahre später begann Fishbein, sich eingehender mit der Erklärung von Verhalten zu beschäftigen. Er wollte die Frage lösen, wie sich Verhalten aus Einstellungen vorhersagen lässt, nachdem sozialpsychologische Studien bis dahin keine überzeugenden Belege für einen solchen Zusammenhang geliefert hatten. 1967 formulierte er erstmals die Grundannahmen der späteren TRA, erste empirische Belege für einen Zusammenhang zwischen Einstellungen, Normen und Verhaltensintentionen veröffentlichten Ajzen und Fishbein zwei Jahre später (Ajzen & Fishbein 1969).

Schlüsselstudien

Schlüsselstudie zum Zusammenhang zwischen Einstellungen, Normen und Verhaltensintentionen (Ajzen & Fishbein 1969)

In dieser Studie prüften Ajzen und Fishbein (1969) die Frage, ob sich Verhaltensintentionen aus Einstellungen und subjektiver Norm vorhersagen lassen. Für eine Überprüfung der Zusammenhänge zogen die Autoren eine Wahlsituation heran. Die Befragten (100 Studierende) mussten sich zwischen verschiedenen Verhaltensoptionen entscheiden, konkret zwischen acht Möglichkeiten der Freizeitgestaltung für einen Freitagabend (z.B. „auf eine Party gehen", „eine Ausstellung besuchen", „einen Western im Fernsehen ansehen"). Diese bildeten die Verhaltensintention ab.

Des Weiteren wurde mit einem semantischen Differential die Einstellung zu den Verhaltensalternativen erfasst (z.B. „Partys sind interessant vs. langweilig."), außerdem die wahrgenommene Norm (z.B. „Meine Freund:innen erwarten, dass ich auf eine Party gehe.") und die Motivation, dieser zu folgen.

Mit Korrelationen und multiplen Regressionen prüften die Autoren die Zusammenhänge der Modellkomponenten und bestätigten ihre Annahme: Die Verhaltensintention, konkret die Entscheidung für eine der Alternativen, ließ sich am besten erklären, wenn Einstellungs- *und* Normkomponente einbezogen wurden. Eine Beschränkung auf nur eine der Komponenten verringerte hingegen die Erklärungskraft.

Somit gab es zu diesem Zeitpunkt bereits einige empirische Belege für die Erklärung von Einstellungen aus Vorstellungen und Bewertung, für die Erklärung der Normkomponente aus wahrgenommenen Normen anderer und der Motivation, diesen zu folgen, sowie für die Erklärung von Verhaltensintentionen aus Einstellungen und Normen. Eine Überprüfung des Gesamtmodells, das auch die entscheidende zu erklärende Komponente – das Verhalten – mit einbezog, fehlte noch. Diese lieferten Ajzen und Fishbein (1970) mit einer Studie im Setting eines *Gefangenendilemmas* (vgl. Rapoport & Chammah 1965). Die in der TRA postulierten Zusammenhänge konnten auch hier erstmals vollständig belegt werden.

Überprüfung des Modells

Schlüsselstudien

Schlüsselstudie zur Vorhersage von Verhalten aus Intentionen und von Intentionen aus Einstellungen und Normen (Ajzen & Fisbein 1970)

In dieser Studie testeten Ajzen und Fishbein die Annahmen der TRA im Rahmen eines sog. *Gefangenendilemmas* (Rapoport & Chammah 1965). Das Grundkonzept des aus der Spieltheorie stammenden Gefangenendilemmas ist wie folgt: Zwei Gefangene (Spieler:innen) werden verdächtigt, gemeinsam eine Straftat begangen zu haben. Um ihr Schweigen zu brechen, werden sie vor die folgende Wahl gestellt: Sie können schweigen und damit auch die:den andere:n schützen (sog. Kooperation) oder gestehen und dabei die:den andere:n verraten. Sagt die:der eine aus, während die:der andere schweigt, wird Erstere:r von der Gefängnisstrafe befreit und Letztere:r zur vollen Gefängnisstrafe verurteilt (z.B. 5 Jahre). Sagen beide aus, erhalten beide eine etwas höhere Gefängnisstrafe, aber nicht die volle (z.B. beide 4 Jahre). Schweigen beide, bekommen sie eine verminderte Gefängnisstrafe (z.B. 2 Jahre). Aus einer kollektiven Perspektive betrachtet, profitieren die Gefange-

Gefangenendilemma

nen am meisten, wenn sie kooperieren – wenn also beide schweigen. Individuell gesehen, erscheint es jedoch rational, in jedem Fall gegen die:den andere:n auszusagen, weil damit die eigene Strafe verringert werden kann.

Anwendung auf die TRA

Zurück zur Studie: Ajzen und Fishbein postulierten nun, dass die Entscheidung der Proband:innen, zu kooperieren oder nicht, eine Funktion ihrer Intention zu kooperieren ist und diese wiederum eine Funktion der Einstellungen und der Vorstellung davon, was die:der andere Spieler:in erwartet. Die Einstellungen werden als Funktion der wahrgenommenen Konsequenzen der Kooperation und der Bewertung dieser Konsequenzen betrachtet. Darüber hinaus postulieren die Autoren, dass eine experimentelle Manipulation der Einstellung zur:zum Partner:in (kooperativ, kompetitiv oder individualistisch) das Verhalten der Proband:innen beeinflusst. Die Ergebnisse des mit 96 Proband:innen durchgeführten Experiments bestätigen alle Annahmen. Die experimentelle Variation beeinflusste das Verhalten der Studienteilnehmenden indirekt über die restlichen Modellkomponenten. Die von der TRA postulierten Zusammenhänge der Komponenten untereinander konnten mit Regressionen ebenfalls bestätigt werden.

Weitere Belege

Daraufhin wurde die Theorie in zahlreichen weiteren Studien geprüft. So legten Ajzen und Fishbein in den Folgejahren weitere Studien vor (z.B. Ajzen 1971, Ajzen & Fishbein 1972, 1974). Erste Synopsen finden sich bereits bei Ajzen und Fishbein (1973, 1977), den ersten umfassenden Überblick lieferten die Autoren mit ihrem 1980 erschienenen Buch *Understanding Attitudes and Behavior*. Dieses stellt neben einer ausführlichen theoretischen Auseinandersetzung mit der TRA auch exemplarische Studien vor, etwa zu Familienplanung, Alkoholkonsum oder Wahlverhalten (Ajzen & Fishbein 1980).

Willentliche Kontrolle

Bald darauf wurde jedoch deutlich, dass die TRA in ihrer Reichweite doch sehr eingeschränkt blieb, da sie voraussetzte, dass das zu erklärende Verhalten unter vollständiger willentlicher Kontrolle steht. Ist dies nicht der Fall – sind Personen also aufgrund von internen oder externen Faktoren nicht in der Lage, eine Verhaltensintention umzusetzen –, so verliert die Theorie ihre Erklärungskraft. Vor diesem Hintergrund entwickelte Ajzen die Theorie weiter und ergänzte sie um die Komponente der wahrgenommenen Verhaltenskontrolle, die im Rahmen der Theorie des geplanten Verhaltens neben Einstellungen und subjektiver Norm die dritte Komponente darstellt, aus der sich Verhaltensintentionen erklären lassen. Schifter und Ajzen (1985) und Ajzen und Madden (1986) waren es, die das erweiterte Modell der TPB erstmals empirisch prüften.

Schlüsselstudien

Einfluss der wahrgenommenen Verhaltenskontrolle auf die Intention abzunehmen und die tatsächliche Gewichtsreduktion (Schifter & Ajzen 1985)

Ziel der ersten Studie war es, zu untersuchen, ob sich eine erfolgreiche Gewichtsreduktion bei Studentinnen durch die bekannten Komponenten der TRA erklären lässt und inwieweit die wahrgenommene Verhaltenskontrolle einen zusätzlichen Beitrag zur Erklärung der tatsächlichen Gewichtsabnahme leisten würde. Um dies herauszufinden, befragten Schifter und Ajzen eine Stichprobe von 83 Studentinnen zweimal. Der erste Fragebogen erfasste Einstellungen, subjektive Norm, wahrgenommene Verhaltenskontrolle und die Absicht abzunehmen. Der zweite Fragebogen, der sechs Wochen später ausgeteilt wurde, enthielt einige Fragen zu den Erfahrungen während der vergangenen sechs Wochen sowie zu genereller Verhaltenskontrolle und Kompetenzerleben. Zusätzlich wurden die Teilnehmerinnen am Anfang und am Ende des Untersuchungszeitraumes gewogen, um die tatsächliche Gewichtsabnahme zu erfassen. Multiple und hierarchische Regressionen belegten erneut die entscheidende Bedeutung von Einstellungen und subjektiver Norm für die Erklärung von Verhaltensintentionen und Verhalten. Es zeigte sich aber auch, dass die wahrgenommene Verhaltenskontrolle zusätzlich zur Erklärung von Verhaltensintention und tatsächlicher Gewichtsabnahme beitrug. Dies bestätigte die Annahmen der TPB, wonach die wahrgenommene Verhaltenskontrolle das Verhalten einerseits direkt beeinflussen kann, andererseits aber auch indirekt über die Verhaltensintentionen.

Einfluss der wahrgenommenen Verhaltenskontrolle auf die Intention, regelmäßig an Seminarsitzungen teilzunehmen (Ajzen & Madden 1986, Teilstudie 1)

Ajzen und Madden führten zwei Teilstudien zur Überprüfung der TPB durch. Hierfür wählten sie zwei Verhaltensbereiche, die sich in ihrer Kontrollierbarkeit unterscheiden. Die erste Studie beschäftigte sich mit der Frage, ob sich die Intention, regelmäßig an Seminarsitzungen teilzunehmen, und das tatsächliche Verhalten aus den in der TPB postulierten Komponenten erklären lässt und inwieweit die wahrgenommene Verhaltenskontrolle wiederum

einen zusätzlichen Erklärungsbeitrag leistet. 169 Studierende
nahmen an der sechswöchigen
Untersuchung teil, die die Teilnahme an den Seminarsitzungen
über den gesamten Untersu-
chungszeitraum hinweg erfasste.
Multiple Korrelationen bestätigten die Zusammenhänge zwischen Einstellungen, subjektiver
Norm und Verhaltensintention,
die bereits die TRA angenommen hatte. Unter Einbeziehung
der wahrgenommenen Verhaltenskontrolle erhöhte sich die
Erklärungskraft (die erklärte Varianz stieg von 55 Prozent auf
68 Prozent). In einem weiteren
Schritt analysierten die Autoren,
ob die wahrgenommene Verhaltenskontrolle auch einen direkten Einfluss auf das Verhalten
hat. Dies war nicht der Fall. Somit bestätigte sich die Vermu-
tung, dass die wahrgenommene
Verhaltenskontrolle nicht unmittelbar mit dem Verhalten korre-
liert, wenn sich das Verhalten
kontrollieren lässt – hier, weil
Studierende in der Regel selbst
steuern können, ob sie im Kurs
erscheinen oder nicht.

Einfluss der wahrgenommenen Verhaltenskontrolle auf das Beenden eines Seminars mit der Note „sehr gut" (Ajzen & Madden 1986, Teilstudie 2)

Anders verhält es sich bei der
zweiten Teilstudie. Hier wählten
die Autoren einen Verhaltensbereich aus, der nur bedingt steuerbar ist: die Kursleistung der Studierenden. Konkretes Verhaltensziel war das Erreichen der
Note „sehr gut" in einem Semi-
nar. 90 Studierende füllten zu
Beginn des Semesters einen Fragebogen aus, der die üblichen
Komponenten der TPB erfasste.
Gegen Ende des Semesters erhielten sie denselben Fragebogen
noch einmal. Die Ergebnisse bestätigten die Annahmen der TPB
erneut. Entscheidend war jedoch: Die wahrgenommene Verhaltenskontrolle hatte nicht nur
einen deutlichen Einfluss auf die
Intention, im Kurs sehr gut ab-
zuschneiden, sondern auch auf
die tatsächliche Kursleistung.
Wie erwartet, hatte die wahrgenommene Verhaltenskontrolle
im Kontext eines Verhaltenszie-
les, das nur bedingt kontrollierbar ist, tatsächlich einen direkten Einfluss auf die erfolgreiche
Verhaltensausführung.

Empirische Befunde, die die Annahmen der TPB in der Folge bestä-
tigten, liegen in großer Zahl vor. Kapitel 1.3 lieferte bereits einen
Überblick über Metaanalysen und Primärstudien aus verschiedensten
Anwendungsbereichen. Alle Bereiche ausführlich vorzustellen, wäre

an dieser Stelle nicht möglich, weshalb im Folgenden zwei Bereiche herausgegriffen werden: kommunikationswissenschaftliche Fragestellungen (Kapitel 4.2) und Gesundheitsverhalten (Kapitel 4.3).

4.2 Die TRA/TPB im Kontext der Medien

Hält man sich die Grundgedanken der TPB noch einmal vor Augen, so wird nicht auf den ersten Blick klar, weshalb eine solche Theorie überhaupt im Rahmen einer kommunikationswissenschaftlichen Buchreihe vorgestellt wird. Grundsätzlich handelt es sich hierbei um eine sozialpsychologische Theorie, in deren Kern die Medien keine Rolle spielen. Medien oder Medieninhalte können jedoch in zweierlei Hinsicht im Rahmen der TPB zum Tragen kommen: als Zielvariable – etwa wenn es darum geht, Fragen der Mediennutzung, der Adoption neuer Medien sowie der Entstehung oder Weitergabe von Medieninhalten zu erklären – oder als Hintergrundfaktor, der die Vorstellungen der Menschen über Verhaltenskonsequenzen, Normen und Verhaltenskontrolle prägt.

Ziel- und Hintergrundvariable

4.2.1 Mediennutzung

Der wohl bekannteste Ansatz zur Erklärung von Mediennutzungsverhalten ist der *Uses-and-Gratifications-Ansatz*, der Rezipient:innen als aktiv versteht und danach fragt, aus welchen Gründen und mit welcher Motivation sie sich bestimmten Medien oder Medieninhalten zuwenden (vgl. z.B. Blumler & Katz 1974, Rosengren 1974, im Überblick vgl. Rubin 2009, Schweiger 2007 sowie den Band zum *Uses-and-Gratifications-Approach* in dieser Lehrbuchreihe, Sommer 2019). Eine der Grundannahmen ist, dass Medien zielgerichtet, zweckbestimmt und motivational ausgewählt und genutzt werden. Rezipierende selektieren Medien oder Medieninhalte also bewusst aufgrund bestimmter Bedürfnisse und Motive (Rubin 2009).

Uses-and-Gratifications-Ansatz

Erklärung von Mediennutzungsverhalten mit Erwartungs-Bewertungs-Ansätzen

Einige Autor:innen der *Uses-and-Gratifications*-Forschung rekurrierten mehr oder weniger explizit auf den Erwartungs-Bewertungs-Ansatz, etwa Galloway und Meek (1981) sowie van Leuven (1981). So nahmen Galloway und Meek (1981) an, dass die Bereitschaft, Medien oder bestimmte Medieninhalte zu nutzen, als eine Funktion aus der wahrgenommenen Wahrscheinlichkeit, dass eine Gratifikation durch die Nutzung befriedigt wird, und der Bewertung dieser Gratifikation beschrieben werden kann. Dies konnten die Autor:innen für eine kleine Stichprobe von 30 Studierenden im Zusammenhang mit der Nutzung zweier ausgewählter Fernsehserien bestätigen.

Weitaus größere Beachtung fanden Palmgreen und Rayburn (1982, 1983), die diese Idee in den Folgejahren weiterentwickelten. Sie gingen zunächst davon aus, dass das Produkt aus der Erwartung, dass eine Sendung eine bestimmte Eigenschaft hat, und der Bewertung dieser Eigenschaft sowohl die gesuchten Gratifikationen erklärt als auch die allgemeine Einstellung zur Sendung (Palmgreen & Rayburn 1982). Empirische Befunde zu den Zusammenhängen deuteten jedoch eher ein mehrstufiges Prozessmodell an, nach dem das Produkt von Erwartungen und Bewertungen die gesuchten Gratifikationen determiniert und diese wiederum die Nutzung erklären (ebd.). Später erweiterten die Autoren ihr Prozessmodell zusätzlich um einen Feedback-Prozess, der es ermöglicht, Erfahrungen, die Menschen in vergangenen Mediennutzungssituationen gesammelt haben, zu berücksichtigen (siehe Abbildung 5, vgl. Rayburn & Palmgreen 1984).

Modell

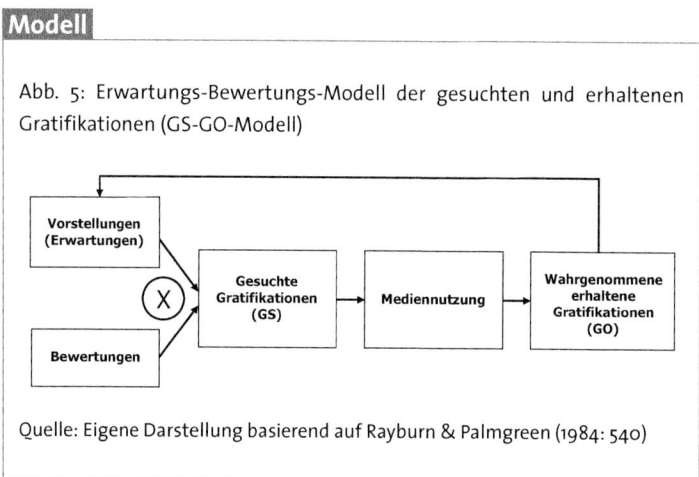

Abb. 5: Erwartungs-Bewertungs-Modell der gesuchten und erhaltenen Gratifikationen (GS-GO-Modell)

Quelle: Eigene Darstellung basierend auf Rayburn & Palmgreen (1984: 540)

Weitere Versuche, den *Erwartungs-Bewertungs-Ansatz* für die Mediennutzung fruchtbar zu machen, finden sich bei Hasebrink und Doll (1990, vgl. auch Doll & Hasebrink 1989) und Cooper, Burgoon und Roter (2001). Erstere befragten 39 Personen aus deutschen Kabelhaushalten zu ihrer Fernsehnutzung und zeigten, dass das Selektionsverhalten gut aus der Einstellung zu den Sendungen erklärt werden konnte. Die Einstellungen ließen sich ihrerseits gut aus den wahrgenommenen Nutzungsaspekten und deren Bewertung erklären. Auch Cooper et al. (2001) zeigten, dass sich die Bereitschaft, eine Nachrichtensendung zu Gesundheitsthemen anzusehen, gut aus den wahrgenommenen Attributen der Sendungen erklären lässt (hier etwa persönliche Wichtigkeit, Darstellung neuer Informationen, Zusammenhang mit dem eigenen Beruf).

Erklärung von Mediennutzungsverhalten mit der TRA

All diese Ansätze klammerten die Verhaltensintention als Zwischenschritt zwischen Einstellungen und Verhalten jedoch aus. Loken (1983) wandte die vollständige TRA hingegen bereits Anfang der achtziger Jahre auf die Erklärung von Fernsehnutzungsverhalten an. Es ging der Autorin weniger darum, ein Modell zur Erklärung von Mediennutzung zu entwickeln, sondern mehr um eine theoretische Auseinandersetzung mit der TRA (vgl. *Schlüsselstudien*). Auch wenn die kleine und willkürlich ausgewählte Stichprobe keine Verallgemeinerung der Befunde zulässt, deutet die Studie erstmalig auf das Potenzial der TRA hin, die Nutzung von Fernsehnutzungsverhalten zu erklären.

Erste empirische Hinweise

Schlüsselstudien

Studie zur Erklärung von Fernsehnutzungsverhalten mit der TRA (Loken 1983)

In ihrer Studie ging Loken der Frage nach, ob Verhalten durch die zusätzliche Berücksichtigung externer Faktoren (hier allgemeine Fernsehnutzungsdauer, Anzahl der Personen im Haushalt, sendungsbezogene Einstellungen) besser erklärt werden kann, als allein durch die klassischen Modellkomponenten. Dies untersuchte die Autorin anhand der Rezeption der Fernsehserie *The Rockford Files*.

In einer Vorstudie ermittelte sie zunächst die salienten Verhaltenskonsequenzen der Serienrezeption. Die am häufigsten genannten Vorstellungen wurden anschließend in der quantitativen Hauptstudie abgefragt, darunter etwa Unterhaltsamkeit, Entspannung, Präferenz be-

stimmter Charaktere, Pause vom Lernen, Verpassen anderer Sendungen, Zeitverschwendung. Dabei wurden 56 Studierende zweimal befragt. Der erste Fragebogen erfasste alle relevanten Modellkomponenten, die dem Verhalten vorausgehen, sowie externe Faktoren, wie die Einstellungen zur Sendung, zur abendlichen Fernsehnutzung und zum Hauptdarsteller sowie zur Verfügbarkeit eines eigenen Fernsehers, zur allgemeinen Fernsehnutzungsdauer und zur Anzahl der im Haushalt lebenden Personen. Eine Woche später wurden die Studierenden gefragt, wie häufig sie die Serie in der vergangenen Woche gesehen hatten.

Die Annahmen des Modells bestätigten sich. So zeigte sich ein starker Zusammenhang zwischen Intentionen und Verhalten. Einstellungen und subjektive Norm erklärten 46 Prozent der Intention, die Sendung in der nächsten Woche anzusehen. Strukturgleichungsmodelle widerlegten zudem die Annahme, dass sich das Verhalten besser erklären lässt, wenn externe Faktoren mit einbezogen werden. Faktoren wie die allgemeine Fernsehnutzung und objektbezogene Einstellungen beeinflussten das Verhalten nur indirekt über die Modellkomponenten. So zeigte die Studie erstmalig, dass die TRA das Potenzial hat, die Nutzung einer Fernsehserie zu erklären.

Weitere Belege Auch Babrow und Swanson (1988) fanden in ihrer Studie Hinweise darauf, dass die TRA in der Lage ist, Mediennutzungsverhalten zu erklären. Sie gingen in ihren Überlegungen vom *Uses-and-Gratifications*-Ansatz aus und integrierten diesen in das Modell der TRA. In einer Querschnittstudie mit 281 Studierenden prüften sie ihre Annahmen für die Nutzung von Nachrichten. Strukturgleichungsanalysen zeigten ein eher schlechtes Gesamtmodell an, einzelne signifikante Pfade bestätigten jedoch die Gültigkeit der TRA. Ein Jahr später stellte Babrow (1989) eine Längsschnittstudie vor, die die Nutzung von Serien mit der TRA erklären sollte. In dieser mit 224 Studierenden durchgeführten Studie konnte der Autor die Annahmen der TRA vollständig bestätigen.

Auch Maxian (2007) wandte die TRA auf die Vorhersage von Mediennutzungsverhalten an. Sie untersuchte die Intention, Nachrichtenangebote zu nutzen, um sich über Gesundheitsthemen zu informieren, und konnte die Annahmen der TRA auf Basis einer Online-Umfrage mit Studierenden ($N = 144$) für die Verhaltensabsicht weitgehend bestätigen.

Cingel und Krcmar (2013) untersuchten mit Bezug zur TRA, inwieweit Einstellungen und subjektive Norm von Eltern ($N = 168$) die Mediennutzung ihrer Kinder im Vorschulalter vorhersagen. Dabei zeigte sich, dass die Normvorstellungen im Vergleich zu positiven oder negativen Einstellungen einen stärkeren Einfluss auf die Mediennutzung der Kinder hatten. Zwar verstärkten positiv wahrgenommene Verhaltenskonsequenzen die Nutzungshäufigkeit, jedoch war für negative Verhaltenskonsequenzen kein Zusammenhang zu beobachten. Die Autorinnen erklären dies anhand eines möglichen Third-Person-Effekts, der dazu führen könnte, dass Eltern zwar mögliche negative Konsequenzen, etwa Steigerung von Aggressivität, erkennen, jedoch für ihr Kind nicht für wahrscheinlich halten.

Nicht zuletzt finden sich in den letzten Jahren zunehmend Studien, die Social-Media-Verhalten auf der Basis der TRA untersuchen. So widmeten sich Peslak, Ceccucci und Sendal (2012) der Frage, inwieweit die Nutzung sozialer Medien von Einstellungen und subjektiver Norm abhängt, und konnten in einer Querschnittbefragung von Studierenden (N = 196) zeigen, dass sich Intention und Verhalten gut durch die beiden Determinanten erklären ließen. Einige weitere Studien setzten sich mit der Frage auseinander, inwieweit die Determinanten das Kommunikationsverhalten in sozialen Medien erklären können (vgl. Ham, Lee & Lee 2014, Karnowski et al. 2018, Kim, Namkoong & Cheng 2020, Lin, Featherman & Sarker 2013). Diese werden im Kontext der Kommunikator:innenforschung (Kapitel 4.2.5) näher vorgestellt.

Erklärung von Mediennutzungsverhalten mit der TPB

Auch wenn einige Studien zeigen, dass sich Mediennutzungsverhalten gut durch Einstellungen und subjektive Norm vorhersagen lässt, stellt sich die Frage, ob nicht auch in diesem Bereich eine bessere Erklärungskraft zu erreichen ist, wenn die wahrgenommene Verhaltenskontrolle – wie in der TPB postuliert – berücksichtigt wird (vgl. Kapitel 1.2 und 4.1). Ouellette und Wood (1998) wandten diese Überlegung Ende der neunziger Jahre auf die Fernsehnutzung an. Forschungsanlass war weniger die dezidierte Auseinandersetzung mit Fernsehnutzungsverhalten als mehr die Frage nach der Bedeutung von vergangenem Verhalten, welches nach Auffassung der Autorinnen gerade bei Verhaltensweisen, die in weiten Teilen habitualisiert sind, eine erhebliche Erklärungskraft haben dürfte. Tatsächlich deuten die Befunde darauf hin, dass Verhaltensintentionen das Verhalten nur dann determinieren (sich das Verhalten also nur dann mit der TPB erklären lässt), wenn es in einen instabilen Kontext eingebettet und somit eher nicht habitualisiert ist, während Verhalten in stabilen Kontexten offenbar besser durch vergangenes Verhalten erklärt werden kann (vgl. *Schlüsselstudien*).

Erste Studien zur Fernseh-, Internet- und Videospielnutzung

Schlüsselstudien

Studie zur Erklärung von Fernsehnutzungsverhalten mit der TPB (Ouellette & Wood 1998)
Die Autorinnen befragten 141 Studierende in zwei Wellen: Der erste Fragebogen erfasste vergangenes Fernsehnutzungsverhalten, Einstellungen, subjektive Norm, wahrgenommene Verhaltenskontrolle, Verhaltensintentionen, Selbstkonzept und Einstellungsverfügbarkeit. Zusätzlich wurde der Verhaltenskontext mit einer offenen Frage ermittelt: Hier sollten die Befragten angeben, welchen Tätigkeiten sie vor der Fernsehnutzung nachgehen, um herauszufinden, ob sich die Fernsehnutzung jeweils in einem stabilen Verhaltenskontext abspielt oder in einem instabilen. Die Nennung einer geringen Anzahl an unterschiedlichen Tätigkeiten würde nach Ansicht der Autorinnen für habitualisiertes Verhalten, die Nennung von vielen verschiedenen Tätigkeiten für geringe Habitualisierung sprechen. Drei Wochen später wurde das Fernsehnutzungsverhalten (während der letzten drei Wochen) telefonisch abgefragt. Die Ergebnisse bestätigten die Annahmen der TPB in Teilen. So konnte das Verhalten in instabilen Kontexten gut aus den Verhaltensintentionen vorhergesagt werden, Verhalten in stabilen Kontexten jedoch nicht. Hier korrelierte lediglich das vergangene mit dem aktuellen Verhalten, nicht aber die Verhaltensintentionen mit dem Verhalten.

Die dargestellte Studie ist somit nicht nur insofern wegweisend, als sie als eine der ersten Studien die TPB heranzog, um Fernsehnutzungsverhalten zu erklären, sondern auch, weil sie das entscheidende Grundproblem veranschaulicht, dem Wissenschaftler:innen gegenübersteht, wenn sie Mediennutzung mit der TRA, der TPB oder anderen Verhaltensmodellen erklären wollen, die einen bewussten Entscheidungsprozess voraussetzen: Habitualisiertes Verhalten (hier operationalisiert als Verhalten in einem stabilen Verhaltenskontext) wird nicht bewusst überlegt und lässt sich somit mit der TRA/TPB nur bedingt erklären, es sei denn, das vergangene Verhalten wird als Indikator für eine Habitualisierung mit in die Analysen einbezogen (vgl. hierzu die Diskussion weiter unten in diesem Kapitel).

Untersuchungen zur Anwendbarkeit der TPB auf die Erklärung von Mediennutzungsverhalten beschränken sich jedoch nicht nur auf die Fernsehnutzung. Anfang des Jahrtausends setzten sich zwei Studien aus Deutschland mit der Internetnutzung auseinander. Doll, Petersen und Rudolf (2000) untersuchten die Internetnutzung von Gymnasi-ast:innen (N = 250) und Studierenden (N = 125) und zogen die TPB heran, um die Wahrscheinlichkeit zu erklären, während der weiteren Schulzeit/des weiteren Studiums das Internet mindestens zweimal pro Woche zu nutzen. Die Ergebnisse bestätigten die TPB weitgehend und die Modellkomponenten erklärten 53 Prozent (bei Schüler:in-nen) bzw. 67 Prozent (bei Studierenden) des Verhaltens.

Welker (2001) untersuchte die Absicht, ein bestimmtes Medium (Zei-tung, TV, Internet) zur Information über aktuelle Tagespolitik und das Internet zum wissenschaftlichen Austausch zu nutzen. Die TPB bestätigte sich teilweise. So hatten Einstellungen keinen und subjekti-ve Normen einen negativen Einfluss auf die Wahl eines bestimmten Mediums zur Information über Tagespolitik. Am stärksten war der Einfluss der wahrgenommenen Verhaltenskontrolle. Bei der Intenti-on, das Internet für den wissenschaftlichen Austausch zu nutzen, er-gab sich ein anderes Bild: Hier hatten Einstellungen den stärksten Einfluss auf das Verhalten, die wahrgenommene Verhaltenskontrolle einen geringen und subjektive Normen gar keinen. Möglicherweise lassen sich die divergierenden Befunde damit erklären, dass es sich im ersten Fall (Nutzung von Zeitung oder Fernsehen für aktuelle Infor-mationen) eher um habitualisiertes Verhalten handelt, das nicht jedes Mal erneut überdacht werden muss, weshalb kognitive Komponen-ten wie Einstellungen und subjektive Norm keine Rolle spielen, wäh-rend sich die Internetnutzung zum wissenschaftlichen Austausch zu diesem Zeitpunkt noch nicht etabliert hatte und auf bewussten Ver-haltensentscheidungen basierte. Für die Argumentation spricht, dass das vergangene Verhalten einen Einfluss auf die Mediennutzung zu Informationszwecken hatte, jedoch nur einen geringen Einfluss auf die Absicht, das Internet für den Austausch zu nutzen.

Zu den ersten Studien, die die TPB auf Mediennutzungsverhalten an-wendeten, gehört auch die von Doll und Ajzen (1992). Sie untersuch-ten die Annahme, dass Einstellungen und wahrgenommene Verhal-tenskontrolle stabiler und leichter zugänglich sind, wenn sie auf di-rekten Erfahrungen (aktives Spielen eines Videospiels) beruhen, als wenn sie auf indirekte Erfahrungen (bloßes Zuschauen) zurückgehen, und konnten sie in einem Laborexperiment bestätigen. Auch beein-flussten die beiden Komponenten die Intention, Videospiele zu spie-len. Intention und wahrgenommene Verhaltenskontrolle beeinfluss-ten wiederum das Verhalten. Der Einfluss der subjektiven Norm war eher gering.

Seit Beginn des Jahrtausends hat sich das Spektrum an Studien, die die TPB auf die Erklärung von Mediennutzungsverhalten anwenden, erheblich erweitert. Vor allem in den letzten zehn Jahren ist ein massiver Zuwachs an TPB-basierten Mediennutzungsstudien, vor allem im Kontext digitaler Medienangebote, zu beobachten. Ein großer Teil der Studien setzt sich mit spezifischen Fragen der Onlinenutzung auseinander, etwa mit der Nutzung sozialer Medien für Jobsuche und berufliches Networking (Carmack & Heiss 2018, Lucero-Romero & Arias-Bolzmann 2019), mit der Absicht, das Internet für kollaboratives Browsen und Chatten in der Freizeit zu nutzen (Bagozzi, Dholakia & Mookerjee 2006), mit der Intention, an virtuellen Gemeinschaften zu partizipieren (Lin 2006), bestimmten Marken auf *Twitter* zu folgen (Chu, Chen & Sung 2015), während Sportereignissen soziale Medien zu nutzen (Wang 2015), im Unterricht nebenbei Internettechnologien für Nicht-Unterrichts-Zwecke einzusetzen (Cyberslacking, Rana et al. 2019) oder das Internet für religiöse Kontexte zu nutzen (Ho, Lee & Hameed 2008). Weitere Studien untersuchen verschiedene Fragen des Informationsverhaltens, etwa die Nutzung von Suchmaschinen als Ersatz für traditionelle Informationsquellen (Kink & Hess 2008), die Nutzung unterschiedlicher Medien zur Information über Wissenschaft und Forschung (Metag 2020) und die Nutzung von *Facebook* für die Suche nach Gesundheitsinformationen und sozialer Unterstützung (Mitchel & Grieve 2020). Eine ganze Reihe von Studien untersuchte darüber hinaus die Nutzung von Video- oder Onlinespielen (Alzahrani et al. 2017, Haagsma et al. 2012, Hartmann, Vorderer & Jung 2009, Merikivi, Verhagen & Feldberg 2012, Wang et al. 2017). Mehrere Studien setzten sich mit Nutzung mobiler Medien auseinander (Carter & Yeo 2016, Herrmann & Kim 2017 zu Apps, Walsh & White 2007 zu Handynutzung), drei Studien mit illegalem Medienverhalten (Chiang & Huang 2007 zu CD-Raubkopien, Wang & McClung 2011 zum Download illegaler Inhalte aus dem Internet, Phau et al. 2014 zu dem illegalen Herunterladen von Filmen aus dem Netz). Kinnally und Bolduc (2020) untersuchten die Intention, digitale Musikstreamingdienste zu nutzen, Lin, Younbo und Sim (2015) die Absicht, mobile Videos zu nutzen, und Tefertiller (2017) untersuchte die Absicht, im *Netflix*-Zeitalter Filme im Kino anzusehen.

Die Mehrheit der Studien konnte einen Einfluss aller drei Verhaltensdeterminanten nachweisen. Eine Ausnahme stellt die Studie von Haagsma et al. (2012) zur problematischen Videospielnutzung dar, die keinen Einfluss der Einstellungskomponente fand, die sich in allen anderen Studien als signifikanter Prädiktor erwies. Darüber hinaus zeigte sich bei mehreren Studien ein schwächerer oder kein Einfluss der subjektiven Norm (Bagozzi et al. 2006, Hartmann et al. 2009, Herrmann & Kim 2017, Lin 2006, Merikivi et al. 2012, Tefertiller 2017). Dies entspricht einer generellen Beobachtung im Rahmen von TPB-Studien, wonach die subjektive Norm im Vergleich zu den anderen Komponenten häufig einen geringeren Einfluss hat (vgl. auch Kapitel 6).

Eignet sich die TPB zur Erklärung von Mediennutzungsverhalten?

Trotz nunmehr zahlreicher empirischer Hinweise auf einen Zusammenhang zwischen Mediennutzung, Verhaltensintentionen und deren Prädiktoren, dürfte die TPB nicht unbegrenzt auf Mediennutzungsverhalten anwendbar sein. Wie wir wissen, geht die TPB davon aus, dass Menschen ihre Verhaltensentscheidungen bewusst treffen, indem sie ihre Kognitionen in Bezug auf mögliche Verhaltenskonsequenzen und deren Bewertung, in Bezug auf die Normvorstellungen anderer und die eigene Fähigkeit zur Verhaltensausübung genau abwägen. Dies setzt einen gewissen Grad an Involvement voraus, der dafür sorgt, dass Personen überhaupt bereit sind, diesen kognitiven Aufwand zu betreiben.

Mediennutzung findet hingegen in weiten Teilen unter *Low-Involvement*-Bedingungen statt (vgl. Jäckel 1992). Die Entscheidung, ob man nun den einen oder anderen Kanal im Fernsehen sieht, ob man überhaupt fernsieht oder lieber eine Zeitschrift zur Hand nimmt, ist grundsätzlich nicht von allzu großer Bedeutung. Eine Fehlentscheidung ist mit keinen schwerwiegenden Konsequenzen verbunden und lässt sich schnell wieder ändern. Es ist also fraglich, ob Menschen bei ihrer alltäglichen Mediennutzung den kognitiven Aufwand betreiben, über Einstellungen, subjektive Normen und wahrgenommene Verhaltenskontrolle nachzudenken. Hinzu kommt, dass Mediennutzungsverhalten zu einem großen Teil habitualisiert, also von Gewohnheit und Routinen geprägt, ist.

Grenzen der Anwendbarkeit

Begriffe

Verplanken und Aarts (1999: 104) definieren habitualisiertes Verhalten als „learned sequences of acts that have become automatic responses to specific cues, and are functional in obtaining certain goals or end-states". Es handelt sich also um erlernte Handlungssequenzen, die durch spezifische Reize ausgelöst werden und sich als funktional erwiesen haben, um bestimmte Ziele oder Zustände zu erreichen. Mit zunehmender Wiederholung von Verhaltenssequenzen werden diese zur Routine und in der Folge unbewusst und automatisiert durchgeführt. Die zugrunde liegenden Kognitionen werden dabei nicht jedes Mal erneut abgewogen (z.B. Autofahren, Zähneputzen, morgens das Radiogerät einschalten).

Involvement

Spricht dies nun prinzipiell dagegen, Mediennutzung mit der TPB zu erklären? Nicht ganz: Dagegenhalten lässt sich zum einen, dass es durchaus Situationen gibt, in denen Mediennutzungsentscheidungen mit einem gewissen Grad an Involvement verbunden sind (vgl. hierzu Hartmann 2009). Dies dürfte etwa dann der Fall sein, wenn sie höhere Kosten mit sich bringen (z.B. bei einem Kinobesuch, bei kostenpflichtigen Streamingdiensten, beim Bücherkauf), mit Risiken verbunden sind (z.B. bei illegalen Aktivitäten wie Online-Piraterie), eine starke emotionale Bedeutung haben, das Wertegefüge oder starke politische Einstellungen betreffen (z.B. bei der Rezeption eines Films über die RAF, eines Berichts über eine Vergewaltigung, eines Liebesfilmes für Rezipierende, die gerade unglücklich verliebt sind) oder auch, wenn sie Medien oder Medieninhalte betreffen, die noch unbekannt sind (Adoption neuer Technologien, eine neue Fernsehserie).

Habitualisierung

Zum anderen ist fraglich, ob die Existenz habitualisierter Mediennutzungsentscheidungen überhaupt gegen die Anwendbarkeit der TPB spricht. Es ist zwar denkbar, dass die gewohnheitsmäßige Mediennutzung in bestimmten Situationen unbewusst erfolgt, das bedeutet aber nicht, dass es nicht ursprünglich bewusste Gründe für diese Verhaltensentscheidung gegeben hat. So wird die tägliche Rezeption der *Tagesschau* bei vielen Bundesbürger:innen in das habitualisierte Nutzungsrepertoire übergegangen sein. Ursprünglich dürfte es jedoch einmal bewusste Gründe dafür gegeben haben, um 20 Uhr die *Tagesschau* einzuschalten, etwa die Überlegung, dass die Sendung einen guten Überblick über die wichtigsten Nachrichten des Tages liefert. Dies wird sich nun über einen längeren Zeitraum hinweg bestätigt haben, die Nachrichtensendung hat sich also als funktional geeignet erwiesen, um sich zu informieren. Im Laufe der Zeit geht die Rezeption der *Tagesschau* somit in das habitualisierte Medienmenü über, und eine Person denkt nicht mehr darüber nach, warum sie die Nachrichten sieht. Die Intention, dies zu tun, dürfte sich jedoch nicht verändert haben (vgl. Schweiger 2007: 70).

Ähnlich argumentiert Ajzen (2005). Er geht davon aus, dass Personen bei neuen Handlungen zunächst nachdenken, um sich ihrer Intention bewusst zu werden. Nach wiederholten Gelegenheiten, das Verhalten auszuführen, ist es jedoch nicht mehr notwendig, pro und contra abzuwägen. In diesem Fall, so postuliert Ajzen (2005), lösen externe oder interne Reize die entsprechende Verhaltensintention spontan aus und diese aktivieren wiederum das Verhalten. Auch wenn wir uns der Intentionen, die unser Verhalten leiten, in diesem Fall nur bedingt bewusst sind, sind sie grundsätzlich vorhanden und am verhaltensauslösenden Prozess beteiligt.

Allerdings sind sich Psycholog:innen nicht ganz einig, ob Intentionen bei habitualisiertem Verhalten eine Rolle spielen. So postulieren andere Autor:innen, dass Verhalten, das stark habitualisiert ist, gänzlich ohne kognitive Beteiligung auskommt und durch bestimmte internale oder externale Stimuli automatisch ausgelöst wird (z.B. Gollwitzer 1999, Ouellette & Wood 1998). Intentionen spielen nach dieser Ansicht bei habitualisiertem Verhalten keine Rolle mehr. Sie sind aus dieser Sicht ein guter Prädiktor für neues Verhalten, aber verlieren ihre Vorhersagekraft, wenn Verhalten zur Routine wird. Ouellette und Wood (1998) fanden in ihrer Primärstudie zur Fernsehnutzung zwar Hinweise darauf, dass sich Verhalten in stabilen Kontexten schlecht aus Intentionen vorhersagen lässt (s.o.), ihre Metaanalyse spricht jedoch eher gegen diese Interpretation. So fanden sie mehrheitlich Belege dafür, dass sich Verhalten gut aus Intentionen vorhersagen lässt, egal ob es dabei um Handlungen geht, die typischerweise habitualisiert ablaufen oder nicht. Ajzen (2005) spricht sich vor diesem Hintergrund daher für die Position aus, dass habitualisiertes Verhalten nicht rein durch externe oder interne Stimuli kontrolliert wird, sondern durch Verhaltensintentionen ausgelöst wird, die in gewohnten Kontexten spontan aktiviert werden.

Selbst wenn wir nun annehmen, dass Verhaltensintentionen mit habitualisierten Verhaltenssequenzen korrelieren, bedeutet das dann zwangsläufig, dass die TPB vollständig auf Gewohnheiten anwendbar ist? Wenn wir davon ausgehen, dass habitualisiertes Verhalten dadurch ausgelöst wird, dass bestimmte Stimuli Intentionen aktivieren und diese das Verhalten auslösen, so heißt das nicht, dass sich Personen ihrer Einstellungen, Norm- und Kontrollvorstellungen jedes Mal erneut bewusst werden. Wenn Intentionen und Verhalten zusam-

Intentionen und Habitualisierung

menhängen, ist das streng genommen noch kein Beleg für die Gültigkeit des vollständigen Modells. Welker (2001) zeigte in seiner oben dargestellten Studie, dass die vermutlich habitualisierte informationsorientierte Intention zur Internetnutzung lediglich aus vergangenem Verhalten und wahrgenommener Verhaltenskontrolle erklärbar ist, jedoch nicht aus Einstellungen und subjektiver Norm. Viele andere Studien zur Erklärung des Mediennutzungsverhaltens konnten demgegenüber Einflüsse der anderen Komponenten auf Verhaltensintentionen nachweisen. Dies kann zweierlei bedeuten: Auch die mit den Intentionen verbundenen Kognitionen gehen bei habitualisiertem Verhalten nicht verloren, sondern sind im Langzeitgedächtnis abgespeichert und werden automatisch aktiviert, sobald entsprechende verhaltensauslösende Stimuli vorhanden sind. Dann wäre die TPB auch bei habitualisierter Mediennutzung anwendbar. Oder aber, es handelt sich bei den abgefragten Einstellungen, Normen und Kontrollvorstellungen um Ex-Post-Rationalisierungen der Befragten, die in der Befragungssituation verhaltenskonforme Antworten geben, die nicht mehr den ursprünglichen verhaltensbedingenden Kognitionen entsprechen und somit eher als Messartefakte interpretierbar wären.

Forschungsbedarf Dies gilt es in zukünftigen Studien weiter zu untersuchen. Dabei empfiehlt es sich, zumindest das vergangene Verhalten als Indikator für die Verhaltensstabilität und somit für habitualisiertes Verhalten zu erfassen. Denkbar wäre auch, die Antwortgeschwindigkeit bei der Erhebung von Einstellungen, subjektiven Normen und Kontrollvorstellungen als Indikator für die Stärke der Kognitionen zu erheben. Werden die Kognitionen auch bei habitualisiertem Verhalten automatisch jedes Mal aktiviert, so wären die Verknüpfungen im neuronalen Netzwerk des Langzeitgedächtnisses entsprechend stark ausgeprägt und würden sich durch eine sehr hohe Antwortgeschwindigkeit äußern, wohingegen die Antwortgeschwindigkeit bei Ex-Post-Rationalisierungen entsprechend langsamer ausfallen dürfte (vgl. z.B. Fazio 1990a). Eine weitere Möglichkeit, habitualisiertes Verhalten zu identifizieren, besteht in der *response-frequency*-Methode, die Verplanken und Kollegen in einer Studie zu gewohnheitsmäßiger Verkehrsmittelnutzung entwickelten (vgl. z.B. Verplanken & Aarts 1999: 108f.). Um herauszufinden, inwieweit Autofahren bei den Proband:innen habitualisiert war, wurden den Teilnehmenden 15 Fahrziele präsentiert (z.B. Einkaufen im Supermarkt, Besuch von Bekannten). Die Proband:innen sollten möglichst schnell (und somit möglichst automatisch und unreflektiert) angeben, wie sie jeweils dort hinkommen würden (z.B. Auto, Fahrrad, zu Fuß). Je häufiger eine bestimmte Option genannt wurde, desto höher wurde diese auf dem Habitualisierungsindex eingestuft. Diese Methode würde sich auch auf den Kontext der Mediennutzung anwenden lassen, etwa indem verschiedene Nutzungsgratifikationen vorgelegt werden und die Teilnehmenden gefragt werden, welche Medien oder Genres sie jeweils nutzen, um diese zu erreichen.

Unabhängig davon, wie man Habitualisierung misst, empfiehlt es sich, die Frage der Anwendbarkeit der TPB auf habitualisiertes Verhalten, etwa im Zusammenhang mit Mediennutzung, im Auge zu behalten: So lange nicht klar widerlegt ist, dass die den Intentionen vorausgehenden kognitiven Elemente bei habitualisiertem Verhalten nicht zum Tragen kommen, ist zumindest von einer begrenzten Anwendbarkeit der TPB auf habitualisiertes Verhalten, und somit auch auf gewohnheitsmäßiges Mediennutzungsverhalten, auszugehen.

Theory of Planned Media Choice

In seinem Überblicksaufsatz zur Bedeutung von Handlungstheorien und der TPB für die Mediennutzung hat sich Hartmann (2009) bereits mit der Frage beschäftigt, inwieweit Mediennutzung mit der TPB erklärbar ist. Nach einer ausführlichen Auseinandersetzung mit der Forschungsliteratur kommt der Autor zu dem Schluss, dass die TPB durchaus brauchbare Konzepte für die Erklärung von Medienselektion und -nutzung darstellt, und schlägt die Entwicklung einer *Theory of Planned Media Choice* vor.

Bislang sei die Forschungslage allerdings noch zu dünn und disparat, um eine solche Theorie auf eine fundierte theoretische und empirische Basis stellen zu können. Neben der Tatsache, dass die TPB noch immer einiger Kritik unterzogen wird, geht es im Kontext der Mediennutzung vor allem um die Überlegung, inwieweit Mediennutzungsverhalten volatil und somit rational erklärbar ist, und inwieweit sich habitualisierte Mediennutzungsentscheidungen für die Anwendung der TPB eignen. Zudem stellt sich hier die Frage, inwieweit eine *Theory of Planned Media Choice* nicht auch Emotionen und Stimmungen, die sich für Mediennutzungsentscheidungen bereits als bedeutsam erwiesen haben (vgl. z.B. Oliver 2009), berücksichtigen müsste (Hartmann 2009: 46).

Offene Fragen

Auch wenn diese Fragen noch nicht vollends geklärt sind, deuten die bisherigen Befunde doch darauf hin, dass es sich lohnt, die Entwicklung einer *Theory of Planned Media Choice* weiterzuverfolgen. Zumindest wird sie in der Lage sein, Mediennutzungsentscheidungen dann zu erklären, wenn sie eine elaborierte, geplante und bewusste Verhaltensentscheidung voraussetzen. Dies dürfte vor allem dort der Fall sein, wo es sich um riskante Entscheidungen mit unsicherem

Geeignete Anwendungsbereiche

Ausgang handelt, wie beim Kauf teurer Geräte (z.b. Computer), beim Kinobesuch, bei illegalen Downloads, bei der Auswahl unbekannter Medienangebote, bei der Nutzung neuer Software oder beim Kauf und Ausprobieren eines neuen Videospiels. Einige dieser Beispiele beschreiben streng genommen weniger Fragen der Mediennutzung als mehr Fragen der Übernahme neuer Technologien (Computerspiele, Internet, etc.). Dieser Bereich dürfte sich daher insgesamt besser für die TPB eignen.

4.2.2 Adoption neuer Medien

Wenn es um die Übernahme neuer Technologien geht, so ist die Annahme rationaler und bewusst getroffener Verhaltensentscheidungen weniger kritisch. Die Entscheidung, ein neues Medium oder eine neue Technologie zu nutzen, dürfte prinzipiell ein höheres Involvement mit sich bringen als die Entscheidung, fernzusehen oder nicht. Häufig erfordert die Nutzung eines neuen technischen Angebots einen gewissen finanziellen Aufwand (Kauf eines Notebooks, Tablets, Smartphones etc.), meist ist ein gewisser Zeitaufwand damit verbunden, den Umgang mit der Technologie zu lernen und einzuüben, bisweilen sind auch persönliche Barrieren zu überwinden, etwa die Sorge um die eigenen technischen Fähigkeiten. Auch können Verhaltensweisen im Fall der Adoption von Technologien noch nicht habitualisiert sein, weil sie schlichtweg neu sind und erst verinnerlicht werden müssen.

Adoption neuer Medien und TPB

Beispielstudien All diese Aspekte dürften die Wahrscheinlichkeit erhöhen, dass die Entscheidung für die Nutzung einer neuen Technologie im handlungstheoretischen Sinne rational und bewusst gefällt wird. Deshalb greifen viele Studien auf die Annahmen der TPB zurück, um die Adoption neuer Technologien zu erklären. Eine Reihe von Autor:innen hat sich mit der Frage beschäftigt, ob sich die Adoption des Internet oder spezifischer Internetanwendungen aus Einstellungen, Normvorstellungen und wahrgenommener Verhaltenskontrolle erklären lässt. So untersuchten Chia et al. (2006) und Peng et al. (2012) Determinanten der Internetadoption bei Internet-Nichtnutzer:innen. Beide bestätigten das Modell insgesamt, allerdings fanden Erstere keinen Einfluss der subjektiven Norm, Zweitere keinen Einfluss der Einstellung. Weitere Studien zur Adoption unterschiedlicher Internetanwendungen bestätigten die Annahmen der TPB vollständig (vgl. Yao & Linz 2008 zur Adoption von Datenschutzmaßnahmen im Internet, Papies & Clement 2008 zur Adoption legaler Filmdistributionsangebote im Internet, Kim 2011 zur Adoption journalistischer Blogs bei

Journalist:innen, Dermentzi & Pagagiannidis 2018 zur Adoption von Onlinemedien für Wissenschaftskommunikation durch Wissenschaftler:innen).

Die TPB wurde jedoch nicht nur für die Adoption von Internettechnologien herangezogen: Lee, Kim und Hong (2010) untersuchten TPB-basiert die Adoption mobiler Medien, Muk (2007) die Akzeptanz von SMS-Werbung, Hung et al. (2003) die Adoption mobiler WAP-Angebote, Leung und Chen (2017) die Adoption von mobilem Fernsehen sowie Mou und Lin (2015) die Adoption von Podcasts. Mit Ausnahme von Muk (2007) bestätigten die Studien jeweils einen Einfluss aller drei TPB-Determinanten.

Adoptionsmodelle

Die TPB ist jedoch nicht die einzige Theorie, die herangezogen wird, um Adoption und Akzeptanz neuer Technologien vorherzusagen. Deutlich mehr Beachtung finden in diesem Bereich das *Technology Acceptance Model* (TAM; Davis 1989, Davis, Bagozzi & Warshaw 1989) bzw. seine Nachfolgemodelle, u.a. *Unified Theory of Acceptance and Use of Technology* (UTAUT; Venkatesh et al. 2003) und UTAUT 2 (Venkatesh, Thong & Xu 2012; für einen Überblick vgl. Rondan-Cataluna et al. 2015, Venkatesh et al. 2003). Das TAM hatten Davis und Kollegen Ende der achtziger Jahre aus der TRA entwickelt und als Anwendung der TRA auf die Akzeptanz neuer Technologien beschrieben (Davis et al. 1989: 985). Wie die TRA postuliert das Modell, dass sich die Nutzung einer Technologie aus der Nutzungsintention erklären lässt und diese wiederum aus verhaltensspezifischen Einstellungen. Allerdings integriert es nicht die subjektive Norm als weitere Komponente, sondern die wahrgenommene Nützlichkeit einer neuen Technologie. Eine empirische Überprüfung des Modells deutete jedoch darauf hin, dass die Intention, neue Technologien zu nutzen, besser vorhersagbar war, wenn nicht die Einstellungen einbezogen wurden, sondern die wahrgenommene Nutzungsleichtigkeit einer neuen Technologie (vgl. Davis et al. 1989). Die Komponente der subjektiven Norm hatte zunächst tatsächlich keinen Einfluss auf die Verhaltensintention, in einer späteren Version des TAM wurde die subjektive Norm jedoch wieder in das Modell integriert (vgl. TAM 2; Venkatesh & Davis 2000). Mathieson (1991) untersuchte in einer Studie zur Adoption neuer Informationstechnologien die Anwendbarkeit von TAM und TPB und konnte beide Modelle bestätigen. Auf dieser Basis zog er den Schluss, dass sich grundsätzlich beide Modelle zur Erklärung der Adoption neuer Technologien eignen und jeweils unterschiedliche Vorzüge haben: Während das

Technology Acceptance Model

TAM weniger komplex und somit leichter anwendbar ist, lassen sich mit der TPB genauere Informationen über die Gründe, weshalb Menschen Technologien adaptieren, erfassen. Auch Cheng (2019) verglich TAM und TPB in einer Studie zur Nutzung von Wikis für Gruppenarbeiten. In diesem Kontext erwiesen sich die im TAM spezifizierten Prädiktoren als besser geeignet, um die Adoption vorherzusagen.

Unified Theory of Acceptance and Use of Technology

Nach einer Reihe weiterer Entwicklungsschritte stellten Venkatesh et al. (2003) die UTAUT vor. Diese ging aus einer Studie hervor, die acht bis dato entwickelte Modelle miteinander verglich (darunter auch TRA und TPB) und einem neu entwickelten Modell gegenüberstellte. Die vorhergehenden Modelle erklärten demnach zwischen 17 und 53 Prozent der Adoptionsintention, während das neue mit 69 Prozent Varianzaufklärung besser geeignet war. Dieses Modell, die UTAUT, geht im Kern weiterhin davon aus, dass das Verhalten von der Verhaltensintention erklärt wird. Diese wiederum wird von den Konstrukten *performance expectancy* (wahrgenommene Nützlichkeit einer Technologie im Beruf), *effort expectancy* (wahrgenommene Leichtigkeit, eine Technologie zu nutzen), *social influence* (subjektive Norm und Außendarstellung) sowie *facilitating conditions* (wahrgenommene organisationale und technische Bedingungen, die die Nutzung der Technologie erleichtern) beeinflusst und durch Geschlecht, Alter, Erfahrung und Freiwilligkeit der Nutzung moderiert. Wie die Vorgängermodelle TAM, TAM 2 u.a. wurde die UTAUT allerdings für Fragen der Technologieakzeptanz in verschiedenen beruflichen Kontexten entwickelt (für eine aktuelle Anwendung der UTAUT auf die Akzeptanz telemedizinischer Anwendungen in der ambulanten Versorgung vgl. z.B. Seel & Rossmann 2020). Erst mit der später entwickelten UTAUT 2 (Venkatesh et al. 2012) wurde ein Modell vorgelegt, welches auf die Technologieakzeptanz in Freizeitkontexten anwendbar ist (vgl. Abbildung 6). Im Wesentlichen unterscheidet sich dieses Modell von der UTAUT durch die Erweiterung der Intentionsdeterminanten um *hedonic motivations* (Nutzung für Spaß und Vergnügen), *price value* (Abwägung von Kosten und Nutzen) und *habit* (basierend auf Nutzungsdauer und wahrgenommener Gewohnheit). Erstmals geprüft wurde die UTAUT 2 am Beispiel der Nutzung von mobilem Internet: Eine Panelstudie mit zwei Messzeitpunkten (N = 1512) zeigte, dass die Determinanten 72 Prozent der Nutzungsintention und 52 Prozent des späteren Verhaltens in diesem Kontext erklären konnten (Venkatesh et al. 2012). Rondan-Cataluna et al. (2015) verglichen mehrere Akzeptanzmodelle im Kontext der mobilen Internetnutzung und attestierten der UTAUT 2 die beste Erklärungskraft.

Modell

Abb. 6: Unified Theory of Acceptance and Use of Technology II (UTAUT 2)

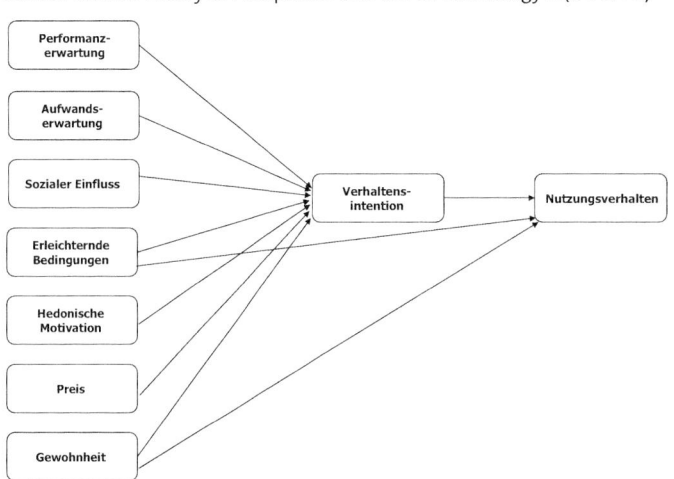

Quelle: Eigene (vereinfachte) Darstellung basierend auf Venkatesh et al. (2012: 160)

Anmerkungen: Postulierte Einflüsse der Moderatoren: Einfluss der Performanz-erwartung moderiert durch Alter und Geschlecht; Einfluss der erleichternden Bedingungen auf Nutzungsverhalten moderiert durch Alter und Erfahrung; Einfluss der Verhaltensintention moderiert durch Erfahrung; Einfluss von Aufwandserwartung, sozialem Einfluss, erleichternden Bedingungen, hedonischer Motivation, Preis und Gewohnheit moderiert durch Alter, Geschlecht und Erfahrung; zentrale Unterschiede zur UTAUT: Hedonische Motivation, Preis und Gewohnheit ergänzt; Wegfall von Freiwilligkeit der Nutzung als Moderator

Eine aktuelle Metaanalyse, die TRA und TPB mehreren Varianten der *Technology Acceptance*-Modelle gegenüberstellt (u.a. TAM, TAM 2, UTAUT, UTAUT 2), kommt zu dem Schluss, dass sich die Intention, neue Technologien zu nutzen, am besten durch Einstellung und sozialen Einfluss erklären lässt, wobei die Einstellung wiederum auf der wahrgenommenen Leichtigkeit der Nutzung und der wahrgenommenen Nützlichkeit basiert (Feng et al. 2021). Das darauf basierende Modell nennen die Autor:innen „TAM Plus". Dies ist insofern bemerkenswert, als die Bedeutung der bereits in der TRA spezifizierten Prädikatoren (Einstellungs- und Normkomponente) erneut deutlich hervorgehoben wird.

Die Tatsache, dass TRA und TPB die Forschung zur Technologieakzeptanz weiterhin mitbestimmen, wird auch dadurch evident, dass sie in der Entwicklung anderer integrierter Modelle weiterhin eine Rolle spielen. So schlugen etwa Taylor und Todd (1995) eine Kombination aus TAM und TPB vor, um die Adoption von IT-Technologien zu erklären. Teo (2012) und Hsu, Chen und Lin (2017) integrierten TAM und TPB für die Erklärung der Akzeptanz grüner IT-Technologien, Lee (2010) für die Erklärung von E-Learning-Akzeptanz, Cha (2013) für die Akzeptanz von Online Video-Plattformen, Lu, Zhou und Wang (2009) für Instant Messaging, Wu und Song (2020) für Online-Shopping und Rigopoulou, Chaniotakis und Kehagias (2017) für Smartphone-Adoption.

Integrative Model of Mobile Phone Appropriation

Ein integrativer Ansatz zur Erklärung der Nutzung mobiler Medien findet sich auch im *Integrative Model of Mobile Phone Appropriation* wieder, das von Wirth, Pape und Karnowski (2008) entwickelt wurde (vgl. Abbildung 7). Es integriert jedoch nicht nur Ansätze der überwiegend quantitativ geprägten Adoptionsforschung (TPB, TAM, Diffusionsforschung), sondern auch den qualitativ geprägten Ansatz der Medienaneignung (Domestizierung, vgl. hierzu auch den Band von Maren Hartmann in dieser Reihe aus 2013). Den Kern des Modells bildet die TPB, die um Erkenntnisse der Diffusionsforschung (vgl. auch den Band zur Diffusionstheorie in dieser Lehrbuchreihe, Karnowski 2017), der Domestizierungsforschung, der *Uses-and-Gratifications*-Forschung (vgl. auch den Band zum *Uses-and-Gratifications-Approach* in dieser Lehrbuchreihe, Sommer 2019) und zum Einfluss von (Meta-)Kommunikation erweitert wurde.

Differenzierung von Verhalten | Der entscheidende Unterschied zur TPB liegt in der Differenzierung von Verhalten: So kritisieren die Autor:innen, dass die TRA/TPB wie auch andere bisherige Erklärungsansätze zur Adoption neuer Technologien das Verhalten als binäre Komponente operationalisieren, d.h. sie unterscheiden lediglich, ob Handys genutzt werden oder nicht, oder – allgemein formuliert – ob ein Verhalten ausgeführt wird oder nicht. Um der Tatsache gerecht zu werden, dass es sich bei der Aneignung neuer Medien um ein komplexeres Verhaltensmuster handelt, schlagen die Autor:innen eine detaillierte Erfassung der Verhaltenskomponente vor, die verschiedene Nutzungsmodalitäten differenziert (objektorientierte versus funktionale Aspekte der Nutzung; symbolische versus pragmatische Funktionalität).

Modell

Abb. 7: Mobile Phone Appropriation Model (MPA-Modell)

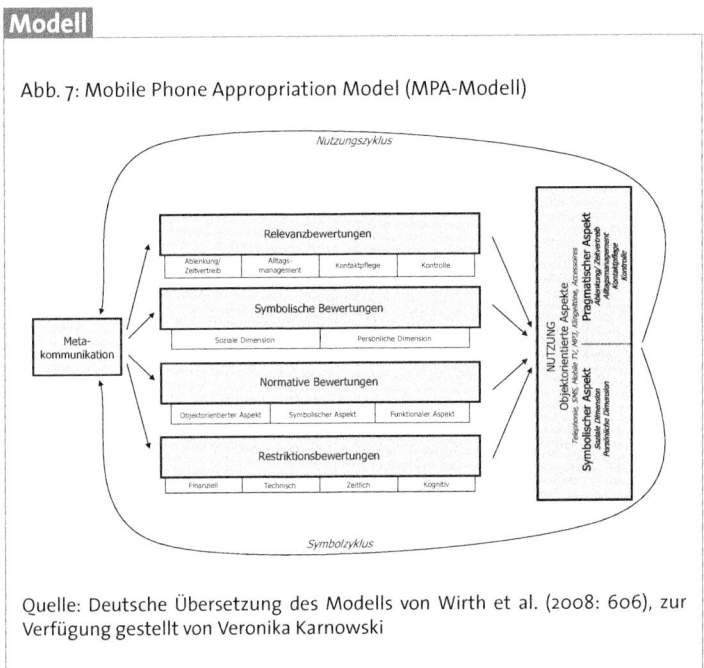

Quelle: Deutsche Übersetzung des Modells von Wirth et al. (2008: 606), zur
Verfügung gestellt von Veronika Karnowski

Ein weiterer Aspekt, mit dem sich das Modell von der TPB abhebt, besteht darin, dass es eine zirkuläre Dynamik postuliert. Die TPB konzipiert ihre beteiligten Modellkomponenten als statische Faktoren (vgl. z.B. Jonas & Doll 1996). Einige Autor:innen haben dies im Zusammenhang mit der TPB bereits kritisiert und fordern daher die Integration des vergangenen Verhaltens als Prädiktor für zukünftiges Verhalten (vgl. z.B. Ouellette & Wood 1998, siehe auch Kapitel 6). Auch im Zusammenhang mit der Aneignung neuer Technologien ist die statische Modellvorstellung problematisch, da sie ihrem dynamischen Prozesscharakter nicht gerecht wird. Wirth et al. (2008) postulieren daher, dass pragmatische und symbolische Nutzung neuer Kommunikationstechnologien nicht nur Ergebnis verhaltensspezifischer, normativer und kontrollspezifischer Vorstellungen ist, sondern auch Ursache derselben. *Zirkuläre Dynamik*

Die Entwicklung des Modells ging Hand in Hand mit einer Reihe von qualitativen und quantitativen Studien, die die Autor:innen durchführten (darunter Leitfadeninterviews sowie quantitative und qualitative Studien zur Aneignung von Mobiltelefonen mit unterschiedlichen Nutzer:innengruppen, vgl. z.B. Wirth, Karnowski & von Pape 2006, Wirth, von Pape & Karnowski 2007, von Pape et al. *Empirische Belege*

2007). Aus den Erkenntnissen ihrer Vorstudien und aus bestehenden Skalen (z.b. der *Uses-and-Gratifikations-* und TPB-Forschung) entwickelten die Autor:innen im nächsten Schritt ein standardisiertes Messinstrument zur Erfassung der Modellkomponenten, die *Mobile-Phone-Appropriation*-Skala (kurz: „MPA-Skala", vgl. von Pape, Karnowski & Wirth 2008).

Für eine Evaluierung der Skala setzten sie diese in einer Online-Befragung zur Aneignung von Mobiltelefonen ein (N = 842). Die Reliabilität der Skala erwies sich für die meisten Dimensionen als zufriedenstellend. Um die Skala zu validieren, identifizierten die Autor:innen mittels hierarchischer Clusteranalysen auf Basis der funktionalen und symbolischen Nutzungsaspekte fünf Typen von Mobilfunknutzer:innen: „Aufdringliche Vielnutzer", „Beziehungs-Manager", „Trendige Handyspieler", „Alltags-Manager" und „Diskrete Wenignutzer" (ebd.: 110). Unterschiede zwischen den Nutzungstypen, z.B. im Hinblick auf Nutzungsmuster, Metakommunikation, Normorientierung, funktionale und symbolische Bewertungen, deuteten darauf hin, dass sich die Skala gut eignet, um die Modellkomponenten valide zu erfassen und anzuwenden (für eine Übersetzung und Erweiterung der Skala um App-Komponenten vgl. Lee, Karnowski et al. 2016).

Eine vollständige Prüfung des Modells und der darin enthaltenen Pfade ist aufgrund des postulierten zirkulären Prozesses und des komplexen Zusammenspiels seiner Faktoren schwer möglich. Nichtsdestotrotz hat es sich über die letzten Jahre hinweg als fruchtbar erwiesen, um unterschiedliche Facetten, Typen und Nutzungsmuster im Kontext der Aneignung mobiler Medien zu beschreiben (vgl. Pimmer, Linxen & Gröhbiel 2012 für die Aneignung von *Facebook* in Lernkontexten, Humphreys, von Pape & Karnowski 2013 für mobiles Internet, Aricat, Karnowski & Chib 2015 für die Aneignung mobiler Medien in einer indisch-malaysischen Community in Singapur, Rossmann et al. 2019 für die Aneignung mobiler Medien für das Diabetes-Selbstmanagement sowie Stehr, Karnowski & Rossmann 2020 für die Aneignung von Ernährungs-Apps).

4.2.3 Informationssuche

TPB und Informationssuche   Neben der Adoption neuer Medientechnologien kann auch die Suche von Informationen mit einem rationalen Entscheidungsprozess einhergehen. Dies liegt etwa dann nahe, wenn es sich um Informationen von hoher persönlicher Relevanz handelt, wie es etwa im Zusammenhang mit Risiko- und Gesundheitsinformationen oder beruflichen Entscheidungen der Fall ist. Entsprechend zogen verschiedene Autor:innen die TPB erfolgreich heran, um die Suche nach Informationen zu erklären (z.B. Millar & Shevlin 2003 sowie Shevlin & Millar 2006 zu karrierebezogener Informationssuche, Lai et al. 2014 zu Suche nach Informationen in berufsbezogenen virtuellen Gemeinschaften, Austvoll-Dahlgren et al. 2012, Holmes, Bishop & Calman 2017, Chang et al. 2017 sowie Mitchel & Grieve 2020 zu Gesundheitsinformationssuche, Metag 2020 zu Wissenschaft und Forschung).

Die Idee, dass sich Determinanten der TRA/TPB eignen, um Risikoinformationsverhalten zu erklären, findet sich aber auch in spezifischen Modellen des Risikoinformationsverhaltens wieder. So entwickelten Griffin et al. (1999) aus Dual-Prozess-Modellen der Informationsverarbeitung (vgl. Chaiken, Liberman & Eagly 1989, Petty & Cacioppo 1986) und der TPB das *Risk Information Seeking und Processing Model* (RISP). Das Modell erklärt sowohl die risikobezogene Informationssuche als auch die Art der Informationsverarbeitung. Als Determinanten spezifiziert es neben mehreren Hintergrundfaktoren wahrgenommene Informiertheit, wahrgenommene Eigenschaften des Medienangebots, wahrgenommene Eigenschaften der Bedrohung, affektive Reaktionen, wahrgenommene Informationsaufnahmekapazität und subjektive Informationsnormen. Vor allem die beiden letzten Faktoren machen die Nähe zur TPB sehr deutlich. Eine Metaanalyse von Yang, Aloe und Feeley (2014) bestätigt die Relevanz der Determinanten für Informationssuchverhalten und Informationsverarbeitung.

Risk Information Seeking and Processing Model

Dennoch entwickelte Kahlor (2010) mit dem *Planned Risk Information Seeking Model* (PRISM; Kahlor 2010) aus dem RISP ein neues Modell (im Überblick vgl. auch Rossmann et al. 2018, Link 2019). Dieses macht die TPB nicht nur in seiner Bezeichnung expliziter, sondern orientiert sich auch in den postulierten Determinanten noch stärker an der TPB. Anders als sein Vorgänger fokussiert dieses Modell die Suchintention (anstatt das Suchverhalten und die Informationsverarbeitung) als zu erklärende Variable. Auch dieses Modell geht davon aus, dass Risikowahrnehmung, affektive Reaktionen, das wahrgenommene Wissen und Wissensdefizit eine Rolle spielen, darüber hinaus postuliert es aber auch die Einstellung zur Suche, subjektive Suchnormen und die wahrgenommene (Such-)Verhaltenskontrolle explizit als Determinanten der Intention (vgl. Abbildung 8).

Planned Risk Information Seeking Model

Modell

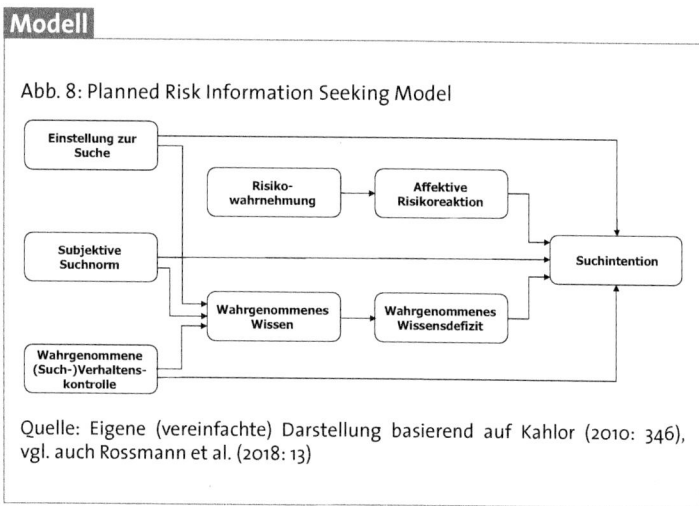

Abb. 8: Planned Risk Information Seeking Model

Quelle: Eigene (vereinfachte) Darstellung basierend auf Kahlor (2010: 346), vgl. auch Rossmann et al. (2018: 13)

Hovick, Kahlor und Liang (2014) konnten das Model für die Suche nach Informationen zu Krebserkrankungen bestätigen, wobei die subjektiven Suchnormen den stärksten Einfluss auf die Intention hatten. Willoughby und Myrick (2016) bestätigten das Modell weitgehend für die Vorhersage der Informationssuche zu verschiedenen Gesundheitsthemen (Krebserkrankungen und sexuelle Gesundheit) und zeigten so, dass es breit anwendbar ist. Kahlor et al. (2020) wendeten das Modell auch im Kontext von Umweltrisiken erfolgreich an. Dass das Modell auch auf andere Themen und kulturelle Kontexte anwendbar ist, zeigten auch Ho et al. (2014), die in Singapur die Suche nach Informationen zum Klimawandel mit dem Modell erklärten. Bemerkenswert ist diese Studie auch deshalb, weil sie die Mediennutzung als Determinante integriert, die vor allem das wahrgenommene Wissen und somit indirekt das wahrgenommene Wissensdefizit beeinflusst. Niu et al. (2020) untersuchten das PRISM im Kontext von mentaler Gesundheit in zwei unterschiedlichen Kulturkreisen (China und USA) und zogen ebenfalls die Mediennutzung als Determinante heran. Auch sie bestätigten die Gültigkeit des Modells und den Einfluss der Mediennutzung. Zwei Studien zeigten darüber hinaus, dass die meisten Determinanten auch die Suche nach Informationen in Krisenkontexten beeinflussen. So wendeten Hubner und Hovick (2020) das Modell auf die Informationssuche zum ZIKA-Virus an und bestätigten Einflüsse der meisten Modellkomponenten. Lediglich für die wahrgenommene Informiertheit und die wahrgenommene Suchkontrolle bestätigten sich die Annahmen nicht. Rossmann et al. (2021) untersuchten das Informationsverhalten deutscher Bundesbürger:innen zu Beginn der Corona-Pandemie und integrierten hierfür RISP und PRISM, um in Anlehnung an das RISP auch die Art der Informationsverarbeitung, die das PRISM ausgeschlossen hatte, wieder aufzunehmen. Dabei zeigte sich, dass bis auf die wahrgenommene Informiertheit alle spezifizierten Faktoren Informationssuche und Verarbeitungstiefe beeinflussten.

4.2.4 Medienwirkung

Ein weiterer kommunikationswissenschaftlicher Bereich, in dem TRA und TPB eine Rolle spielen können, ist der der Medienwirkungen. Es gibt nicht allzu viele Studien, welche die TRA/TPB in Medienwirkungsansätze integrieren, dennoch stellen sie eine fruchtbare Verknüpfung des handlungstheoretischen Grundgedankens mit kommunikationswissenschaftlichen Wirkungsansätzen dar.

TPB und Kultivierungsforschung

Ein Wirkungsansatz, der die Medien als Determinante verhaltensspezifischer Vorstellungen und Einstellungen integrierbar macht, ist der Kultivierungsansatz. Dieser beschäftigt sich mit der Frage, welchen Einfluss das Fernsehen auf die Realitätswahrnehmung und Einstellungen seiner Zuschauer:innen hat. Vielseher:innen, so die Grundhypothese, nehmen die Realität eher so wahr, wie sie im Fernsehen dargestellt wird, während Wenigseher:innen in ihren Urteilen der tatsächlichen Realität näher kommen (vgl. Gerbner & Gross 1976, im Überblick vgl. Gerbner et al. 1994, Rossmann 2008 sowie den Band zur Kultivierungsforschung in dieser Lehrbuchreihe, Meltzer 2019). Im Detail unterscheidet die Kultivierungsforschung Prozesse erster und zweiter Ordnung: Kultivierung erster Ordnung beschreibt den Einfluss des Fernsehens auf die Wahrnehmung und Einschätzung von Häufigkeiten oder demographischen Verteilungen, Kultivierung zweiter Ordnung bezieht sich auf die Herausbildung von Einstellungen und Wertvorstellungen (vgl. Hawkins & Pingree 1982, Gerbner et al. 1986).

Nabi und Sullivan (2001) gehen nun davon aus, dass die in der TRA behandelten Einstellungen mit Kultivierungsurteilen zweiter Ordnung vergleichbar sind, die verhaltensspezifischen Vorstellungen mit Kultivierungsurteilen erster Ordnung. Vor diesem Hintergrund versuchten sie herauszufinden, ob sich das Fernsehen nicht nur auf Einschätzungen und Einstellungen im Kontext von Verbrechen auswirkt, sondern auch auf Verhaltensintentionen und Verhalten. Sie fragten 257 Studierende nach verbrechensbezogenen Einschätzungen (Häufigkeit bestimmter Verbrechensarten, Anzahl gewalttätiger Verbre-

Grundannahmen der Kultivierungsforschung

Einfluss via Einstellungskomponente

cher, ungelöster Morde etc.), nach *Mean-World*-Einstellungen (Vertrauen in Mitmenschen, Hilfsbereitschaft von Menschen etc.), nach der Absicht, Schutzmaßnahmen zu ergreifen (Verhaltensintention) und nach dem tatsächlichen Ergreifen von Schutzmaßnahmen (Verhalten). In Pfadmodellen überprüften sie die Annahme, dass Realitätsurteile erster Ordnung (Vorstellungen) die Einstellungen der Zuschauer:innen beeinflussen, diese die Verhaltensintention und diese wiederum das tatsächliche Verhalten. Die Befunde bestätigten die Annahmen. Je mehr die Befragten fernsahen, desto höher schätzten sie die Häufigkeit von Verbrechen, die Anzahl gewalttätiger Verbrecher und ungelöster Morde ein. Diese Vorstellungen hatten ein stärkeres Misstrauen zur Folge, welches positiv mit der Absicht korrelierte, Schutzmaßnahmen gegen Verbrechen zu ergreifen. Diese wiederum zog eine höhere Wahrscheinlichkeit nach sich, dass tatsächlich Schutzmaßnahmen ergriffen wurden.

Segrin und Nabi (2002) untersuchten in ihrer Studie ebenfalls den Zusammenhang zwischen Kultivierungsurteilen und Verhaltensintentionen. In diesem Fall ging es um den Einfluss des Fernsehens auf Vorstellungen von der Ehe und die Intention, selbst einmal zu heiraten. Auch hier bestätigten Strukturgleichungsanalysen die erwarteten Zusammenhänge, d.h. die idealisierte Darstellung der Ehe im Fernsehen hing mit einer positiven Wahrnehmung derselben und einer stärkeren Absicht, selbst einmal zu heiraten, zusammen. Zhang und Krcmar (2004) wendeten diese Überlegungen auf die Kultivierung sexueller Vorstellungen, Einstellungen und Verhaltensintentionen durch das Fernsehen an. Konkret vermuteten sie, dass die Nutzung bestimmter Fernsehgenres mit einer Überschätzung, positiveren Einstellung und stärkeren Verhaltensintention in Bezug auf sexuelles Risikoverhalten (z.B. keine Verhütungsmittel) und Sex vor der Ehe einhergeht. Sie konnten die Modellannahmen der TRA jedoch nur teilweise bestätigen: So fanden sich zwar signifikante Zusammenhänge zwischen Fernsehnutzung und Realitätsvorstellungen, Fernsehnutzung und Einstellungen sowie Einstellungen und Verhaltensintentionen, es konnte jedoch kein Zusammenhang zwischen Vorstellungen und Einstellungen nachgewiesen werden.

Aus Sicht der Kultivierungsforschung lässt sich dies möglicherweise mit unterschiedlichen psychologischen Prozessen erklären, die bei hoch vs. wenig involvierenden Themen wirksam werden (vgl. zu dieser Diskussion Rossmann 2008: 261). Vor dem Hintergrund der TRA ist aber auch denkbar, dass schlichtweg methodische Schwächen für den fehlenden Zusammenhang verantwortlich sind. So entsprechen die in der Studie – und in der Kultivierungsforschung typischerweise – gemessenen Kultivierungsurteile erster Ordnung nicht den verhaltensspezifischen Vorstellungen der TRA. Während die Kultivierungsforschung nach der Einschätzung von Anteilen oder Häufigkeiten fragt (z.B. „Wie groß ist der Anteil sexuell aktiver Frauen, die nicht verhüten?", „Wie viele Sexualpartner:innen haben Personen im Schnitt, bevor sie heiraten?", vgl. Zhang & Krcmar 2004: 13), fragt die TRA nach wahrgenommenen Verhaltenskonsequenzen und deren Bewertung. Aus Sicht der TRA wäre hier also gar nicht unbedingt ein Zusammenhang zu erwarten. Dennoch liegt in der Integration von Kultivierungsforschung und TRA ein erhebliches Potenzial, das es weiter zu verfolgen gilt.

Dieses Potenzial bestätigen auch drei aktuellere Studien, die die Kultivierungsforschung über die Einstellungskomponente mit der TRA/TPB verknüpften: So zeigten Beullens et al. (2011) in einer Studie mit Jugendlichen bzw. jungen Erwachsenen, dass die Rezeption von Fernsehnachrichten negativ, die Rezeption von Actionfilmen positiv mit späterem riskanten Fahrverhalten zusammenhing. In beiden Fällen wurde dieser Zusammenhang von Einstellungen und Verhaltensintentionen mediiert. In einer weiteren Studie zeigten die Autor:innen, dass auch die Rezeption von Musikvideos riskantes Fahrverhalten über Einstellungen und Verhaltensintentionen verstärkte (Beullens, Roe & Van den Bulck 2012). Eine weitere Studie fand heraus, dass die Rezeption südkoreanischer Soap Operas bei vietnamesischen Frauen zu einer positiveren Einstellung gegenüber Südkorea führte, was die Intention verstärkte, einen südkoreanischen Mann zu heiraten. Dies wiederum verstärkte die Verhaltensabsicht, eine Heiratsagentur zu kontaktieren (Vu & Lee 2013).

Nicht nur die Einstellungskomponente dürfte relevant sein, wenn es um die Frage geht, an welcher Stelle die Medien im Rahmen der TRA/TPB zum Tragen kommen, sondern auch die Normkomponente. So ist es denkbar, dass die Medien auch als Bezugsinstanz normativer Vorstellungen eine Rolle spielen. Perse (2001: 210ff.) zog diese Argumentation heran, um den Einfluss medialer Gewalt auf die Aggressionsbereitschaft zu erklären. So ist es denkbar, dass die Medien die Einstellung zu Gewalt beeinflussen, indem Zuschauer:innen lernen, dass sich Konflikte mit Gewalt lösen lassen, dass sie aber auch die subjektive Norm dadurch beeinflussen, dass Gewalt im Fernsehen als gesellschaftlich akzeptierte Lösung dargestellt wird. Diese Annahmen finden sich in einer aktuellen Studie von Scharrer und Blackburn (2018) in ähnlicher Weise wieder. Die Autor:innen untersuchten den

Einfluss via Normkomponente

Einfluss von Reality-Dokus in romantischen oder familiären Kontexten im Fernsehen auf die Akzeptanz von körperlicher und verbaler Aggression. Eine Befragung von US-Amerikaner:innen belegte einen positiven Zusammenhang zwischen der Nutzungshäufigkeit der Sendungen und entsprechenden Normvorstellungen. Blackburn und Scharrer (2019) zeigten in ihrer Studie Zusammenhänge zwischen der Nutzung von Videospielen und Normvorstellungen bezüglich Geschlechterrollen auf. Beide Studien untersuchten zwar nicht, inwieweit sich diese Normvorstellungen auf Verhaltensintentionen oder Verhalten auswirkten, die Annahmen der TRA/TPB würden jedoch nahelegen, dass Zusammenhänge denkbar sind.

Dafür spricht nicht zuletzt eine Studie von Lee (2013), die den Einfluss der Nutzung von Gambling-Sendungen im Fernsehen auf die Intention, ins Kasino zu gehen, untersuchte. Die Studie zeigte, dass der Einfluss der Rezeptionshäufigkeit auf die Verhaltensintention nicht nur durch die Einstellung mediiert wurde, sondern auch durch die subjektive Norm. Lediglich die wahrgenommene Verhaltenskontrolle spielte keine Rolle.

Einfluss via wahrgenommener Verhaltenskontrolle

Auch wenn die vorangegangene Studie keinen Einfluss der Fernsehnutzung auf die wahrgenommene Verhaltenskontrolle nachweisen konnte, ist durchaus denkbar, dass Medien auch hier eine Rolle spielen. Dafür spricht eine von Troy et al. (2019) vorgelegte Studie zum Einfluss von Mediennutzung auf die Absicht, sich für Klimaschutz einzusetzen. Konkret untersuchten sie in mehreren Ländern, inwieweit die Nutzung von liberalen, konservativen und überparteilichen Nachrichtenmedien Einstellungen, subjektive Norm und wahrgenommene Verhaltenskontrolle beeinflusst und darüber die Bereitschaft, sich für Klimaschutz einzusetzen. Die Autor:innen konnten die vermuteten Zusammenhänge für alle drei Mediatoren bestätigen, was dafür spricht, dass auch die wahrgenommene Verhaltenskontrolle einem Medieneinfluss unterliegen kann. Die Studie rekurrierte auf keinen spezifischen Medienwirkungsansatz, die Befunde sprechen jedoch dafür, dass sich ähnliche Befunde auch in Kultivierungskontexten finden lassen.

TPB und Entertainment-Education

Grundannahmen der Entertainment-Education-Forschung

Ein weiterer Ansatz, der Integrationspotenzial für die TPB bietet, ist der *Entertainment-Education-Ansatz*, der den potenziellen Einfluss von Unterhaltungsangeboten in Kampagnen zur Gesundheitsförderung einsetzt (vgl. Lampert 2007, Singhal & Rogers 2004). Singhal und Rogers (2004: 5) definieren den Ansatz wie folgt: „Entertainment-education is the process of purposely designing and implementing a media message to both entertain and educate, in order to increase audience members' knowledge about an educational issue, create favorable attitudes, shift social norms, and change overt behavior." Konkret werden also gesundheitsfördernde Botschaften in Unterhaltungsangebote, etwa Fernsehserien oder Computerspiele, implementiert, um Wissen, Einstellungen, soziale Normen und Verhalten bestimmter Zielgruppen zu ändern. Im Vergleich zu klassischen Informationskampagnen hat diese Vorgehensweise zwei Vorteile: Zum einen erreichen Unterhaltungsangebote auch solche Zielgruppen, die Informationsangebote wenig nutzen, etwa Jugendliche oder soziale Randgruppen. Zum anderen machen sich Entertainment-Education-Kampagnen den Wirkmechanismus von Unterhaltungsangeboten zunutze, der davon profitiert, dass Rezipierende gleichsam nebenbei überzeugt werden, ohne zu merken, dass sie überzeugt werden sollen.

Bae und Kang (2008) gingen nun davon aus, dass die Nutzung einer Entertainment-Education-Sendung zunächst das Themeninvolvement steigert, welches, so die Annahme, wiederum Einstellungen, subjektive Normen und wahrgenommene Verhaltenskontrolle beeinflusst und somit den TPB-Prozess in Gang setzt. Sie testeten diese Überlegung mit einer Reality-Sendung, welche die Problematik der Hornhautspende thematisierte, und konnten sie bei 2058 Erwachsenen bestätigen. In einer weiteren Studie bezog Bae (2008) zusätzlich die Rolle emotionaler Reaktionen (Sympathie, Empathie) auf die Sendung mit ein und stellte fest, dass die emotionalen Reaktionen einen Katalysator zwischen der Rezeption der Sendung und dem Themeninvolvement darstellten.

Insgesamt ist die Befundlage zur Integration von Kultivierung oder Entertainment Education und der TRA/TPB noch recht dünn. Die dargestellten Studien liefern jedoch vielversprechende Hinweise darauf, dass sich TRA und TPB gut in Medienwirkungsansätze integrieren lassen und eine wichtige Brücke zwischen Mediennutzung und Verhalten schlagen können.

4.2.5 Kommunikator:innenforschung

Während sich Ansätze zur Erklärung von Mediennutzung, Adoption und Informationssuche im Sinne der Lasswell-Formel (1948; wiederabgedruckt 1987: 17) „Who Says What In Which Channel To Whom With What Effect?" am Ende des Kommunikationsprozesses ansiedeln, setzt sich die Kommunikationswissenschaft auch mit dem Ursprung kommunikativer Inhalte – also den Kommunikator:innen – auseinander. Die Forschung zur Frage, wie und warum Journalist:in-

Empirische Belege zum Zusammenhang mit der TPB

TPB in der Journalismusforschung

nen bestimmte Inhalte auswählen und darüber berichten, hat eine lange Tradition (vgl. hierzu auch die Bände zu *Nachrichtenwerttheorie*, Maier et al. 2018, und *Gatekeeping*, Engelmann 2016, in dieser Lehrbuchreihe; im Überblick vgl. z.B. Pürer 2015). Die TPB spielte lange Zeit in diesem Rahmen keine Rolle, obwohl durchaus vorstellbar ist, dass sich journalistische Selektions- und Publikationsentscheidungen handlungstheoretisch gut erklären lassen. Dennoch wurde die TRA/TPB erst in der letzten Dekade vereinzelt auch auf Fragen der Kommunikator:innenforschung angewendet. So untersuchten Guenther et al. (2015) vor dem Hintergrund der TPB, wie Wissenschaftsjournalist:innen in ihrer Berichterstattung mit Unsicherheiten in der wissenschaftlichen Evidenzlage umgehen. In halbstrukturierten Interviews mit Wissenschaftsjournalist:innen (N = 21) identifizierten sie wahrgenommene Verhaltenskonsequenzen, relevante Bezugsgruppen für injunktive und deskriptive Normen sowie Faktoren, die es erleichtern oder erschweren, wissenschaftliche Befunde im Kontext von Nanotechnologien entweder als gesichert oder unsicher zu berichten. Lee, Coleman unf Molyneux (2016) setzten sich unter Bezugnahme auf die TPB mit der Bedeutung sozialer Normen für ethisches Verhalten im Journalismus auseinander. Konkret postulierten sie einen antagonistischen Einfluss von deskriptiven (positiver Einfluss auf ethisches Verhalten) und injunktiven (positiver Einfluss auf unethisches Verhalten) Normen. Die Autor:innen konnten die Annahmen mit einer Befragung von Journalist:innen (N = 374) bestätigen. Einstellungen und wahrgenommene Verhaltenskontrolle wurden allerdings nicht erfasst. Eine weitere Studie befasste sich mit der Frage, welche Faktoren Journalist:innen dazu bewegen, Publikumsfeedback auf sozialen Medien in künftige Selektionsentscheidungen einzubeziehen (Tandoc & Ferrucci 2017). Sie bestätigten die TPB mit einer Befragung von Journalist:innen (N = 360). So beeinflussten Einstellungen, injunktive Norm und wahrgenommene Verhaltenskontrolle die Verhaltensintention, die sich wiederum signifikant auf das Verhalten auswirkte. Lediglich die deskriptive Norm spielte keine Rolle. Eine weitere Studie siedelt sich schließlich im Schnittfeld zwischen Kommunikator:innen- und Adoptionsforschung an und untersuchte die Bereitschaft unter koreanischen Journalist:innen, eigene Blogs zu verfassen (*j-blog adoption*). Sie stellten die Erklärkraft von Motiven, die sich aus dem *Uses-and-Gratifications*-Ansatz ableiteten, und von TPB-Determinanten bzw. Vorstellungen einander gegenüber und zogen den Schluss, dass sich die TPB besser eignet, das Verhalten zu erklären, als die dem *Uses-and-Gratifications*-Ansatz entlehnten Motive. Zwar bleibt hier etwas unklar, inwieweit sich die spezifizierten

Verhaltenskonsequenzen klar von den Motiven abgrenzen lassen (vgl. hierzu auch Kapitel 4.2.1), aber generell deutet auch diese Studie auf die Brauchbarkeit der TPB in der Kommunikator:innenforschung hin.

Dies lässt sich auch dann beobachten, wenn man Laien als Kommunikator:innen in den Blick nimmt. So beschäftigen sich einige Studien mit der Frage, inwieweit unterschiedliche Kommunikationsaktivitäten auf sozialen Medien durch die Determinanten der TRA/TPB erklärbar sind. Soffer und Gordoni (2018) untersuchten in Israel etwa die Frage, welchen Einfluss Einstellungen, subjektive Norm und wahrgenommene Verhaltenskontrolle auf die Absicht, Nachrichteninhalte anonym zu kommentieren, haben und konnten die TPB bestätigen; die subjektive Norm beeinflusste die Intention dabei am stärksten. Karnowski et al. (2018) und Kim et al. (2020) untersuchten vor dem Hintergrund der TRA die Absicht, Nachrichteninhalte auf sozialen Medien zu teilen, und konnten sowohl für Deutschland (Karnowski et al. 2018) als auch für die USA und Südkorea (Kim et al. 2020) einen Einfluss von Einstellungen und subjektiver Norm bestätigen. Lin, Featherman und Sarker (2013) bestätigten die TRA für das Teilen von Informationen in sozialen Medien vollständig. Ham et al. (2014) nahmen die Kreation eigener Inhalte in sozialen Medien in den Blick. In einer qualitativen Studie identifizierten sie zunächst relevante Verhaltensmotive, die als Determinanten der Einstellung mit in das TRA-Modell eingingen. Auf Basis einer standardisierten Befragung zeigten die Autor:innen anschließend, dass die Einstellung von den Motiven „soziale Kognition", „Unterhaltung" und „Selbstdarstellung" abhing und diese die Intention beeinflusste, die wiederum das Verhalten determinierte. Die subjektive Norm hatte hier keinen Einfluss. Park et al. (2011) sowie Yang und Wang (2015) setzten sich mit dem Hochladen bzw. Teilen von Videos auseinander. Erstere fanden lediglich einen Einfluss der deskriptiven Norm und wahrgenommenen Verhaltenskontrolle, während Zweitere feststellten, dass Intention und darüber das Verhalten von subjektiver Norm, Einstellung und dem zusätzlich erfassten wahrgenommenen Vergnügen abhing. Die wahrgenommene Verhaltenskontrolle hatte diese Studie nicht erfasst. Zwei weitere Studien setzten sich schließlich mit dem Posten von Bildern auseinander. Kim et al. (2016) zeigten, dass alle drei TPB-Determinanten die Intention, Selfies zu posten, erklärten und diese wiederum das Verhalten. Lowe-Calverley und Grieve (2018) fanden einen Einfluss von Einstellungen und subjektiver Norm auf die Intention, digital veränderte Bilder auf *Facebook* zu posten, aber keinen Einfluss der wahrgenommenen Verhaltenskon-

TRA/TPB und
Kommunikationsverhalten in
sozialen Medien

trolle. Beide Studien haben Narzissmus als weitere Determinante integriert und fanden dafür ebenfalls einen positiven Zusammenhang.

Insgesamt zeigt die Befundlage, dass sowohl professionelles Publikationshandeln als auch Laienkommunikation in sozialen Medien als rationales Handeln verstanden werden kann, das sich gut durch die TRA bzw. TPB erklären lässt. Auffällig ist, dass sich viele durchaus aktuelle Studien auf die TRA beziehen und die wahrgenommene Verhaltenskontrolle unberücksichtigt lassen. Immerhin vier der fünf dargestellten Studien, die die TPB im Kontext der Kommunikator:innenforschung untersuchten, bestätigen jedoch auch einen Einfluss der wahrgenommenen Verhaltenskontrolle, was einmal mehr für die aktuellere TPB spricht.

4.3 Gesundheitsverhalten
4.3.1 TPB und Gesundheitsverhalten

Erklärung von Gesundheitsverhalten

Empirische Hinweise darauf, dass sich Gesundheitsverhalten ebenso gut mit den Annahmen der TPB erklären lässt wie Verhalten aus anderen Bereichen gibt es zuhauf: Albarracín et al. (2001) und Appiah et al. (2017) bestätigten das Modell etwa für geschützten Geschlechtsverkehr, Lee et al. (2020) für körperliche Aktivität bei Kindern, Hagger et al. (2002a, 2002b) bei Erwachsenen, Chirayil et al. (2014) und Roncancio et al. (2015) für HPV-Screening und -Impfbereitschaft, Bae und Kang (2008) für Organspende, Johnson-Young (2018) im Zusammenhang mit dem Stillverhalten von Müttern, van de Ven et al. (2007) und Tapera et al. (2020) für Rauchverhalten und Stephenson et al. (2005) für Drogenmissbrauch, um nur ein paar ausgewählte Beispiele zu nennen (für einen Überblick über verschiedene Gesundheitsbereiche vgl. z.B. Ajzen & Manstead 2007, Ajzen et al. 2007, McEachan et al. 2011, Montaño & Kasprzyk 2015). Auch Metaanalysen und Systematic Reviews bestätigen die Erklärungskraft der TPB für unterschiedliche Gesundheitsbereiche (z.B. Li et al. 2019 im Kontext von Diätverhalten, Starfelt Sutton & White 2016 für Sonnenschutzverhalten, Riebl et al. 2015 für Ernährungsverhalten von Jugendlichen).

Beeinflussung von Gesundheitsverhalten

Die TRA/TPB wird jedoch nicht nur herangezogen, um Gesundheitsverhalten zu erklären, sondern vor allem auch, um die zentralen Einflussfaktoren des Verhaltens als Basis für Gesundheitsförderungs- und Präventionskampagnen zu identifizieren und so Gesundheitsverhalten zu beeinflussen (vgl. Ajzen 2021a, Fishbein 2000, Hardeman et al. 2002, Montaño & Kasprzyk 2015, Rossmann 2015, Sundstrom et al. 2018; für Anwendungsbeispiele vgl. z.B. Fishbein 1990, Fisher, Fisher & Rye 1995, Gastil 2000, Hardeman et al. 2005, Jemmott, Jemmott & Fong 1992, Rossmann 2013, Stehr, Rossmann et al. 2020, Stehr, Rossmann et al. 2021). Ajzen (2021a) verdeutlicht diese Vorgehensweise in einem Leitfaden zur Kampagnengestaltung. Die Logik besteht darin, zunächst die entscheidenden Determinanten eines spezifischen Gesundheitsverhaltens, zusammen mit den zugrunde liegenden Vorstellungen, mit Hilfe der TPB zu identifizieren. Idealerweise wird dafür das Vorgehen einer klassischen TPB-Studie, bestehend aus einer Vorstudie zur Identifikation salienter Vorstellungen sowie einer quantitativen Erfassung der einzelnen Modellkomponenten, herangezogen (vgl. hierzu Kapitel 3). Entscheidend für die Kampagnenplanung sind dann in der Regel die Komponenten bzw. Vorstellungen, die die Verhaltensintention – und somit das Verhalten – am stärksten beeinflussen.

Schlüsselstudien

Gestaltung einer Kampagne auf Basis der TPB

Diese Vorgehensweise lässt sich am Beispiel einer Studie zu physischer Aktivität und Ernährung verdeutlichen. Ziel der Untersuchung von Maddock, Silbanuz und Reger-Nash (2008) war es, die entscheidenden Botschaften für eine massenmediale Gesundheitskampagne zur Förderung körperlicher Aktivität und gesunder Ernährung zu identifizieren. Sie führten zunächst eine klassische TPB-Studie unter zielgruppenrelevanten Personen durch, um zu erfassen, welche der TPB-Komponenten die Bereitschaft determinieren, täglich mindestens 30 Minuten spazieren zu gehen bzw. täglich eine Portion mehr Obst oder Gemüse zu essen. Im ersten Schritt identifizierten Maddock et al. (2008) in einer Vorstudie die salienten Vorstellungen. Im zweiten Schritt wurde das vollständige Modell an einer größeren Stichprobe getestet. Als eine der entscheidenden Determinanten täglicher Bewegung wurde Zeitmangel – als inhibierender Faktor der wahrgenommenen Verhaltenskontrolle – identifiziert, während der Verzehr von Obst und Gemüse einerseits von sozialen Normen („auch andere essen Obst und Gemüse") und andererseits von der wahrgenommenen Verhaltenskontrolle („Verfügbarkeit von Obst und Gemüse") abhing. Auf Basis dieser und weiterer Erkenntnisse wurde eine Kampagne zur Förderung körperlicher Aktivität entworfen, die die entscheidende Hürde der Verhaltensausübung (Zeitproblem) direkt ansprach.

Konkret vermittelt die sog. „*Step it up*"-*Kampagne* die Botschaft, dass man leicht eine halbe Stunde am Tag spazieren gehen kann, wenn man die 30 Minuten auf drei kurze zehnminütige Spaziergänge verteilt. Diese Botschaft findet sich neben anderen auch heute noch auf der Webseite der Initiative (vgl. Hawaii State Department of Health 2021). Buchthal et al. (2011) evaluierten die „*Step it up*"-*Kampagne* und bestätigten ihre Wirksamkeit – jedoch mit einer Einschränkung. Die Autor:innen stellten fest, dass Personen mit niedrigem sozioökonomischem Status durch die Kampagne schlecht erreicht werden konnten. Diesen Umstand führten sie jedoch weniger auf die TPB-basiert entwickelten Botschaftsinhalte zurück, sondern vielmehr darauf, dass der Auswahl geeigneter Medienkanäle zu wenig Beachtung geschenkt worden war. Dies geht mit dem Kenntnisstand zur Kampagnenforschung konform. Demnach sollten nicht nur Botschaftsinhalte und Appellformen theorie- sowie evidenzbasiert und zielgruppenorientiert identifiziert werden, sondern auch die Verbreitungskanäle (vgl. z.B. Rossmann 2015, 2017).

Zahlreiche Evaluationsstudien belegen die Effektivität von Interventionen, die TRA/TPB-Komponenten adressieren, um eine Veränderung im Gesundheitsverhalten herbeizuführen (z.B. Albarracín et al. 2003, 2005, Kalichman 2007, Rhodes et al. 2007, Stead et al. 2005, Sundstrom et al. 2018). Auch Metaanalysen bestätigen dies. So stellten z.B. Steinmetz et al. (2016) in ihrer Metaanalyse, bestehend aus 123 Evaluationen von TPB-basierten Gesundheitskampagnen zu verschiedenen Gesundheitsbereichen, insgesamt eine mittlere Effektstärke ($d = 0.50$) fest (für weitere Metaanalysen vgl. z.B. Chipojola et al. 2020, Riebl et al. 2015, Tyson, Covey & Rosenthal 2014, Webb et al. 2010).

4.3.2 TPB im Kontext weiterer gesundheitspsychologischer Verhaltensmodelle

Andere Theorien und Modelle des Gesundheitsverhaltens

Die TRA/TPB ist nicht die einzige Theorie, die sich mit der Erklärung und Veränderung von Gesundheitsverhalten auseinandersetzt, gehört jedoch zu den bekanntesten. Weitere zentrale Theorien und Modelle sind das *Health Belief Model* (HBM; Rosenstock 1974, im Überblick Skinner, Tiro & Champion 2015), die *Sozialkognitive Theorie* (SCT; Bandura 2001, 2004, McAlister, Perry & Parcel 2008), das *Transtheoretische Modell der Verhaltensänderung* (TTM, auch *Stages of Change*; Prochaska, DiClimente & Norcross 1992, Prochaska, Redding & Evers 2008), die *Protection Motivation Theory* (PMT; Rogers 1975, 1983) und der *Health Action Process Approach* (HAPA; vgl. Schwarzer 2008, Zhang et al. 2019; siehe hierzu auch Kapitel 5.2). Auch die aus der Motivationspsychologie stammende *Self Determination Theory* (SDT; Deci & Ryan 2000, 2008) wird inzwischen häufig im Kontext von Gesundheitsfragen angewendet (im Überblick vgl. Gillison et al. 2019).

Obwohl sich viele Konstrukte der verschiedenen Verhaltensmodelle ähnlich sind, teilweise sogar identisch, wurde den Unterschieden zwischen den Theorien zunächst mehr Aufmerksamkeit geschenkt als ihren Gemeinsamkeiten (z.B. Weinstein 1993). Dieser Grundgedanke findet sich in etlichen Studien, die die unterschiedliche Erklärungskraft einzelner Modelle gegenüberstellen, wieder. So verglichen Matterne, Diepgen und Weisshaar (2011) sowie Gaube, Fischer und Lermer (2021) u.a. TPB und HAPA und stellten eine leicht höhere Erklärungskraft des HAPA für Verhalten fest. Montanaro und Bryan (2014) beobachteten in einem Vergleich zwischen TPB und HBM, dass Erstere die Benutzung von Kondomen besser erklären konnte. Plotnikoff et al. (2013) verglichen TPB, HBM, SDT, SCT und TTM metaanalytisch im Kontext von körperlicher Aktivität und attestierten der SCT mit 24 Prozent die geringste und der SDT mit 37 Prozent die höchste Erklärungskraft, während die TPB mit 34 Prozent im Mittelfeld lag.

Integration der TPB mit anderen Modellen

Die inkonsistente Befundlage im Zusammenhang mit Modellvergleichen macht deutlich, dass keines der genannten Modelle eindeutig besser geeignet ist, Gesundheitsverhalten zu erklären, als die anderen. Vor diesem Hintergrund greifen Studien bisweilen auch auf Konstrukte mehrerer Modelle zurück, um die zentralen Einflussfaktoren eines Verhaltens als Basis für die Interventionsplanung zu identifizieren (vgl. z.B. Reid & Aiken 2011, Smith & Stasson 2000). Andere wiederum schlagen durch eine Integration mehrerer Theorien auch neue Modelle vor. Dies sei exemplarisch an zwei Themenbereichen mit jeweils unterschiedlichen Modellkombinationen verdeutlicht:

Yang (2015) schlug ein Modell vor, das Konstrukte der TPB und des HBM integriert, und wendete dieses auf die Bereitschaft an, sich gegen H1N1 impfen zu lassen. Die Autorin stellte fest, dass die Konstrukte des HBM die Impfintention ausschließlich über die TPB-Konstrukte beeinflussten und dies die Erklärungskraft des Modells erhöhen konnte. In ähnlicher Weise wiesen mehrere Studien im Kontext von coronabezogenem Schutzverhalten auf das Potenzial hin, dass

Beispiel 1 – Integration von TPB und risikobezogenen Modellen (HBM/PMT)

eine Erweiterung der TPB um die risikobezogenen Konstrukte des HBM (wahrgenommene Bedrohung) oder der PMT (wahrgenommene Vulnerabilität, wahrgenommener Schweregrad einer Erkrankung) mit sich bringt. So zeigten Callow, Callow und Smith (2020) auf Basis einer Befragung von über 60-jährigen Amerikaner:innen (N = 242), dass die Intention, Kontaktbeschränkungen einzuhalten, sowohl von den TPB-Konstrukten Einstellungen und subjektive Norm als auch von wahrgenommenen Barrieren sowie wahrgenommener Bedrohung (Wahrscheinlichkeit und Schweregrad einer Infektion; HBM-Konstrukte) beeinflusst wurde. Prasetyo et al. (2020) stellten auf Basis einer Befragung von Filipinos:as (N = 649) ebenfalls fest, dass die Einhaltung coronabezogener Schutzmaßnahmen durch die TPB-Konstrukte Einstellung, subjektive Norm und wahrgenommene Verhaltenskontrolle bedingt war und darüber hinaus von der wahrgenommenen Vulnerabilität sowie dem wahrgenommenen Schweregrad einer Erkrankung abhing (PMT-Konstrukte). Nicht zuletzt wirkte sich in dieser Studie auch das wahrgenommene Wissen über COVID-19 indirekt positiv auf das Schutzverhalten aus. Vor diesem Hintergrund wendeten auch Rossmann, Reinhardt und Weber (2021) in einer Studie zur Erklärung des coronabezogenen Schutzverhaltens bei Jugendlichen und jungen Erwachsenen in Deutschland (N = 984) ein Modell an, das die TPB um Wissen und Risikowahrnehmung (Wahrscheinlichkeit und wahrgenommene Bedrohung) erweiterte. Die Ergebnisse der Strukturgleichungsanalyse zeigten, dass zwar alle TPB-Determinanten die Verhaltensintention beeinflussten, die stärksten Prädiktoren jedoch (instrumentelle) Einstellungen, Risikowahrnehmung (insbesondere der wahrgenommene Schweregrad) und Wissen waren.

Beispiel 2 – Integration von TPB und SDT im Kontext körperlicher Aktivität

Wie Studien und Metaanalysen zeigen konnten, lässt sich körperliche Aktivität zwar insgesamt gut mit der TPB erklären (z.B. Downs & Hausenblas 2005, Hagger et al. 2002a, Hausenblas, Carron & Mack 1997), allerdings deuten einige Studien auch auf Inkonsistenzen in der Befundlage bei älteren Menschen hin (Alexandris, Barkoukis & Tsormpatzoudis 2007, Gretebeck et al. 2007). Verschiedene Studien setzten sich daher mit der Frage auseinander, inwiefern eine Integration von TPB und SDT (Deci & Ryan 2000, 2008) zu einer verbesserten Verhaltensaufklärung beitragen kann (Chatzisarantis et al. 2002, Chatzisarantis, Hagger & Smith 2006, Fuchs et al. 2016, Hagger & Smith 2006, Hagger et al. 2002b, Hagger et al. 2005; für eine Metaanalyse vgl. auch Hagger & Chatzisarantis 2009). Die meisten bezogen dabei die in der SDT spezifizierten Grundbedürfnisse Autonomie, Kompetenzerleben und soziale Eingebundenheit als Hintergrundfaktoren der TPB-basierten (verhaltens-, norm- und kontrollspezifischen) Vorstellungen in ihr Modell ein. Dies birgt jedoch die Gefahr von Überlappungen, wenn die TPB-Vorstellungen ebenfalls gemessen werden. Fruchtbarer erscheint es, das Konstrukt der Selbstkonkordanz aus der SDT als spezifische Art der Verhaltensintention zu integrieren. So unterscheidet die SDT verschiedene Formen der Motivation, die zwischen intrinsischer (selbstbestimmtes Verhalten) und extrinsischer Motivation (nichtselbstbestimmtes Verhalten) variieren (Deci & Ryan 2000, 2008). Die TPB misst lediglich die Stärke der Verhaltensintention. Fuchs et al. (2016) bezogen diese Unterscheidung erstmals in eine Studie zu körperlicher Aktivität ein und konnten feststellen, dass Intentionsstärke (TPB) und Selbstkonkordanz (SDT) körperliche Aktivität unabhängig voneinander beeinflussten. Stehr et al. (2021) wendeten diesen Gedanken auf eine Studie mit älteren Menschen in Deutschland (N = 865) an und zeigten, dass der Einfluss der TPB-Determinanten auf die Absicht, körperlich aktiv zu sein, unterschätzt worden wäre, wenn man nur die Intentionsstärke betrachtet hätte. So beeinflussten Einstellung und wahrgenommene Verhaltenskontrolle die Intentionsstärke und selbstbestimmte Intention. Für die subjektive Norm zeigte sich hier hingegen kein Einfluss. Letztere beeinflusste jedoch die nicht-selbstbestimmte Intention. Dies kann für die Entwicklung von Kampagnen zur Förderung körperlicher Aktivität bedeutsam sein (ausführlicher vgl. Stehr, Rossmann et al. 2020, Stehr, Rossmann et al. 2021, Stehr, Luetke Lanfer & Rossmann 2021).

Integrative Model und Integrated Behavioral Model

Einige der Begründer:innen der Originalmodelle hatten das Potenzial, das in einer Integration ihrer Modelle liegt, schon Anfang der neunziger Jahre erkannt. So richteten die *National Institutes of Mental Health* (NIMH) zu dieser Zeit einen Workshop aus, auf dem sich die Urheber:innen der Theorien austauschten, um einen gemeinsamen theoretischen Rahmen für die Integration ihrer Theorien zu schaffen (Kasprzyk, Montaño & Fishbein 1998, Fishbein 2000, Montaño & Kasprzyk 2015). Daraus gingen zwei integrierte Modelle hervor: das *Integrative Model* (Fishbein 2000) und das *Integrated Behavioral Model* (Kasprzyk et al. 1998, Montaño & Kasprzyk 2015).

Modell

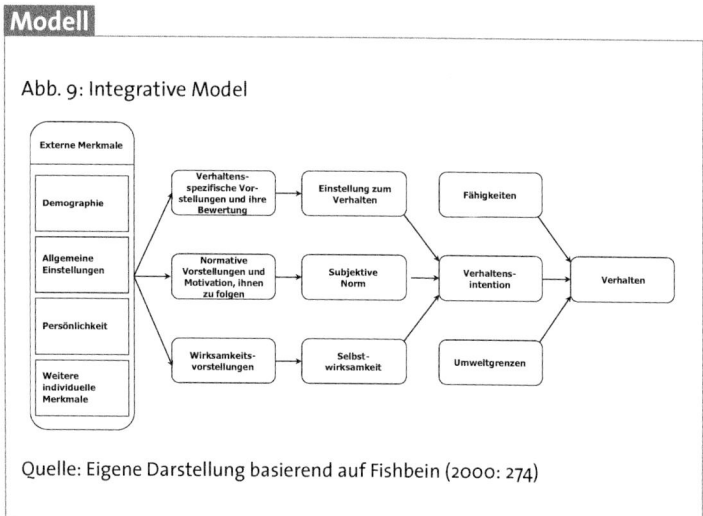

Abb. 9: Integrative Model

Quelle: Eigene Darstellung basierend auf Fishbein (2000: 274)

Integrative Model

Das *Integrative Model* (IM; Fishbein 2000, Fishbein & Yzer 2003, Fishbein & Cappella 2006; vgl. Abbildung 9) geht wie die TPB von drei Komponenten aus, die die Verhaltensintention erklären: Analog zur TRA/TPB sind dies verhaltensspezifische Einstellungen und subjektive Normen. Anstelle der wahrgenommenen Verhaltenskontrolle führte Fishbein (2000) hier das Konstrukt der Selbstwirksamkeit ein. Anders als die wahrgenommene Verhaltenskontrolle, die die wahrgenommene Leichtigkeit oder Schwierigkeit beschreibt, ein bestimmtes Verhalten auszuführen (vgl. Ajzen 2005: 111), bezieht sich die der sozialkognitiven Theorie Banduras entlehnte Selbstwirksamkeit eher auf das generelle Vertrauen in die eigene Fähigkeit, schwierige Verhaltensweisen – Widerständen und Hürden zum Trotz – auszuführen (vgl. Bandura 2001, 2004). Allerdings sind die Konstrukte häufig schwer trennbar und beschreiben bisweilen, je nach Art der Operationalisierung, sogar identische Phänomene (vgl. Ajzen 2002a, Fishbein 2007).

Der zweite entscheidende Unterschied besteht in der Einführung zweier neuer Komponenten, die das Verhalten unmittelbar beeinflussen. Verhalten ist im IM nicht mehr nur von Verhaltensintentionen abhängig, sondern zudem von den Fähigkeiten einer Person (*skills*) und den durch die Umwelt gegebenen Grenzen (*environmental constraints*): Verhalten wird demnach dann am ehesten ausgeführt, wenn jemand eine starke Intention hat, das Verhalten auszuführen, über notwendiges Wissen und Fähigkeiten verfügt, das Verhalten auch tatsächlich ausführen zu können, und wenn durch die Umwelt keine

Grenzen gegeben sind, die die Ausübung des Verhaltens behindern (Fishbein & Cappella 2006: S2).

Für eine fruchtbare Anwendung des Modells gelten dieselben Grundsätze wie für die TRA/TPB: So ist es wichtig, dass das zu erklärende Verhalten im Hinblick auf Handlung, Ziel, Kontext und Zeit klar definiert ist und dass alle Modellkomponenten diesbezüglich denselben Spezifikationsgrad aufweisen (Kompatibilitätsprinzip). Für die erfolgreiche Anwendung in der Gesundheitsprävention gilt es, in Vorstudien zunächst die relevanten Determinanten des spezifischen Verhaltens zu identifizieren, um dann in Kampagnen an diesen Punkten anzusetzen (vgl. Fishbein 2000, Fishbein & Yzer 2003, Fishbein & Cappella 2006). Das Modell wurde auf verschiedene Gesundheitsbereiche angewandt (vgl. z.B. Smith-McLallen & Fishbein 2008 im Kontext von Krebsprävention, Dillard 2011 auf Impfintention, Yzer et al. 2004 für Marihuanakonsum). Auch deuten Evaluationen von Interventionen, die auf der Basis des IM entwickelt wurden, auf das Potenzial des Modells hin (vgl. z.B. Fishbein et al. 1996, Fishbein, von Haeften & Appleyard 2001, Higgins et al. 1997, Kamb et al. 1998, Kasprzyk et al. 1998, Rhodes et al. 2007). Einschränkend muss an dieser Stelle jedoch angemerkt werden, dass sich das IM kaum durchsetzen konnte. Dies dürfte auch dadurch bedingt sein, dass die Abgrenzung zur TPB in der tatsächlichen Umsetzung der Studien z.T. nur schwer erkennbar ist (z.B. Dillard 2001, Smith-McLallen & Fishbein 2008).

Es blieb jedoch nicht allein bei diesem Versuch, Ansätze der Verhaltensänderung in den Rahmen der TRA/TPB zu integrieren, um Gesundheitsverhalten besser verstehen zu können. So entwickelten Kasprzyk, Montaño und Fishbein (1998) mit demselben Grundgedanken, der auch hinter dem IM steht, ein anderes integriertes Modell (vgl. auch Montaño & Kasprzyk 2015), und zwar das *Integrated Behavioral Model* (IBM) (vgl. Abbildung 10).

Integrated Behavioral Model

Modell

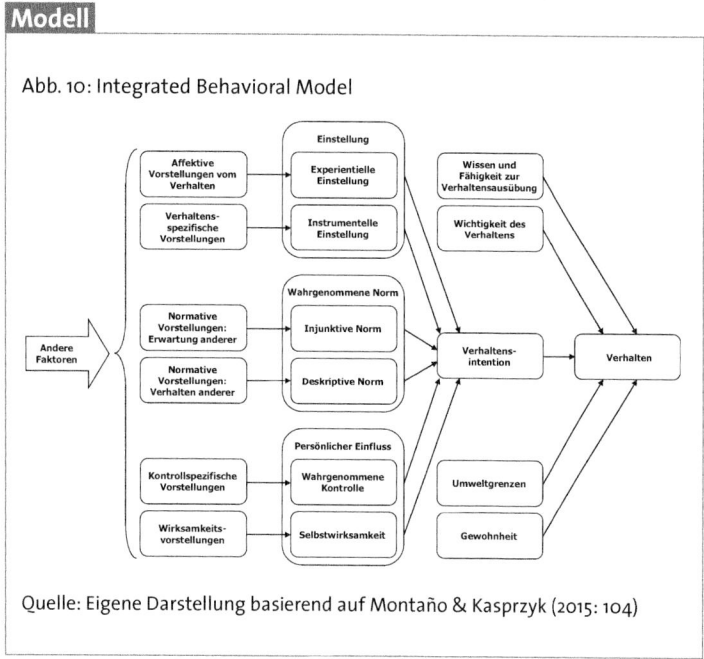

Abb. 10: Integrated Behavioral Model

Quelle: Eigene Darstellung basierend auf Montaño & Kasprzyk (2015: 104)

Auf den ersten Blick scheint sich das Modell deutlich von TRA/TPB und IM zu unterscheiden. Bei näherem Hinsehen wird jedoch klar, dass einige Unterschiede weniger konzeptueller Natur sind als vielmehr der Tatsache geschuldet, dass Montaño und Kasprzyk (2015) die den Einstellungen und Normen zugrunde liegenden Dimensionen (experientiell vs. instrumentell bzw. injunktiv vs. deskriptiv) im Modell getrennt aufführen. Diese Unterscheidung sieht bereits die TPB vor (vgl. in diesem Zusammenhang die Ausführungen zur Operationalisierung der TPB-Konstrukte, Kapitel 3.2). Anders als TRA/TPB und IM integriert das IBM nun sowohl die wahrgenommene Verhaltenskontrolle als auch die Selbstwirksamkeit unter dem Stichwort des persönlichen Einflusses (*personal agency*). Ein weiterer Unterschied besteht in einer erneuten Erweiterung der unmittelbaren Verhaltensdeterminanten. So postuliert das IBM nicht nur Verhaltensintentionen, Fähigkeiten und Umweltgrenzen als Einflussfaktoren, sondern ergänzt diese um die Wichtigkeit des Verhaltens (*salience of the behavior*) und den Faktor Gewohnheit (*habit*). Gemäß dem Modell wird eine Person also ein Verhalten am ehesten dann ausführen, wenn sie beabsichtigt, dies zu tun, entsprechendes Wissen und Fähigkeiten vorliegen, die das Verhalten ermöglichen, wenn es keine ernsthaften Widerstände gibt, die sie daran hindern, das Verhalten für sie bedeutsam ist, und sie das Verhalten früher schon einmal ausgeführt hat (Montaño & Kasprzyk 2015).

Schlüsselstudien

Planung einer Kampagne zur HIV-Prävention mit dem IBM

Die Autor:innen wendeten das Modell auf die Entwicklung einer Kampagne zur HIV-Prävention bei Männern in Zimbabwe an (Kasprzyk & Montaño 2007, Montaño & Kasprzyk 2008). In einer qualitativen Vorstudie wurden zunächst die verschiedenen Vorstellungen (relevante Gefühle, Verhaltenskonsequenzen, Quellen normativer Einflüsse, Faktoren, die die Ausführung des Verhaltens erleichtern oder erschweren, etc.) zur Kondombenutzung mit einem:r festen Partner:in erhoben. Im Anschluss werteten die Autor:innen die qualitativ erfassten Antworten inhaltsanalytisch aus und erstellten eine Liste relevanter Vorstellungen, aus denen sie schließlich einen standardisierten Fragebogen zur quantitativen Erfassung der IBM-Konstrukte entwickelten.

Die Befragungsergebnisse zeigen, dass alle drei Modellkomponenten (Einstellungen, Norm, persönlicher Einfluss) die Bereitschaft zur Kondombenutzung bei den Männern beeinflussten, wobei der Einfluss der Selbstwirksamkeit am stärksten war. Da jedoch alle Komponenten relativ hohe Zusammenhänge mit der Verhaltensintention aufwiesen, wurden in einem zweiten Analyseschritt die jeder Modellkomponente zugrunde liegenden Vorstellungen identifiziert, die diese am deutlichsten beeinflussten. Für die subjektive Norm kristallisierte sich der:die eigene Partner:in als entscheidende Bezugsgröße heraus. Weniger leicht ließen sich die entscheidenden verhaltens- und kontrollspezifischen Vorstellungen identifizieren. Deshalb zogen die Autor:innen zwei weitere Kriterien für die Auswahl der Vorstellungen heran, die in der Kampagne adressiert werden sollten: Fishbein und Cappella (2006) empfehlen erstens, solche Vorstellungen auszuwählen, die nicht von allzu vielen Personen genannt werden, da es oft leichter ist, neue Informationen zu vermitteln als bestehende zu ändern, zweitens sollen solche Vorstellungen ausgewählt werden, die sich durch persuasive Argumente wirklich ändern lassen. Dem ersten Kriterium folgend ermittelten die Autor:innen nun, wie viele Befragte den jeweiligen Vorstellungen zustimmten oder nicht zustimmten. Weniger als 40 Prozent derjenigen, die nicht vorhatten, ein Kondom zu benutzen, nannten folgende Verhaltenskonsequenzen für die Benutzung eines Kondoms mit dem:der Ehepartner:in: „Der:die Partner:in könnte glauben, man empfinde ihn:sie als unrein", „man würde ihn:sie nicht lieben", „man würde ihm:ihr nicht vertrauen" oder „man habe andere Partner:innen". In ähnlicher Weise kristallisierten sich fünf kontrollspezifische Vorstellungen heraus: die wahrgenommene Fähigkeit, ein Kondom zu benutzen, wenn man von der Situation mitgerissen wird, eigener Alkoholkonsum, Alkoholkonsum des:der Partners:in, andere Verhütungsmethoden und Unwillen. Zuletzt wurden die Vorstellungen bestimmt, die durch persuasive Maßnahmen leichter veränderbar sein würden. Die Autor:innen vermuteten, dass die durch den:die Partner:in geprägten Normvorstellungen relativ schwer veränderbar sein würden, wohingegen die genannten verhaltens- und kontrollspezifischen Vorstellungen weniger gefestigt sein dürften. So zogen sie den Schluss, dass die Botschaft, mit dem:der Partner:in über die Kondombenutzung zu sprechen, bis beide einen HIV-Test gemacht haben, und dass dies Ausdruck der Liebe zum:zur Partner:in ist, den:die man schützen will, geeignet sein dürfte, um die Kondomnutzung zu steigern.

Anwendungsbeispiel im
deutschen Kontext

Wie die unter *Schlüsselstudien* dargestellte Untersuchung erneut zeigt, liefert die Anwendung von TPB, IM oder IBM also konkrete Anhaltspunkte dafür, was eine Kampagne inhaltlich vermitteln sollte, und welche Botschaften bei einer bestimmten Zielgruppe geeignet sind, um eine Verhaltensänderung zu erzielen. Auch Rossmann (2013) zog das IBM heran, um die relevanten Verhaltensdeterminanten körperlicher Aktivität bei Erwachsenen in Deutschland (N = 1006) zu identifizieren. In der Studie wurden bei 30- bis 60-jährigen Bundesbürger:innen telefonisch die TPB-Konstrukte zusammen mit den in einer qualitativen Vorstudie identifizierten verhaltens-, norm- und kontrollspezifischen Vorstellungen erfasst. Darüber hinaus wurden Selbstwirksamkeit, Wissen, vergangenes Verhalten und Gewohnheit sowie eine Reihe weiterer Hintergrundmerkmale erhoben. Die Ergebnisse zeigten, dass die Absicht, körperlich aktiv zu sein, in dieser Zielgruppe am stärksten von der wahrgenommenen Verhaltenskontrolle abhing, die wiederum am stärksten von der Vorstellung geprägt war, dass man andere Menschen hat, mit denen man gemeinsam Sport treiben kann. Daraus leitete sich die strategische Empfehlung ab, für die Förderung körperlicher Aktivität bei Erwachsenen in Deutschland vor allem auf Slogans wie „Gemeinsam ist es leichter" zu setzen (vgl. Rossmann 2012, 2013). Die Befunde wurden später anhand eines Online-Experiments (N = 339 Personen zwischen 30 und 60 Jahren) evaluiert. In einem 2x2-Design wurden der Slogan (Faktor 1: Gemeinschaftsappell vs. andere Botschaft) und das Bild (Faktor 2: Darstellung einer Gruppe vs. einer Einzelperson beim Sport) einer Plakatanzeige zur Förderung körperlicher Aktivität manipuliert. Dabei zeigte sich zwar kein Effekt für den Slogan, wohl aber ein Einfluss der Bildversion, was die Bedeutsamkeit des Gemeinschaftsgefühls als Motivator für körperliche Aktivität in der Zielgruppe bestätigte (Reifegerste & Rossmann 2017). Wenn auch nur experimentell und mit kleiner Stichprobe, so deuten auch diese Befunde auf die Bedeutung theorie- und evidenzbasierter Planung von Kampagnen hin. Allerdings spielte es für diese Studie keine Rolle, ob als theoretisches Modell TPB oder IBM herangezogen wurde. So wurde die Verhaltensintention lediglich von der IBM-Komponente Gewohnheit beeinflusst. Da diese jedoch nicht veränderbar ist, machte dies für die konkrete Kampagnenansprache keinen Unterschied.

Auch wenn die Idee eines umfassenden integrativen Modells, das die verschiedenen gesundheitspsychologischen Verhaltensmodelle abdeckt, vielversprechend ist, so haben sich IM und IBM nicht durchsetzen können. Im Einzelfall kann es jedoch durchaus gewinnbringend sein, Faktoren mit einzubeziehen, die über die TPB-Determinanten hinausgehen (vgl. etwa die Beispiele oben zur Integration von TPB mit einzelnen Theorien). Inwieweit diese themenübergreifend anwendbar sind, bleibt zu überprüfen.

Dennoch eignet sich die im Kontext des IBM dargestellte Schlüsselstudie sehr gut, um den Prozess der Kampagnenplanung auf Basis eines Verhaltensmodells wie der TPB oder anderer ähnlicher Modelle zu veranschaulichen. Der folgende Leitfaden stellt die entscheidenden Schritte der theoriegeleiteten Kampagnenentwicklung zusammenfassend dar.

Bedeutung integrierter Modelle

Verfahren

Leitfaden zur Anwendung von TPB, IM oder IBM auf die Kampagnenplanung

Schritt 1	Spezifikation des in Frage stehenden Verhaltens im Hinblick auf Handlung, Ziel, Kontext und Zeit
Schritt 2	Vorstudie zur Identifikation der relevanten Vorstellungen (wahrgenommene Verhaltenskonsequenzen, relevante Bezugspersonen, normative Vorstellungen, Faktoren, die die Ausführung des Verhaltens erleichtern oder erschweren): Durchführung qualitativer Interviews oder einer teilstandardisierten Befragung mit einer Stichprobe aus der Zielgruppe
Schritt 3	Entwicklung eines standardisierten Fragebogens zur Messung der TPB/IBM-Konstrukte. Abfrage der salienten Vorstellungen auf Basis der in der Vorstudie identifizierten Vorstellungen
Schritt 4	Pretest des Fragebogens, um sicherzustellen, dass die Formulierungen der Fragen reliabel und valide sowie soziodemographisch und kulturell adäquat sind; Durchführung der Befragung mit einer der Zielgruppe entsprechenden Stichprobe
Schritt 5	Analyse des Modells und Identifikation der Konstrukte, die die Intention am stärksten determinieren und somit im Fokus der Intervention stehen sollten
Schritt 6	Analyse und Identifikation der verhaltens-, norm- und kontrollspezifischen Vorstellungen, die (1) die Konstrukte am stärksten beeinflussen, (2) nur von wenigen genannt wurden und/oder (3) durch Interventionsmaßnahmen veränderbar sind
Schritt 7	Entwicklung von Kampagnenbotschaften, die die identifizierten Konstrukte und Vorstellungen ansprechen
Schritt 8	Integration der Kampagnenbotschaften in Interventionsmaßnahmen, fundierte Auswahl der Kommunikationskanäle, Aufbereitung der Botschaften je nach Zielgruppe

Quellen: Fishbein und Capella (2006), Montaño und Kasprzyk (2015)

4.4 Ausblick

Die dargestellten Anwendungsfelder der TRA/TPB stellen nur einen kleinen Ausschnitt der umfangreichen Themen dar, auf die sich die TRA/TPB anwenden lässt bzw. bereits angewendet wurde. Die exemplarisch anhand der Themenfelder Mediennutzung, Informationssuche, Adoption, Medienwirkung, Kommunikator:innenforschung und Gesundheit dargestellten Fragestellungen, Potenziale, aber auch Einschränkungen der TRA/TPB sind jedoch durchaus auch auf andere Verhaltensbereiche übertragbar.

Zentrale Forschungsfragen für TPB-Studien ergeben sich in allen denkbaren Anwendungsfeldern: Lässt sich Verhalten auf der Basis der dargestellten TPB-Komponenten erklären? Welche konkreten Vorstellungen liegen Einstellungen, subjektiver Norm und wahrgenommener Verhaltenskontrolle zugrunde und determinieren diese? Häufig wird auch die Frage gestellt, ob die TPB-Konstrukte ausreichen, um das in Frage stehende Verhalten zu erklären oder ob die Erklärungskraft durch Modellerweiterungen verbessert werden kann. Wie in diesem Kapitel jedoch deutlich geworden sein sollte, zeigt das Gros empirischer Studien zur TRA/TPB, dass es in der Regel sehr gut gelingt, Verhalten den Modellannahmen entsprechend zu erklären. *Forschungsfragen*

Das Potenzial einer Anwendung der Theorie geht über die reine Erklärung von Verhalten hinaus. Es besteht darin, Verhalten prognostizierbar und ggf. beeinflussbar zu machen. Die Ausführungen zur Anwendung der TRA/TPB in der Planung von Gesundheitskampagnen lassen sich auch auf andere Bereiche übertragen, in denen man herausfinden möchte, welche Kampagnenbotschaften verhaltenswirksam sind und welche nicht. Denkbar wären hier etwa Kampagnen im Kontext von Klimakommunikation, politische Kampagnen, aber auch eine Anwendung der TRA/TPB im Bereich der klassischen Produktwerbung ist möglich, zumindest dann, wenn es sich um Produkte handelt, die eine rationale Kaufentscheidung erfordern (etwa Produkte aus höheren Preissegmenten). *Potenzial*

Trotz der insgesamt konsistenten Befundlage zur TRA/TPB und deren Potenzial für die angewandte Forschung werden immer wieder Limitationen deutlich, denen sich die Theorie stellen muss. In den oben dargestellten Studien zeigte sich häufiger, dass nicht alle TPB-Komponenten für Verhaltensintentionen entscheidend waren. So spielt die subjektive Norm im Zusammenhang mit Fragen der Mediennutzung häufig keine oder eine untergeordnete Rolle, was sich auch in anderen Anwendungsbereichen zeigte. Andere Studien deuten bisweilen darauf hin, dass sich Verhalten besser erklären lässt, wenn Determinanten mit aufgenommen werden, die über die TPB-Komponenten hinausgehen (z.B. das vergangene Verhalten). Häufig stellt sich auch die oben bereits ausführlich diskutierte Frage, inwieweit habitualisiertes Verhalten durch die Theorie erklärbar ist. Weitere Kritikpunkte und eine ausführliche Diskussion derselben finden sich in Kapitel 6. *Limitationen*

5 Verwandte und konkurrierende Ansätze

Kapitel 4 stellte im Kontext unterschiedlicher Gegenstandsbereiche bereits einige Modellerweiterungen und -adaptionen der TRA/TPB vor. Diese entsprechen in ihrem Kerngedanken jedoch dem der TRA/TPB und beziehen sich auf bewusst überlegtes Handeln. Auch gehen TRA/TPB und viele Modelladaptionen von einem direkten Zusammenhang zwischen Intention und Verhalten aus. An dieser Stelle werden nun mehrere konkurrierende Ansätze zu diesen Grundsätzen vorgestellt: das *MODE-Modell*, Ansätze begrenzter Rationalität (*Theorie der begrenzten Rationalität*, *Modell der Alltagsrationalität*, *Nudging*) sowie Ansätze zur Spezifikation des Intention-Verhaltens-Zusammenhangs (*Rubikonmodell der Handlungsphasen*, *Health Action Process Approach*).

5.1 Das MODE-Modell

Objektbezogene Einstellungen

Auch wenn die TRA/TPB davon ausgeht, dass nicht die allgemeinen Einstellungen zu Objekten das Verhalten determinieren, sondern verhaltensspezifische Einstellungen, blieben einige Forscher:innen der Tradition verhaftet, Verhalten aus objektbezogenen Einstellungen vorherzusagen (Eagly & Chaiken 1993). Den wohl bedeutendsten Erklärungsansatz stellt in diesem Kontext das *MODE-Modell* von Fazio (1986, 1990b, Fazio & Towles-Schwen 1999) dar, das zwei Arten des Einstellungs-Verhaltens-Zusammenhangs unterscheidet.

Dual-Prozess-Modelle

Das *MODE-Modell* lässt sich den Dual-Prozess-Modellen zuordnen, zu denen auch das *Elaboration-Likelihood-Model* (ELM; Petty & Cacioppo 1986, vgl. auch den Band zum *Elaboration-Likelihood-Modell* in dieser Lehrbuchreihe, Klimmt & Rosset 2020) und das *Heuristic-Systematic Model* (HSM; Chaiken et al. 1989) zählen (im Überblick vgl. Chaiken & Trope 1999). Anders als die letztgenannten Modelle setzt sich das *MODE-Modell* jedoch nicht nur mit der Herausbildung von Einstellungen auseinander, sondern auch mit dem Zusammenhang zwischen Einstellungen und Verhalten. Genauso wie ELM und HSM unterscheidet das *MODE-Modell* zwei Prozessmodi, die sich hinsichtlich der Intensität der Auseinandersetzung mit Verhaltensalternativen unterscheiden: Einstellungen können entweder durch intensive und kontrollierte Verarbeitungsprozesse aktiviert werden, bei denen Personen die Vor- und Nachteile eines Verhaltens genau abwägen. Alternativ kann Verhalten aber auch automatisch und spontan von Einstellungen beeinflusst werden, ohne dass sich eine Person aktiv mit den Einstellungen auseinandersetzt und sich ihres Einflusses bewusst ist (vgl. Abbildung 11).

Modell

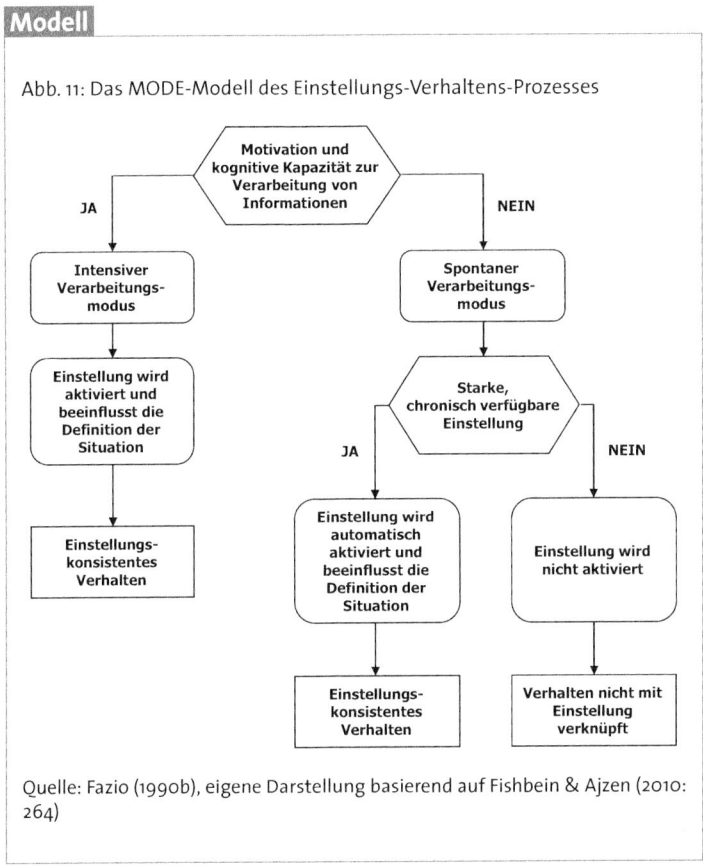

Abb. 11: Das MODE-Modell des Einstellungs-Verhaltens-Prozesses

Quelle: Fazio (1990b), eigene Darstellung basierend auf Fishbein & Ajzen (2010: 264)

Um das Modell zu verstehen, muss man sich zunächst vergegenwärtigen, wie Einstellungen hier definiert werden. Fazio (1995) versteht sie als „association in memory between a given object and a given summary evaluation of the object" (ebd.: 247). Bewertungsobjekt und Bewertung stellen also kognitive Einheiten dar, die über Gedächtnisspuren miteinander verknüpft sind. Je häufiger ein Bewertungsobjekt und eine bestimmte Bewertung aktiviert werden, desto stärker wird die Verknüpfung der beiden Einheiten und desto größer ist die Einstellungsstärke (*attitude strength*). Das obere Ende des Kontinuums bildet eine gut erlernte, starke Verknüpfung, die stark genug ist, um die Bewertung automatisch aus dem Gedächtnis zu aktivieren, wenn das Bewertungsobjekt beobachtet oder erwähnt wird (Fazio 1989: 281). Somit hat die Einstellungsstärke einen Einfluss darauf, wie gut Einstellungen im Gedächtnis verfügbar sind und wie

Einstellungsstärke und Einstellungsverfügbarkeit

schnell auf sie zugegriffen werden kann. Anders ausgedrückt: Mit Zunahme der Einstellungsstärke steigt auch die Einstellungsverfügbarkeit (*attitude accessibility*) (Fazio 1989, 1995). Werden Einstellungen über einen längeren Zeitraum hinweg häufig aktiviert, werden sie *chronisch* und somit längerfristig *verfügbar* (vgl. hierzu auch Higgins & King 1981).

Determinanten des Einstellungs-Verhaltens-Prozesses

Anders als in der TRA/TPB beziehen sich Einstellungen hier nicht zwangsläufig auf Verhalten, sondern auf Bewertungsobjekte ganz allgemeiner Art. Diese Einstellungen können auf zwei verschiedenen Wegen aktiviert werden: (1) spontan und automatisch oder (2) durch kontrollierte intensive Informationsverarbeitung. Die Abkürzung MODE steht für die Annahme, dass Motivation (*Motivation*) und Möglichkeit (*Opportunity*) die entscheidenden Determinanten (*DEterminants*) eines spontanen oder intensiven Einstellungs-Verhaltens-Prozesses darstellen (Fazio 1995: 257). Sind Personen motiviert und kognitiv in der Lage, sich intensiv mit der Verhaltensentscheidung auseinanderzusetzen, werden sie sämtliche im Gedächtnis gespeicherten Einstellungen hervorholen, egal ob diese besonders verfügbar und stark sind oder nicht. In diesem Fall basiert die Entscheidung für ein Verhalten auf einem bewussten Prozess, der die verschiedenen Einstellungen gegeneinander abwägt, um zu einem wohlüberlegten Urteil zu gelangen, etwa so, wie es die TRA/TPB beschreibt (Fazio & Towles-Schwen 1999). Das daraus resultierende Verhalten ist dann immer einstellungskonsistent.

Sind Motivation und Möglichkeit jedoch niedrig, werden nur die Einstellungen aktiviert, die besonders stark und somit chronisch verfügbar sind. Sie beeinflussen zunächst die Wahrnehmung der Situation: Eine positive Einstellung lenkt die spontane Wahrnehmung auf die positiven Merkmale der Situation, eine negative Einstellung führt zu einer entsprechend negativ geprägten Wahrnehmung der Situation. Eine positive Wahrnehmung führt dann eher zur Zuwendung (*approach behavior*), während eine negative Wahrnehmung der Situation eher Vermeidungsverhalten (*avoidance behavior*) auslöst. Ist jedoch keine Einstellung so stark ausgeprägt, dass sie bei niedriger Motivation automatisch aktiviert wird, wird die Wahrnehmung und Beurteilung der Situation von aktuell auffälligen, aber potenziell nicht-repräsentativen Merkmalen des Einstellungsobjektes gelenkt. Dies können dann auch Merkmale sein, die nicht mit der eigenen Einstellung kongruent sind. In der Folge kommt es bei schwachen Einstellungen eher zu einstellungsinkonsistentem Verhalten, wohingegen starke Einstellungen eher ein einstellungskonsistentes Verhalten auslösen (Fazio & Towles-Schwen 1999).

Die Modellannahmen zur Bedeutung von Einstellungsstärke und -verfügbarkeit für die Wahrnehmung und Verarbeitung von Informationen sind empirisch gut belegt. Auch gibt es einige Hinweise darauf, dass die Einstellungsstärke den Einstellungs-Verhaltens-Zusammenhang moderiert (vgl. Fazio 1995). Studien zum Modell selbst beschränken sich in der Regel auf Einstellungs-Verhaltens-Zusammenhänge auf der intensiven Verarbeitungsroute (vgl. im Überblick Ajzen & Fishbein 2005: 186). Zur Vorhersage von Verhalten auf Basis der spontanen Route des *MODE-Modells* lassen sich hingegen nur wenige Belege finden. Dies dürfte nicht zuletzt daran liegen, dass dieser Weg von Einstellungen zum Verhalten in dem Modell letztlich nur sehr oberflächlich expliziert wurde (vgl. Eagly & Chaiken 1993).

Empirische Belege

Auch wenn Fazio (1986) das Modell zunächst als Alternative zur TRA einführte, stellt es aufgrund der fehlenden Konkretisierung des Prozesses, wie Einstellungen konkret zu Verhalten führen, keine vollständige Alternative dar. Eagly und Chaiken (1993: 204) schlagen vor, das *MODE-Modell* besser als Ergänzung und weniger als Alternative zur TRA/TPB zu sehen: Fazio (1986) beschreibt einen *vor* dem Einstellungs-Verhaltens-Zusammenhang ablaufenden Prozess. Somit kommen Einstellungs-Verhaltens-Modelle wie TRA und TPB genau dort ins Spiel, wo Fazios Modell keinen Erklärungsbeitrag mehr leistet. Eine Verknüpfung der beiden Modelle könnte daher ein sinnvoller Schritt sein, um den Einstellungs-Verhaltens-Prozess zu vervollständigen. Zu demselben Schluss, aber mit anderen Argumenten, gelangen Ewoldsen, Rhodes und Fazio (2015), die eine aktuellere Diskussion zum *MODE-Modell* im Kontext von Medienwirkungen vorlegten. Der Beitrag liefert umfangreiche, aktuelle Evidenzen für die Bedeutung von Einstellungsverfügbarkeit für Verhalten. Auch gehen sie in ihrem Beitrag, in Analogie zur Einstellungsverfügbarkeit, auf die Rolle von Normverfügbarkeit (*norm accessibility*) ein und liefern einige Belege dafür, dass auch diese verhaltensrelevant ist. Anders als Eagly und Chaiken (1993) argumentieren sie, dass sich das *MODE-Modell* gut eignet: nicht nur, um die Informationsverarbeitungsprozesse bis zur Einstellungs- oder Normbildung nachzuzeichnen, sondern auch, um den Einstellungs-Verhaltens-Zusammenhang zu beschreiben – und zwar vor allem dann, wenn Verhalten spontan ausgeführt wird. Im Falle einer intensiven, deliberativen Auseinandersetzung mit Einstellungen und Verhalten verweisen die Autor:innen darauf, dass die TRA/TPB möglicherweise eine bessere Erklärung für

Theoretische Verortung

die Prozesse liefert, die hinter dem Verhalten stehen (Ewoldsen et al. 2015: 322).

Über die angeführten Einstellungs-Verhaltens-Zusammenhänge hinaus lässt sich das *MODE-Modell* auch gut anwenden, um eine Brücke zu Medienwirkungen zu schlagen. Wenn wir an dieser Stelle beispielsweise nochmals an die Integration von TRA/TPB und Kultivierungsforschung denken, so wird das Potenzial des *MODE-Modells* als Brücke zwischen Einstellungsbildung und Verhalten ebenfalls deutlich. So deuten Studien zum Entstehungsprozess von Kultivierungseffekten zweiter Ordnung, sprich von durch das Fernsehen geprägten Einstellungen und Wertvorstellungen, darauf hin, dass auch hier Stärke und Verfügbarkeit von Einstellungen eine Rolle spielen (vgl. z.b. Shrum 1999, im Überblick vgl. Rossmann 2008). Die Überlegung ist, dass das Fernsehen durch die Gleichförmigkeit seiner Botschaften bei Vielseher:innen die Stärke und Verfügbarkeit fernsehspezifischer Einstellungen erhöht. Bei Vielseher:innen sind demnach bestimmte fernsehspezifische Einstellungen stärker ausgeprägt als bei Wenigseher:innen. Verknüpft man diese Überlegung nun mit den Überlegungen des *MODE-Modells*, so dürften sich Einstellungen, die durch das Fernsehen geprägt wurden, bei spontaner Informationsverarbeitung eher im Verhalten der Vielseher:innen niederschlagen als in einem intensiven Verarbeitungsmodus (vgl. hierzu auch Ewoldsen et al. 2015).

5.2 Ansätze begrenzter Rationalität

Die Idee, dass nicht jedes Verhalten den handlungstheoretischen Überlegungen des *Rational-Choice*-Ansatzes folgt, lässt sich nicht nur in den sozialpsychologisch geprägten Dual-Prozess-Modellen wiederfinden (vgl. Kapitel. 5.1), sondern auch in anderen Modellen unterschiedlicher wissenschaftlicher Disziplinen. Der Sozial- und Wirtschaftswissenschaftler Simon (1978, 1981) schlug in diesem Kontext die *Theorie der begrenzten Rationalität* vor, Brosius (1995) übertrug diese Idee im Rahmen seiner *Theorie der begrenzten Alltagsrationalität* auf die Wirkung von Nachrichten und Thaler und Sunstein (2011) wandten die Überlegung im Kontext des *Nudging-Ansatzes* auf eine bestimmte Form der Verhaltensbeeinflussung an.

5.2.1 Theorie der begrenzten Rationalität

Wie oben bereits dargestellt, postulieren verschiedene Autor:innen, dass Individuen durchaus nicht immer bewusst überlegt handeln, etwa weil ihnen – z.B. aufgrund mangelnder Möglichkeiten, sich zu informieren, oder eingeschränkter kognitiver Kapazitäten gar nicht alle

Handlungsalternativen bewusst sind, oder auch, weil sie aus unterschiedlichen Gründen nicht motiviert sind, alle Alternativen abzuwägen, um zu einem rational begründbaren Urteil zu kommen. Auf Basis dieser Überlegung entwickelte Simon (1978, 1981, 1993) seine *Theorie der begrenzten Rationalität*. Diese schlägt im Kontrast zum rational handelnden *homo oeconomicus* das Bild des *homo organisans* vor: „Während der *homo oeconomicus* maximiert – d.h. die beste Alternative aus der Menge aller ihm verfügbaren Alternativen auswählt, sucht sein Vetter, der *homo organisans*, befriedigende Lösungen – d.h. er sucht nach einer Handlungsalternative, die befriedigend oder ‚gut genug‘ ist." (Simon 1981: 31, Hervorh. d. d. Verf.)

Der Autor geht also davon aus, dass Personen nicht immer nach dem optimalen Handlungsergebnis streben, sondern ein Anspruchsniveau festlegen, das unterhalb des optimalen Handlungsergebnisses liegen kann. Individuen sind unter bestimmten Umständen schon dann mit einer Verhaltensalternative zufrieden, wenn sie lediglich das potenziell suboptimale Anspruchsniveau erfüllt. Sie streben also nicht unbedingt nach dem maximal erreichbaren, sondern nach dem zufriedenstellenden Nutzen: Sie handeln nach dem Prinzip „Satisfizierung statt Maximierung" (Frey et al. 2001: 385).

Die Wahrscheinlichkeit, dass Personen ihr Anspruchsniveau senken, steigt, wenn sie wenig Zeit haben, nach Informationen zu suchen, oder wenn sie trotz ausführlicher Suche keine befriedigende Handlungsoption für sich gefunden haben. Für das Verhalten bedeutet das konkret: Menschen entscheiden sich aufgrund von Zeitdruck oder Emotionen (z.B. Angst, Freude) für Handlungen, die situationsbedingt angebracht erscheinen, und damit nicht unbedingt für das Verhalten, das aufgrund bewusster Überlegungen adäquat wäre. Nun mag man vielleicht annehmen, dass Menschen in solchen Situationen dann, im Sinne handlungstheoretischer Nutzenansätze, nicht mehr rational handeln; dies bedeutet jedoch nicht, dass sie nicht vernünftig handeln. Entsprechend konstatiert Simon (1978: 14): „'Reasonable men' reach ‚reasonable' conclusions in circumstances where they have no prospect of applying classical models of substantive rationality." In Situationen, die die Anwendung klassischer Rationalitätsüberlegungen nicht zulassen, gelangen ‚vernünftige Menschen' also dennoch zu einem ‚vernünftigen' Schluss.

5.2.2 Modell der Alltagsrationalität

Diese Überlegung findet sich im *Modell der Alltagsrationalität* wieder, das Brosius (1995) im Kontext der Rezeption von Nachrichten entwickelt hat. Der Begriff der Alltagsrationalität beschreibt einen

Gegenentwurf zum Verständnis des wissenschaftlich rational handelnden Menschen. Genauso wie die *Theorie der begrenzten Rationalität* geht das *Modell der Alltagsrationalität* davon aus, dass Menschen nicht immer alle theoretisch zur Verfügung stehenden Informationen in Erwägung ziehen, um zu einer Entscheidung zu gelangen. Ganz bewusst entscheidet sich Brosius (1995) dagegen, es als irrational zu bezeichnen, wenn Menschen nicht alle verfügbaren Informationen einbeziehen. Vielmehr handeln Menschen in diesem Fall im Sinne einer übergeordneten Rationalität, die sie zu einem schnelleren Urteil kommen lässt und somit im Alltag handlungsfähiger macht.

Alltagsrationalität in der Nachrichtenrezeption

Konkret impliziert Alltagsrationalität in der Nachrichtenrezeption nun zweierlei: (1) Rezipient:innen entscheiden selbst darüber, wann sie Nachrichten vollständig und somit im rationalen Sinne verarbeiten und wann sie dies nur unvollständig tun. (2) Rezipient:innen gehen mit den Informationen aus den Nachrichten so um, wie sie es aus ihrem Alltag gewohnt sind, und vernachlässigen statistische Informationen zugunsten anschaulicher Beschreibungen von Einzelfällen. Beides lässt sich mit empirischen Erkenntnissen aus Kognitionspsychologie und Kommunikationswissenschaft gut belegen: Zum einen legen die umfangreichen Befunde aus der Fallbeispielforschung nahe, dass Rezipierende dazu neigen, sich bei der Wahrnehmung und Beurteilung von Sachverhalten eher auf Einzelfallinformationen zu stützen als auf die eigentlich valideren statistischen Aussagen (vgl. Brosius 1995, Daschmann 2001, Zillmann & Brosius 2000, für einen Überblick vgl. auch den Band zu *Fallbeispieleffekten* in dieser Lehrbuchreihe, Krämer 2021). Zum anderen liefern die zahlreichen Studien zum *Elaboration-Likelihood-Model* (Petty & Cacioppo 1986, vgl. auch den Band zum *Elaboration-Likelihood-Modell* in dieser Lehrbuchreihe, Klimmt & Rosset 2020) und zum *Heuristic-Systematic Model* (Chaiken, Liberman & Eagly 1989) umfangreiche Belege dafür, dass Menschen Informationen nicht immer intensiv und vollständig verarbeiten, um ein Urteil zu fällen, sondern häufig auch über verkürzte Entscheidungswege zu einem Urteil gelangen (siehe hierzu auch Kapitel 5.1). Ausschlaggebend für den einen oder anderen Entscheidungsweg sind einerseits die Motivation der Rezipierenden, sich mit den Informationen intensiv auseinanderzusetzen, und andererseits ihre kognitiven Fähigkeiten, dies tun zu können. Wählen sie den verkürzten Entscheidungsweg, etwa weil ein Thema für sie von untergeordneter Bedeutung ist, weil die Konsequenzen der Entscheidung z.B. nicht schwer wiegen oder weil schlichtweg die Zeit nicht ausreicht, um sich intensiver mit der Thematik zu beschäftigen, so handeln Personen im alltagsrationalen Sinne durchaus rational, da der Entscheidungsweg der Situation angemessen ist.

5.2.3 Nudging

Auch der aus der Ökonomie stammende *Nudging-Ansatz* (Thaler & Sunstein 2008) fußt auf dem Grundgedanken, dass Menschen in ihrer Rationalität und Informationsverarbeitung begrenzt sind (Kahnemann 2011, Tversky & Kahneman 1974). Anders als die Theorie der Alltagsrationalität, die verkürzte Entscheidungswege im alltagsrationalen Sinne als durchaus rational beschreibt, geht der *Nudging-Ansatz* davon aus, dass Menschen dazu neigen, suboptimale Entscheidungen zu treffen, wenn sie von rational-kalkulierenden Entscheidungswegen abweichen. Daher will *Nudging* Menschen, die häufig eine für sie ungünstige (z.B. ungesunde) Verhaltensoption wählen, durch Verhaltensimpulse (*Nudges*) zu einem für sie günstigeren (z.B. gesünderen) Verhalten bewegen. Ein *Nudge* kann dabei jedes Element innerhalb einer Entscheidungssituation bzw. in der Umwelt der Entscheidenden (Entscheidungsarchitektur) sein, das bewusst und kontrolliert manipuliert wird, um in vorhersagbarer Weise auf die Entscheidung von Individuen einzuwirken, ohne dass dabei eine andere zur Verfügung stehende Handlungsalternative verboten oder mit zusätzlichen Kosten belegt wird.

Grundidee und Begriffe

In den vergangenen Jahren wurde der Einsatz von *Nudging* in unterschiedlichen Verhaltensbereichen theoretisch diskutiert, empirisch untersucht und in politischen und gesundheitsbezogenen Bereichen praktisch eingesetzt. So kann man die Wirkweise von *Nudging* im Kontext der gesetzlichen Rahmenbedingungen zur Organspende beobachten. In Ländern mit einer Widerspruchslösung (solange man nicht widerspricht, gilt man als potenzielle:r Organspender:in; z.B. Schweden) ist die Bereitschaft zur Organspende vielfach höher als in Ländern mit Zustimmungslösung (Individuen müssen die Zustimmung zur Organspende explizit machen; z.B. Deutschland). Solche *Nudges* setzen an der Beobachtung an, dass Menschen dazu neigen, sog. Standardeinstellungen (*defaults*) beizubehalten, da eine bewusste Entscheidung gegen jene Standards einen höheren Aufwand bedeutet (Morgan, Deedat & Kenten 2015, Rithalia et al. 2009). *Nudges* werden außerdem eingesetzt, um Menschen bei der Wahl ihrer Krankenversicherung zu unterstützen (Johnson et al. 2013), informierte Patient:innenentscheidungen zu ermöglichen (Cohen 2013) oder damit sie Treppen statt Aufzüge benutzen (Meyer et al. 2010). Zahlreiche weitere Beispiele stammen aus dem Ernährungskontext: So werden Menschen in Kantinen oder Supermärkten etwa durch kleinere Tel-

Beispiele

ler- und Bechergrößen oder Umpositionierung gesunder Lebensmittel angeregt, weniger oder gesünder zu essen (im Überblick vgl. Li & Chapman 2013, Thaler & Sunstein 2008, 2011).

Abgrenzung zur Persuasionsforschung

Aus Sicht der Kommunikationswissenschaft verschwimmen viele Beispiele aus dem *Nudging-Kontext* mit der langen Tradition der Persuasionsforschung. So werden beispielsweise auch die unterschiedlichen Wirkungen von Gewinn- versus Verlustframes (Rothman & Salovey 1997, Rothman, Stark & Salovey 2006, für ein aktuelles Beispiel im Kontext der Corona-Impfung vgl. auch Reinhardt & Rossmann 2021) im *Nudging-Kontext* diskutiert (Li & Chapman 2013). Die theoretischen und empirischen Erkenntnisse dahinter sind also nicht neu, sondern wurden in Ökonomie und Politikwissenschaft mit einem neuen Label versehen und für Anwender:innen fruchtbar gemacht.

Einordnung

Für dieses Buch ist der *Nudging-Ansatz* vor allem deshalb relevant, weil er eine gänzlich andere Sichtweise auf die Fundierung von Maßnahmen zur Verhaltensänderung (z.B. Gesundheitsförderungskampagnen, politische Kommunikation, Produktwerbung) nahelegt als rationale Verhaltensmodelle wie TRA/TPB. Während Kommunikationsmaßnahmen zur Verhaltensänderung im Kontext der TRA/TPB zunächst verhaltensrelevante Determinanten (z.B. wahrgenommene Verhaltenskonsequenzen, Barrieren) identifizieren, um den rationalen und informierten Entscheidungsweg durch geeignete Botschaften zu beeinflussen (vgl. Kapitel 4.3), versuchen *Nudging-Maßnahmen* Verhaltensentscheidungen hervorzurufen, die dem Individuum zwar (vermeintlich) zugutekommen, ihm:ihr aber nicht bewusst sind (für eine ethische Diskussion des *Nudgings* vgl. auch Schmidt & Engelen 2020).

5.3 Ansätze zur Spezifikation des Intention-Verhaltens-Zusammenhangs

Ein zentraler Kritikpunkt, den sich die TRA/TPB genauso wie eine Reihe anderer psychologischer Verhaltensmodelle gefallen lassen müssen, ist, dass sie die psychologischen Prozesse, die zwischen der Herausbildung einer Intention und der tatsächlichen Ausführung des entsprechenden Verhaltens ablaufen, nicht zufriedenstellend beschreiben (Eagly & Chaiken 1993), und somit auch an Grenzen stoßen, wenn es um längerfristiges Verhalten, insbesondere die Aufrechterhaltung von Verhalten, geht. Dieses Problem wird unter dem Aspekt der Intentions-Verhaltens-Lücke diskutiert (vgl. Fishbein & Ajzen 2010, Sheeran 2002). Die Sozialpsychologie hat vor diesem Hintergrund auch Modelle hervorgebracht, die an der Schnittstelle zwischen Intention und Verhalten ansetzen und diese spezifizieren.

5.3.1 Rubikonmodell der Handlungsphasen

Das motivationspsychologisch geprägte Rubikonmodell der Handlungsphasen (vgl. Achtziger & Gollwitzer 2006, Gollwitzer 1996, Heckhausen, Gollwitzer & Weinert 1987; für einen kurzen Überblick vgl. Frey et al. 2001) unterteilt den Handlungsverlauf in vier verschiedene Phasen, die in Abbildung 12 dargestellt sind.

Modell

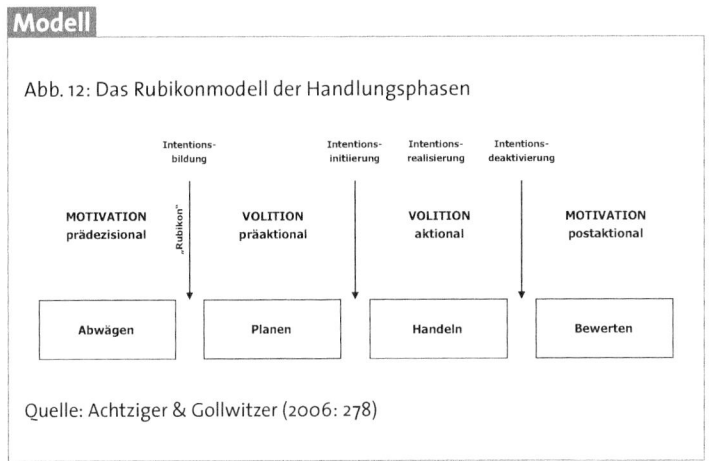

Abb. 12: Das Rubikonmodell der Handlungsphasen

Quelle: Achtziger & Gollwitzer (2006: 278)

Ausgangspunkt ist die Überlegung, dass Menschen in der Regel mehr Wünsche haben als sie verwirklichen können. In der ersten Phase des Handlungsverlaufs wägen Personen daher zunächst verschiedene Wünsche, Handlungsoptionen und deren Handlungskonsequenzen nach ihrer Realisier- und Wünschbarkeit gegeneinander ab (*prädezisionale Phase*). Die so gefällte Entscheidung für einen bestimmten Wunsch verwandelt diesen in ein verbindliches Ziel. An dieser Stelle überschreiten Personen bildlich gesprochen den Rubikon, so wie Julius Cäsar einst durch Überschreiten des italienischen Flusses Rubikon den Entschluss umsetzte, einen Krieg anzuzetteln. Damit beginnt die Planungsphase. Hier werden Strategien entworfen, mit denen sich das gewählte Ziel erreichen lässt. In der dritten Phase werden diese Strategien umgesetzt und die Intention wird realisiert. Das Ergebnis dieser Handlung wird schließlich in der vierten und letzten Phase bewertet: Ist eine Person mit dem Ergebnis zufrieden, deaktiviert sie das gesetzte Ziel; ist dies nicht der Fall, so besteht die Möglichkeit, das Anspruchsniveau zu senken und somit ebenfalls das Ziel zu deaktivieren, oder neue Handlungsstrategien zu suchen, um das gesetzte Ziel doch noch zu erreichen (vgl. Achtziger & Gollwitzer 2006, Frey et al. 2001).

Handlungsphasen

Ziele vs. Vorsätze

Das *Rubikonmodell* zeichnet sich nicht nur dadurch aus, dass es den Intentions-Verhaltens-Zusammenhang konkretisiert, sondern auch dadurch, dass es den Intentionsbegriff ausdifferenziert (vgl. Achtziger & Gollwitzer 2006). So unterscheiden die Autor:innen Zielintentionen (Absichten, *goal intentions*) von Durchführungsintentionen (Vorsätze, *implementation intentions*): Unter Absichten werden erwünschte Endzustände verstanden, die erreicht werden sollen. Einfach ausgedrückt handelt es sich dabei um das, was landläufig mit Zielen gemeint ist (z.b. „Ich will mehr über Thema XY erfahren."). Vorsätze sind dagegen konkrete Pläne, die die Umsetzung der Ziele unterstützen. In Vorsätzen wird festgelegt, wann, wo und wie man die Zielintention realisieren will (z.b. „Heute Abend werde ich im Internet gezielt nach Informationen zu Thema XY suchen."). Zahlreiche empirische Belege zeigen, dass Vorsätze über unterschiedliche kognitive Prozesse die Wahrscheinlichkeit erhöhen, dass Zielintentionen umgesetzt werden (im Überblick Achtziger & Gollwitzer 2006, Frey et al. 2001).

Theoretische Verortung

Die TRA/TPB geht lediglich von einem Intentionstyp aus – der Zielintention. Der Intentionstyp der Vorsätze wird nicht berücksichtigt. Möglicherweise ließe sich die Vorhersage von Verhalten durch die Ausdifferenzierung von Intentionen in Ziel- und Durchführungsintentionen verbessern. Zumindest deutet die empirische Lage zur Bedeutung von Vorsätzen darauf hin, dass die Realisierungschance der Zielintention durch Vorsätze steigt. Damit, so Frey et al. (2001: 391), „ignorieren die Fishbein- und Ajzen-Modelle eine wichtige, jeder Person zur freien Verfügung stehende Strategie der Erhöhung des Zusammenhangs von (Ziel-)Intentionen und Verhalten, nämlich das Fassen von Vorsätzen."

In neueren Publikationen gehen Fishbein und Ajzen (2010: 358f.) auf das Potenzial ein, das die Berücksichtigung von Durchführungsintentionen bietet. Mit ihrer Hilfe kann, so die Argumentation der Autoren, auch die Effektivität von Gesundheitskampagnen gesteigert werden. Hintergrund der Überlegung ist, dass sich fehlende Zusammenhänge zwischen Verhaltensintention und Verhalten häufig schlichtweg damit erklären lassen, dass Menschen ihre Intention vergessen. Wenn man Personen nun dazu bringt, konkrete Vorsätze zu formulieren, lässt sich dieses Problem eingrenzen und die Menschen setzen das, was sie sich vornehmen, eher um. Dieser Effekt konnte bereits in verschiedenen Studien belegt werden (vgl. z.B. Sheeran & Orbell 1999 zur Einnahme von Vitaminpillen, Verplanken & Faes 1999 zu gesunder Ernährung oder Orbell, Hodgkins & Sheeran 1997 zur

Tastuntersuchung der eigenen Brust). Sommer (2011) schlägt vor dem Hintergrund dieser Erkenntnisse ein Modell vor, das TPB und das Rubikonmodell der Handlungsphasen integriert, indem es anstatt der Intention des TPB-Modells zwischen Ziel- und Implementierungsintentionen unterscheidet.

5.3.2 Health Action Process Approach

Auch der vom deutschen Psychologen Ralf Schwarzer vorgelegte *Health Action Process Approach* (HAPA; Schwarzer 2008) knüpft an die Überlegung an, dass nicht alle Intentionen zwangsläufig in Verhalten umgesetzt werden, und unterscheidet mehrere Handlungsphasen im Zusammenhang mit Gesundheitsverhalten. Konkret differenziert das Modell (vgl. Abbildung 13) zwischen der prä-intentionalen Motivationsphase (*motivational phase*) und der post-intentionalen Willensphase (*volitional phase*).

In der ersten Phase bildet ein Individuum eine Verhaltensabsicht heraus, die von ähnlichen Faktoren determiniert wird, wie dies aus anderen Modellen, u.a. TPB und HBM, bereits bekannt ist: Selbstwirksamkeit (*action self-efficacy*), Ergebniserwartungen (*outcome expectations*) und Risikowahrnehmung (*risk perception*).

Prä-intentionale Motivationsphase

Als Brücke zwischen Intention und Verhalten postuliert das Modell Instruktionen zur konkreten Verhaltensumsetzung, die sich auf die Handlung (*action planning*) und den Umgang mit Barrieren (*coping planning*) beziehen. Diese ähneln den in den Handlungsphasen des Rubikonmodells spezifizierten Implementierungsinstruktionen. Der Umgang mit Barrieren wird neben der Intention auch von der motivationalen Selbstwirksamkeitserwartung (*motivational self-efficacy*) determiniert. Auch das Verhalten selbst wird im Modell in zweierlei Hinsicht differenziert. So unterscheidet das Modell zwischen der Handlungsinitiierung (*initiative*) und -aufrechterhaltung (*maintenance*), wobei die Aufrechterhaltung eines Verhaltens, dem Modell nach, insbesondere von der Selbstwirksamkeitserwartung beeinflusst wird – in diesem Fall der Erwartung, mit Fehlschlägen bei der Verhaltensumsetzung umgehen zu können (*recovery self-efficacy*).

Post-intentionale Willensphase

Modell

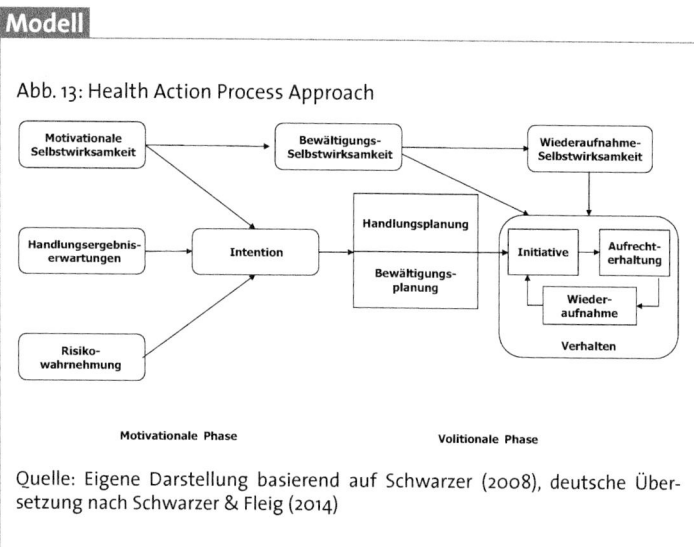

Abb. 13: Health Action Process Approach

Quelle: Eigene Darstellung basierend auf Schwarzer (2008), deutsche Übersetzung nach Schwarzer & Fleig (2014)

Kritische Würdigung

Wie Zhang et al. (2019) in ihrer Metaanalyse von 95 Studien mit insgesamt 108 unabhängigen Stichproben zeigten, finden sich inzwischen zahlreiche Studien, die Gesundheitsverhalten aus unterschiedlichen Bereichen mit dem HAPA erklären. Insgesamt, so das Ergebnis der Metaanalyse, lässt sich das Modell bestätigen, auch wenn der Einfluss der unterschiedlichen Modellfaktoren je nach Gesundheitsbereich und Zusammensetzung der Stichprobe unterschiedlich stark ausgeprägt ist. Zudem zeigen modellvergleichende Studien, dass das HAPA bisweilen mehr Varianz im Verhalten aufklärt als die TPB (z.B. Matterne et al. 2011 in einer Längsschnittstudie zu Sonnenschutzverhalten: durch TPB erklärte Varianz 30 Prozent, durch HAPA erklärte Varianz 33 Prozent; Gaube et al. 2021 in einer Querschnittstudie zu Händehygiene im Krankenhaus: durch TPB erklärte Varianz 40 Prozent, durch HAPA erklärte Varianz 44 Prozent). Jedoch ist auch die TPB durchaus geeignet, nicht nur kurzfristiges oder einmaliges Verhalten zu erklären, etwa Impfung oder Vorsorgeuntersuchungen, sondern auch langfristiges Verhalten wie körperliche Aktivität oder Ernährungsverhalten (vgl. z.B. die Metaanalyse von McEachan et al. 2011). Gerade wenn auch das vergangene Verhalten als weiterer Faktor in solchen Kontexten erfasst wird, erhöht sich die erklärte Verhaltensvarianz (Hagger et al. 2018, McEachan et al. 2011). Vor diesem Hintergrund hängt eine Entscheidung für das eine oder andere Modell sicher auch immer von Ziel und Kontext der Modellanwendung ab. Wenn es etwa darum geht, eine theorie- und evidenzbasierte Kampagne zu entwickeln, und bekannt ist, dass die Zielgruppe bereits motiviert ist, ein Verhalten umzusetzen, aber dazu nicht in der Lage ist, so sollten die Faktoren der volitionalen Phase des HAPA unbedingt einbezogen werden. Häufig geht es aber darum, eine Zielgruppe überhaupt erst zur Herausbildung einer Verhaltensabsicht zu motivieren. In diesem Fall eignet sich die TPB vermutlich besser, da sie durch die Spezifikation von einstellungs-, norm- und kontrollspezifischen Vorstellungen im ersten Schritt eine größere Offenheit für die Zielgruppe erlaubt.

6 Kritik

Die TPB gehört zu den meistuntersuchten und bestbelegten Theorien zur Erklärung von Verhalten. Zahlreiche Studien setzten sich seit den ausgehenden sechziger Jahren mit der postulierten Erklärung von Verhalten auseinander und lieferten verschiedenste Belege für die Modellannahmen. Auch Metaanalysen bestätigen die empirische Gültigkeit des Modells (vgl. z.B. Albarracín et al. 2001, Armitage & Conner 2001, Hagger et al. 2002a, Hagger et al. 2016, Hagger et al. 2018, Li et al. 2019, Manning 2009, McEachan et al. 2011, Starfelt Sutton & White 2016). Auch wird die Brauchbarkeit der Theorie dadurch evident, dass sie in der Lage ist, nicht nur Verhalten aus einzelnen Bereichen zu erklären, sondern unterschiedlichste Verhaltensweisen, etwa Konsumentscheidungen, Verkehrsmittelwahl, Klimaschutz, Karriereentscheidungen, politische Partizipation, Gewaltverhalten und nicht zuletzt Mediennutzung, Informationssuche, Adoption neuer Technologien, Publikationsverhalten und Gesundheitsverhalten (vgl. Kapitel 1.3, Kapitel 4). Dennoch muss sich die TRA/TPB eine Reihe konzeptueller und empirischer Kritikpunkte gefallen lassen. Für eine sehr kritische Perspektive sei auf den Beitrag von Sniehotta, Presseau & Araújo-Soares (2014) „Time to retire the theory of planned behaviour" und die Gegenreaktionen von Ajzen (2015b) und Armitage (2015) verwiesen. Im Folgenden werden die wichtigsten Kritikpunkte zusammengefasst und diskutiert.

Kritik am Basiskonzept

Spontanes, unbewusstes Verhalten

Ein Kritikpunkt, der die TRA/TPB in ihren Grundannahmen angreift, betrifft den auf rationales Verhalten beschränkten Geltungsbereich der TRA/TPB. So kann die TRA/TPB Verhalten nur dann zuverlässig erklären, wenn dieses bewusst und rational überlegt ist. Außerhalb des Geltungsbereichs der TRA/TPB liegt somit spontanes – also nicht über Intentionen vermitteltes – Verhalten, das durch Emotionen oder andere nicht-kognitive oder irrationale Verhaltensdeterminanten ausgelöst wird (vgl. Jonas & Doll 1996; siehe auch Sheeran, Gollwitzer & Bargh 2013 und Kapitel 5.2). Die Begründer der TRA/TPB wehren sich gegen diese Kritik. Ihrer Ansicht nach wird die Theorie hier missverstanden, denn, so die Autoren, „there is nothing in our theory to suggest that people are rational or that they behave in a rational manner" (Fishbein & Ajzen 2010: 301). Vielmehr entwickeln die Menschen im Laufe ihres Lebens verschiedene einstellungs-, norm- und kontrollspezifische Vorstellungen, die der Realität nahekommen können, aber durchaus auch verzerrt sind. Wie zuverlässig die Quellen dieser Vorstellungen auch immer sind,

Menschen werden ihre Intention spontan und unvermeidlich auf Basis dieser Vorstellungen bilden. „It is only in this sense that behavior is considered to be reasoned." (Fishbein & Ajzen 2010: 301) Dieses Argument trifft aber nur einen Teil der Kritik, die sich ja auch darauf bezieht, dass Verhalten häufig gar nicht intentional gesteuert ist. Hier argumentieren Fishbein und Ajzen (2010), dass bei spontanem, vermeintlich nicht-intentionalem Verhalten einstellungs-, norm- und verhaltensspezifische Vorstellungen automatisch aktiviert werden und diese eine spontane Intention auslösen. Dieser Punkt hängt eng mit dem folgenden zusammen.

Denn auch im Zusammenhang mit habitualisiertem Verhalten wird die Gültigkeit der TRA/TPB häufig in Frage gestellt. Dieser Aspekt wurde im Kontext der Mediennutzung bereits diskutiert (siehe Kapitel 4.2.1). Bestimmte Verhaltenssequenzen, wie das Lesen aktueller Statusmeldungen auf *Instagram*, werden mit häufiger Wiederholung zur Routine und in der Folge unbewusst und automatisiert ausgeführt, ohne die zugrunde liegenden Kognitionen erneut abzuwägen (vgl. Verplanken & Aarts 1999). Ajzen (2005) konstatiert, dass die TPB auch im Rahmen habitualisierter Handlungen gültig ist, da jede habitualisierte Handlung irgendwann einmal durch eine bewusste Entscheidung ausgelöst wurde und somit auf denselben Kognitionen beruht wie nicht-habitualisierte Handlungen, auch wenn diese später nicht mehr ausgelöst werden. Allerdings sind sich Psycholog:innen nicht ganz einig, ob Intentionen bei habitualisiertem Verhalten eine Rolle spielen oder nicht. Ouellette und Wood (1998) sowie Gollwitzer (1999) gehen eher davon aus, dass stark habitualisiertes Verhalten ganz ohne kognitive Beteiligung auskommt und durch internale oder externale Stimuli automatisch ausgelöst wird. Intentionen spielen nach dieser Ansicht bei habitualisiertem Verhalten keine Rolle mehr; sie sind ein guter Prädiktor für neues Verhalten, verlieren aber ihre Vorhersagekraft, wenn Verhalten zur Routine geworden ist. Befunde zur Anwendbarkeit der TRA/TPB auf habitualisiertes Verhalten sind nicht konsistent, weshalb sich das Problem empirisch bislang nicht lösen lässt. Daher gilt es, dieser Frage in Zukunft weiter Beachtung zu schenken (vgl. für eine ausführliche Diskussion Ajzen 2002b, 2011).

Habitualisiertes Verhalten

Ein weiterer Aspekt, der die TRA/TPB in ihrer Grundkonzeption angreift, betrifft die Frage nach der Vollständigkeit der Modellkomponenten (vgl. Loken 1983, Jonas & Doll 1996, Conner & Armitage 1998). Die TPB beansprucht, Verhalten mit den Modellkomponenten Intention, Einstellung, subjektive Norm und wahrgenommene Ver-

Vollständigkeit

haltenskontrolle vollständig erklären zu können. Andere darüberhin-
ausgehende Faktoren beeinflussen das Verhalten dem Modell nach
entweder gar nicht oder nur indirekt über die Modellkomponenten.
Eine Reihe von Studien hat die Suffizienzannahme der TRA/TPB
überprüft (für eine Übersicht vgl. Eagly & Chaiken 1993). Insgesamt, so resümieren Eagly und Chaiken (1993), kann weder die TRA
noch die TPB als vollständig gelten. Denn immer wieder lassen sich,
je nach Verhaltensbereich, Attribute feststellen, die das Verhalten unabhängig und über die Modellkomponenten hinaus beeinflussen. Im
Rahmen von Gesundheitsverhalten wurden etwa Wissen und Fähigkeit, Bedeutung des Verhaltens, Umweltgrenzen und Habitualisierung als zusätzliche Determinanten identifiziert (Montaño & Kasprzyk 2015). Bisweilen wird auch die mangelnde Berücksichtigung
von affektiven Einstellungen bemängelt (vgl. z.B. Conner et al.
2013). In engem Zusammenhang mit der Habitualisierung von Verhalten steht außerdem die Einbeziehung des vergangenen Verhaltens
als Prädiktor zukünftigen Verhaltens. Es ist wenig überraschend, dass
das vergangene Verhalten (also beispielsweise die bisherige Nutzung
von *Netflix*) einen starken Einfluss auf zukünftiges Verhalten (beispielsweise die zukünftige *Netflix*nutzung) hat. Entsprechend bestätigen Metaanalysen, dass durch Einbeziehung des vergangenen Verhaltens die erklärte Varianz im Verhalten steigt und gleichzeitig der Einfluss von Einstellungen, subjektiver Norm und wahrgenommener
Verhaltenskontrolle schwächer wird. Interessant ist in diesem Zusammenhang die Frage, ob das vergangene Verhalten unabhängig
von den anderen Prädiktoren direkt auf Verhalten wirkt oder aber
indirekt über die Prädiktoren (für eine aktuelle Metaanalyse vgl.
Hagger et al. 2018, für eine Diskussion dieser Frage vgl. auch Ajzen
2011).

Intention-Behavior-Gap   In engem Zusammenhang mit der Vollständigkeit der Modellkon-
strukte steht die Diskussion zur *Intention-Behavior-Gap*. So wird ge-
meinhin eine Lücke zwischen Intentionen und Verhalten beobachtet
(etwa wenn Menschen sich zwar vornehmen, Sport zu treiben, es
dann aber doch nicht umsetzen). Zwar zeigen etliche TPB-Studien,
dass sich Verhalten insgesamt gut aus Intentionen vorhersagen lässt,
jedoch variieren die beobachteten Effektstärken beträchtlich. In diesem Fall dürften die sog. Durchführungsintentionen (vgl. Rubikonmodell der Handlungsphasen, Gollwitzer 1999) oder die im HAPA
spezifizierten Einflussfaktoren der volitionalen post-intentionalen
Phase (Schwarzer 2008) erheblich zu einer besseren Verhaltensaufklärung beitragen (vgl. hierzu auch Ajzen & Fishbein 2010: 358).

Konzeptionalisierung der Modellkomponenten

Eine Reihe weiterer Kritikpunkte betrifft die Konzeptionalisierung der Modellkomponenten. Jonas und Doll (1996) kritisieren die Konzeption von Verhalten als singulären Verhaltensakt: Die TRA/TPB wurde prinzipiell zur Vorhersage von konkreten, beobachtbaren Einzelhandlungen konzipiert. Komplexere Verhaltensweisen, die mehrere Einzelhandlungen umfassen, sowie Verhaltensergebnisse und Verhaltensziele lassen sich somit auf Basis der Theorien weniger gut erklären. Hier gilt es jedoch zu differenzieren. So beziehen Ajzen und Fishbein ihre Theorie durchaus auch auf komplexere Verhaltenskategorien, die aus mehreren Einzelhandlungen bestehen. Entscheidend für die Anwendbarkeit der Theorie auf Verhalten auf einem höheren Aggregationsniveau ist, dass das Kompatibilitätsprinzip eingehalten wird und alle Modellkomponenten im Hinblick auf Handlung, Ziel, Kontext und Zeit denselben Spezifizierungsgrad aufweisen (vgl. Kapitel 1.1.1, Ajzen 2005: 71ff.). Verhaltensergebnisse und -ziele übertreten hingegen tatsächlich den Geltungsbereich – zumindest den der TRA, die ja voraussetzt, dass Verhalten willentlich kontrollierbar ist. Dies ist jedoch bei Verhaltensergebnissen und Zielen (z.B. Erreichen bestimmter Schulnoten bzw. Gewichtsreduktion) nicht vollständig gegeben, da andere Faktoren (z.B. Urteil der Lehrer:innen bzw. physiologische Voraussetzungen) das Erreichen des Ziels mit beeinflussen. In der TPB wurde dieser Limitation durch die wahrgenommene und tatsächliche Verhaltenskontrolle Rechnung getragen (vgl. Ajzen 2005: 122). Ajzen und Kruglanski (2019) tragen diesem Gedanken in ihrer neu vorgeschlagenen *Theory of Reasoned Goal Pursuit* Rechnung, die unter Einbeziehung von Motivationen auch Verhaltensziele erklären soll.

Singuläre Verhaltensakte

Im Hinblick auf die Konzeption der Einstellungen wird bisweilen der Blickwechsel von generellen hin zu den im Modell verankerten verhaltensspezifischen Einstellungen kritisiert und die Relevanz Letzterer in Frage gestellt (vgl. Ajzen & Fishbein 2005: 198). So hatten sich frühere Untersuchungen eher mit Einstellungen zu Institutionen, Personengruppen, politischen Maßnahmen etc. und deren Einfluss auf Verhalten auseinandergesetzt. Genau genommen fordert die TRA/TPB jedoch nicht grundsätzlich, allgemeine Einstellungen zu vernachlässigen. Solange alle Modellkomponenten entsprechend allgemein definiert sind, können auch die Einstellungen auf einem sehr hohen Abstraktionsgrad liegen.

Verhaltensspezifische Einstellungen

Ein größeres Problem stellt die Bedeutung der subjektiven Normkomponente dar. Studien zur TRA/TPB zeigen für die Normkomponente weitaus weniger konsistente Befunde als für Einstellungen und

Subjektive Normkomponente

wahrgenommene Verhaltenskontrolle (vgl. Singh et al. 1995). Auch die in Kapitel 4.2.1 vorgestellten Studien zur Mediennutzung fanden häufig keinen oder nur einen geringen Einfluss der subjektiven Norm. Die Beobachtung, dass sie in *bestimmten* Verhaltensbereichen keine Rolle spielt, bedeutet jedoch nicht zwangsläufig, dass es in *allen* Verhaltensbereichen so sein muss. So ist es naheliegend, dass Personen Wert darauf legen, was andere denken, wenn es um die Benutzung von Kondomen (Sexualpartner:innen), um Nikotinkonsum (Partner:innen, Eltern) oder die Nutzung von *Netflix* (Freund:innen, Partner:innen) geht, wohingegen es denkbar ist, dass die subjektive Norm eine geringe Rolle spielt, wenn es um die Rezeption einzelner Fernsehsendungen geht. Es gilt also herauszufinden, unter welchen Bedingungen die normativen Vorstellungen eine Rolle spielen und unter welchen nicht. Manning (2009) setzte sich eingehend mit der subjektiven Norm auseinander und bestätigte die im Vergleich zu Einstellungen und wahrgenommener Verhaltenskontrolle kleineren Effektstärken. Seine Ergebnisse deuten jedoch auch darauf hin, dass der Effekt von Normen keinesfalls vernachlässigt werden darf, wobei injunktive und deskriptive Norm aufgrund ihrer unterschiedlichen Effektstärken in jedem Fall getrennt betrachtet werden sollten. Hassan, Shiu und Parry (2016) fanden in ihrer Metaanalyse außerdem Hinweise darauf, dass der Einfluss subjektiver Normen kulturabhängig ist, was die teilweise kleinen Effekte ebenfalls erklären dürfte.

Wahrgenommene Verhaltenskontrolle — Die Relevanz der wahrgenommenen Verhaltenskontrolle wird selten in Frage gestellt, umso mehr ihre unklare Abgrenzung zum Konstrukt der Selbstwirksamkeit: Die wahrgenommene Verhaltenskontrolle beschreibt die wahrgenommene Leichtigkeit oder Schwierigkeit, ein bestimmtes Verhalten auszuführen (vgl. Ajzen 2005: 111). Die der sozialkognitiven Theorie Banduras entlehnte Selbstwirksamkeit bezieht sich eher auf das generelle Vertrauen in die eigene Fähigkeit, schwierige Verhaltensweisen trotz vorhandener Widerstände und Hürden auszuführen (vgl. Bandura 2001, 2004). Tatsächlich sind sich die beiden Konstrukte jedoch recht ähnlich und werden bisweilen – vor allem wenn sie sich auf sehr konkrete Verhaltensweisen beziehen – sogar identisch operationalisiert (vgl. Ajzen 2002a, Fishbein 2007, vgl. hierzu auch Kapitel 4.3). Daher gilt es, bei der Rezeption von Studien immer auch auf die konkrete Operationalisierung zu achten.

Methodische Aspekte

Kausalität — Nicht zuletzt seien schließlich die wichtigsten methodischen Kritikpunkte angesprochen. Zum einen sind die Studien häufig nicht in der

Lage, die postulierte Kausalität der Zusammenhänge eindeutig nachzuweisen. Häufig basieren die Studien auf Querschnittanalysen, die alle Verhaltensdeterminanten und das Verhalten selbst zu einem Messzeitpunkt erfassen. Damit lässt sich jedoch streng genommen nicht eindeutig nachweisen, ob Einstellungen, subjektive Norm und wahrgenommene Verhaltenskontrolle Ursache des Verhaltens sind. In einigen Fällen ist die umgekehrte Reihenfolge, nach der die kognitiven Modellkomponenten aus dem Verhalten resultieren, durchaus vorstellbar. In der Werbepsychologie wird etwa das Phänomen der Impulskäufe diskutiert, die durch einen affektiven Reiz und ohne kognitive Beteiligung ausgelöst werden. Erst nach einer positiven Erfahrung mit dem Produkt bildet sich dieser Idee nach eine positive Einstellung heraus (vgl. Kroeber-Riel & Weinberg 1999). Darüber hinaus lässt sich die Kausalität der Zusammenhänge auch deshalb nicht festlegen, weil davon auszugehen ist, dass die Zusammenhänge ohnehin nicht klar in die eine oder andere Richtung gehen, sondern als zirkulärer Prozess beschreibbar sind. Es ist deshalb unverzichtbar, das Modell in Längsschnittanalysen mit mindestens zwei Messzeitpunkten zu prüfen, um die Kausalität der Zusammenhänge nachzuweisen. Für eine Untersuchung des prozessualen und zirkulären Charakters der Verhaltensentstehung sind noch mehr Messzeitpunkte notwendig (vgl. Kapitel 3.1.2).

In engem Zusammenhang damit steht die Kritik an der statischen Konzeptionalisierung der dem Verhalten zugrunde liegenden Modellkomponenten (Jonas & Doll 1996, Wirth et al. 2008: 602). Die TRA/TPB bildet das Zusammenspiel der Modellkomponenten in einem zeitlich begrenzten Rahmen ab, der es nicht ermöglicht, den prozessualen Charakter des Einstellungs-Verhaltens-Zusammenhangs zu verfolgen. Die Integration des vergangenen Verhaltens als Modelldeterminante ist eine kleine Annäherung, den zeitlichen Rahmen auszuweiten. Eine bessere Näherung wäre es jedoch, den prozessualen Charakter durch Einführung einer Feedback-Schleife zwischen Verhalten und den drei Determinanten der Verhaltensintentionen abzubilden. Dieser Logik folgten Wirth et al. (2008) im Rahmen ihres *Integrative Models of Mobile Phone Appropriation*, das davon ausgeht, dass die Nutzung neuer Kommunikationstechnologien nicht nur Ergebnis verhaltensspezifischer, normativer und kontrollspezifischer Vorstellungen ist, sondern auch Ursache derselben (vgl. Kapitel 4.2.2).

Statische
Konzeptionalisierung

Abschließende Würdigung

Trotz aller Kritik darf nicht vergessen werden, dass es sich bei der TRA/TPB um eine der am besten belegten Theorien der Sozialpsychologie handelt. Entsprechend positiv fällt die Beurteilung des Modells durch andere Forscher:innen aus (vgl. z.B. Armitage 2015, Armitage & Christian 2003, Eagly & Chaiken 1993, Petraitis, Flay & Miller 1995, Petty & Cacioppo 1996). Petty und Cacioppo (1996: 204) beschrieben die Theorie als „kohärentes und hochgradig brauchbares Modell" zur Darstellung der Zusammenhänge zwischen Vorstellungen, Einstellungen und Verhalten. So kommt es auch nicht von ungefähr, dass die TRA/TPB wohl immer noch das „dominierende Modell der Einstellungs-Verhaltens-Zusammenhänge" (Armitage & Christian 2003: 192) darstellt und in den letzten Jahren vermehrt auch Einzug in die Kommunikationswissenschaft gehalten hat.

7 Literaturempfehlungen

Überblicksliteratur

Ajzen, I. & Fishbein, M. (2005). The influence of attitudes on behavior. In D. Albarracín, B. T. Johnson & M. P. Zanna (Hrsg.), The handbook of attitudes (S. 173-221). Mahwah, NJ: Erlbaum.

In diesem Aufsatz geben die Begründer der TRA/TPB einen hervorragenden komprimierten Einblick in Hintergründe, Entstehung und Grundzüge der Theorien. Auch eine kritische Auseinandersetzung mit den Limitationen der Theorien fehlt nicht.

Ajzen, I. (2021c). Icek Ajzen: Homepage. http://people.umass.edu/ aizen, letzter Zugriff: 22.06.2021.

Wer sich noch schneller über die Theorie informieren will, geht auf Icek Ajzens Homepage. Neben einigen Informationen zum Autor kann man sich hier am schnellsten einen Einblick in die TPB verschaffen. Per Mausklick auf einzelne Modellkomponenten erfährt man Näheres zu ihrer Definition. Auch finden sich dort Manuals zur Operationalisierung der TPB und zu ihrem Einsatz in der Kampagnenplanung sowie ein Beispielfragebogen. Besonders hilfreich: Fast alle Zeitschriftenbeiträge des Verfassers können per Mausklick bestellt werden und werden per E-Mail zugesandt. Außerdem kann man auf eine PDF-Datei des vergriffenen Buches von Fishbein & Ajzen (1975) zugreifen.

Ajzen, I. (2005). Attitudes, personality and behavior. New York, NY: Open University Press.

Wer etwas tiefer in das Thema einsteigen will, kann zu diesem Buch greifen. Es liefert einen umfassenden und dennoch recht kompakten Überblick über die TPB und ihre Hintergründe. Wie man dem Titel bereits entnehmen kann, geht es jedoch nicht nur um das Modell selbst, sondern um Bedeutung, Verständnis und Operationalisierung von Einstellungen, Persönlichkeitsmerkmalen und Verhalten generell.

Fishbein, M. & Ajzen, I. (2010). Predicting and changing behavior. The reasoned action approach. New York: Taylor & Francis.

All jenen, die sich intensiv in das Thema einarbeiten wollen, sei das aktuellste und letzte Buch, das die TRA/TPB-Begründer gemeinsam veröffentlicht haben, ans Herz gelegt. Der erste Teil des Werkes liefert eine ausführliche Darstellung von TRA und TPB, geht auf das

Grundverständnis der Theorien ein, diskutiert einige Probleme wie die Messung von Verhalten oder Vorhersage von habitualisiertem Verhalten. Anschließend werden die zentralen Komponenten Einstellungen, Normen und wahrgenommene Verhaltenskontrolle, später die Bedeutung von Hintergrundfaktoren und Einstellungen zu Objekten ausführlich vorgestellt und diskutiert. Zwei Kapitel widmen sich empirischen und theoretischen Herausforderungen, ein weiteres der Anwendbarkeit der Theorie in der Kampagnenplanung. Im Anhang findet sich eine Anleitung zur Konstruktion eines TPB-Fragebogens.

Frey, D., Stahlberg, D. & Gollwitzer, P. M. (2001). Einstellung und Verhalten: Die Theorie des überlegten Handelns und die Theorie des geplanten Verhaltens. In D. Frey & M. Irle (Hrsg.), Theorien der Sozialpsychologie (Bd. 1: Kognitive Theorien) (S. 361-398). Bern: Hans Huber.

Eine umfassende Auseinandersetzung mit wissenschaftlichen Themen bedeutet zwar, sich eingehend mit Originalliteratur zu beschäftigen, eine Perspektive von außen sollte jedoch nicht fehlen. Dieser Aufsatz, erschienen in einer Buchreihe zu Theorien der Sozialpsychologie, stellt eine sehr intelligente deutschsprachige Aufarbeitung der TRA/ TPB, ihrer Grenzen und konkurrierenden Ansätze dar, und ist für eine Einarbeitung in das Thema sehr zu empfehlen.

Kritik

Armitage, C. J. & Conner, M. (2001). Efficacy of the theory of planned behaviour: A meta-analytic review. British Journal of Social Psychology, 40, 471-499.

Armitage und Conner stellen eine Metaanalyse von insgesamt 185 TPB-Studien vor und setzen sich kritisch mit den zentralen Annahmen und Komponenten der Theorie sowie den Befunden ihrer Analyse auseinander. Sie liefern damit einen hervorragenden Überblick über den Forschungsstand. Wenn auch nicht mehr ganz aktuell, so ist der Artikel für eine fundierte kritische Auseinandersetzung mit der TPB sehr zu empfehlen.

Eagly, A. H. & Chaiken, S. (1993). The psychology of attitudes. Fort Worth, TX: Harcourt Brace.

Auch Eagly und Chaiken behandeln die TRA/TPB aus einem kritischen Blickwinkel und bieten damit eine ausgezeichnete Diskussion über die Theorie selbst und ihre konzeptuellen Schwächen. Zudem ermöglicht das Buch, die Theorie in den größeren Kontext der Einstellungsforschung einzuordnen.

Gesundheit

Einer der zentralen Anwendungsbereiche der TRA/TPB ist der Gesundheitsbereich. Wer sich eingehender mit der Erklärung von Gesundheitsverhalten und der Anwendung der TPB in der Kampagnengestaltung beschäftigen will, sollte die folgenden beiden Publikationen lesen.

Montaño, D. E. & Kasprzyk, D. (2015). Theory of reasoned action, theory of planned behavior, and the integrated behavioral model. In K. Glanz, B. K. Rimer & K. Viswanath (Hrsg.), Health behavior and health education: Theory, research, and practice (S. 96-124). San Francisco, CA: Wiley & Sons.

Dieser Aufsatz bietet einen hervorragenden Über- und Einblick in den aktuellen Forschungsstand zur Bedeutung der TRA/TPB und des IBM für die Erklärung von Gesundheitsverhalten und die Anwendung der Theorien in der Kampagnenplanung. Anhand eines konkreten Anwendungsbeispiels gelingt es den Verfasser:innen sehr gut, diese Vorgehensweise zu veranschaulichen.

Stehr, P., Rossmann, C., Geppert, J., Lütke Lanfer, H. & Kremer, T. (2020). „Mensch Opa, du bist noch so fit!" Entwicklung einer evidenzbasierten Kommunikationsstrategie zur Förderung körperlicher Aktivität bei älteren und hochaltrigen Menschen in Deutschland. Baden-Baden: Nomos.

Dieses Buch bietet einen deutschsprachigen Einblick in die TPB-basierte Kampagnenplanung, die am Beispiel körperlicher Aktivität bei älteren Menschen in Deutschland dargestellt wird. Das darin vorgestellte Projekt verknüpft qualitative Interviews (zur Identifikation der salienten einstellungs-, norm- und kontrollspezifischen Vorstellungen) mit einer standardisierten Telefonbefragung (zur Messung körperlicher Aktivität und ihrer Determinanten), um die zentralen Verhaltensdeterminanten zu identifizieren und daraus effektive Botschaften zur Förderung körperlicher Aktivität abzuleiten. Neben der TPB wurde auch die SDT in das Messmodell integriert, was sich als fruchtbare Erweiterung erwies (vgl. zusammengefasst hierzu auch Kapitel 4.3.2).

Mediennutzung

Hartmann, T. (2009). Action theory, theory of planned behavior and media choice. In T. Hartmann (Hrsg.), Media choice: A theoretical and empirical overview (S. 32-52). New York, NY: Routledge.

All jenen, die sich mit der Bedeutung der TPB für Fragen des Mediennutzungsverhaltens beschäftigen wollen, sei der Aufsatz von Hartmann empfohlen. Hartmann liefert hier eine der wenigen umfassenden Auseinandersetzungen mit der Frage, ob und wie sich die TPB auf Mediennutzungsverhalten anwenden lässt.

Rossmann, C. (2020). Theories of reasoned action and planned behavior in media psychology. In J. Van den Bulck (Hrsg.), The International Encyclopedia of Media Psychology. New York: Wiley. doi: 10.1002/9781119011071.iemp0108

Aufgrund der geringen Zahl an Überblicksbeiträgen zur Bedeutung der TPB in der Kommunikationswissenschaft erlaubt sich die Verfasserin dieses Buches außerdem auf einen eigenen Beitrag zu diesem Thema hinzuweisen, der die wichtigsten Überlegungen zum Thema in komprimierter Form darstellt.

Literaturverzeichnis

Aaro, L. E., Flisher, A. J., Kaaya, S., Onya, H., Fuglesang, M., Klepp, K.-I. & Schaalma, H. (2006). Promoting sexual and reproductive health in early adolescence in South Africa and Tanzania: Development of a theory- and evidencebased intervention programme. *Scandinavian Journal of Public Health, 34*, 150-158.

Abell, P. (Hrsg.) (1991). *Rational choice theory*. Cambridge: Cambridge University Press.

Achtziger, A. & Gollwitzer, P. M. (2006). Motivation und Volition im Handlungsverlauf. In J. Heckhausen & H. Heckhausen (Hrsg.), *Motivation und Handeln* (S. 277-302). Heidelberg: Springer.

Ajzen, I. (1971). Attitudinal vs. normative messages: An investigation of the differential effects of persuasive communications on behavior. *Sociometry, 34*, 263-280.

Ajzen, I. (1985). From intentions to actions: A theory of planned behavior. In J. Kuhl & J. Beckman (Hrsg.), *Action-Control: From cognition to behavior* (S. 11-39). Heidelberg: Springer.

Ajzen, I. (1991). The theory of planned behavior. *Organizational Behavior and Human Decision Processes, 50*, 179-211.

Ajzen, I. (2002a). Perceived behavioral control, self-efficacy, locus of control, and the theory of planned behavior. *Journal of Applied Social Psychology, 32*, 665-683.

Ajzen, I. (2002b). Residual effects of past on later behavior: Habituation and reasoned action perspectives. *Personality and Social Psychology Review, 6*, 107-122.

Ajzen, I. (2005). *Attitudes, personality and behavior*. New York, NY: Open University Press.

Ajzen, I. (2008). Consumer attitudes and behavior. In C. P. Haugtvedt, P. M. Herr & F. R. Cardes (Hrsg.), *Handbook of Consumer Behavior* (S. 525-548). New York: Erlbaum.

Ajzen, I. (2010). Martin Fishbein (1936–2009). *American Psychologist, 65*, 296. doi: 10.1037/a0019275

Ajzen, I. (2011). The theory of planned behaviour: Reactions and reflections. *Psychology & Health, 26*(9), 1113-1127.

Ajzen, I. (2015a). Consumer attitudes and behavior: The theory of planned behavior applied to food consumption decisions. *Rivista di Economia Agraria, 70*, 121-138.

Ajzen, I. (2015b). The theory of planned behaviour is alive and well, and not ready to retire: A commentary on Sniehotta, Presseau, and Araújo-Soares. *Health Psychology Review*, *9*, 131-137.

Ajzen, I. (2021a). *Behavioral interventions based on theory of planned behavior*. https://people.umass.edu/aizen/pdf/tpb.intervention.pdf, letzter Zugriff: 23.06.2021.

Ajzen, I. (2021b). *Constructing a TPB questionnaire: Conceptual and methodological considerations*. https://people.umass.edu/aizen/pdf/tpb.measurement.pdf, letzter Zugriff: 23.06.2021.

Ajzen, I. (2021c). Icek Ajzen: Homepage. http://people.umass.edu/aizen, letzter Zugriff: 22.06.2021.

Ajzen, I., Albarracín, D. & Hornik, R. (Hrsg.) (2007). *Prediction and change of health behavior*. Mahwah, NJ: Erlbaum.

Ajzen, I. & Driver, B. L. (1992). Application of the theory of planned behavior to leisure choice. *Journal of Leisure Research*, *24*, 207-224.

Ajzen, I. & Fishbein, M. (1969). The prediction of behavioral intentions in a choice situation. *Journal of Experimental Social Psychology*, *5*, 400-416.

Ajzen, I. & Fishbein, M. (1970). The prediction of behavior from attitudinal and normative variables. *Journal of Experimental Social Psychology*, *6*, 466-487.

Ajzen, I. & Fishbein, M. (1972). Attitudes and normative beliefs as factors influencing behavioral intentions. *Journal of Personality and Social Psychology*, *21*, 1-9.

Ajzen, I. & Fishbein, M. (1973). Attitudinal and normative variables as predictors of specific behaviors. *Journal of Personality and Social Psychology*, *27*, 41-57.

Ajzen, I. & Fishbein, M. (1974). Factors influencing intentions and the intention-behavior relation. *Human Relations*, *27*, 1-15.

Ajzen, I. & Fishbein, M. (1977). Attitude-behavior relations: A theoretical analysis and review of empirical research. *Psychological Bulletin*, *84*, 888-918.

Ajzen, I. & Fishbein, M. (1980). *Understanding attitudes and predicting social behavior*. Englewood Cliffs, NJ: Prentice-Hall.

Ajzen, I. & Fishbein, M. (2005). The influence of attitudes on behavior. In D. Albarracín, B. T. Johnson & M. P. Zanna (Hrsg.), *The handbook of attitudes* (S. 173-221). Mahwah, NJ: Erlbaum.

Ajzen, I. & Fishbein, M. (2008). Scaling and testing multiplicative combinations in the expectancy–value model of attitudes. *Journal of Applied Social Psychology, 38*, 2222-2247.

Ajzen, I. & Kruglanski, A. W. (2019). Reasoned action in the service of goal pursuit. *Psychological Review, 126*, 774-786.

Ajzen, I. & Madden, T. J. (1986). Prediction of goal-directed behavior: Attitudes, intentions, and perceived behavioral control. *Journal of Experimental Social Psychology, 22*, 453-474.

Ajzen, I. & Manstead, A. S. R. (2007). Changing health-related behaviors: An approach based on the theory of planned behavior. In K. van den Bos, M. Hewstone, J. de Wit, H. Schut & M. Stroebe (Hrsg.), *The scope of social psychology: Theory and applications* (S. 43-63). New York: Psychology Press.

Albarracín, D., Johnson, B. T., Fishbein, M. & Muellerleile, P. A. (2001). Theories of reasoned action and planned behavior as models of condom use: A meta-analysis. *Psychological Bulletin, 127*, 142-161.

Albarracín, D., McNatt, P. S., Klein, C. T. F., Ho, R. M., Mitchell, A. L. & Kumkale, G. T. (2003). Persuasive communications to change actions: An analysis of behavioral and cognitive impact in HIV prevention. *Health Psychology, 22*, 166-177.

Albarracín, D., Gillette, J. C., Earl, A. N., Glasman, L. R., Durantini, M. R. & Ho, M.-H. (2005). A test of major assumptions about behavior change: A comprehensive look at the effects of passive and active HIV-prevention interventions since the beginning of the epidemic. *Psychological Bulletin, 131*, 856-897.

Alexandris, K., Barkoukis, V. & Tsormpatzoudis, C. (2007). Does the theory of planned behavior elements mediate the relationship between perceived constraints and intention to participate in physical activities? A study among older individuals. *European Review of Aging and Physical Activity, 4*, 39-48.

Alzahrani, A. I., Mahmud, I., Ramayah, T., Alfarraj, O. & Alalwan, N. (2017). Extending the theory of planned behavior (TPB) to explain online game playing among Malaysian undergraduate students. *Telematics & Informatics, 34*, 239-251.

Appiah, A. B., Tenkorang, E. Y. & Maticka-Tyndale, E. (2017). Modeling beliefs, attitudes, and intentions of condom use among secondary school students in Kenya. *Archives of Sexual Behavior, 46*, 1949-1960.

Aricat, R. G., Karnowski, V. & Chib, A. (2015). Mobile phone appropriation and migrant acculturation: A case study of an Indian community in Singapore. *International Journal of Communication*, 9, 2221-2242.

Armitage, C. J. (2015). Time to retire the theory of planned behaviour? A commentary on Sniehotta, Presseau and Araújo-Soares. *Health Psychology Review*, 9, 151-155.

Armitage, C. J. & Christian, J. (2003). From attitudes to behaviour: Basic and applied research on the theory of planned behaviour. *Current Psychology*, 22, 187-195.

Armitage, C. J. & Conner, M. (2001). Efficacy of the theory of planned behaviour: A meta-analytic review. *British Journal of Social Psychology*, 40, 471-499.

Arnold, J., Loan-Clarke, J., Coombs, C., Wilkinson, A., Park, J. & Preston, D. (2006). How well can the theory of planned behavior account for occupational intentions? *Journal of Vocational Behavior*, 69, 374-390.

Arora, S. & Sahney, S. (2018). Antecedents to consumers' showrooming behaviour: An integrated TAM-TPB framework. *Journal of Consumer Marketing*, 35(4), 438-450.

Arvola, A., Lähteenmäki, L. & Tuorila, H. (1999). Predicting the intent to purchase unfamiliar and familiar cheeses: The effect of attitudes, expected liking and food neophobia. *Appetite*, 32, 113-126.

Austvoll-Dahlgren, A., Falk, R. S. & Helseth, S. (2012). Cognitive factors predicting intentions to search for health information: an application of the theory of planned behaviour. *Health Information and Libraries Journal*, 29, 296-308.

Babrow, A. S. (1989). An expectancy-value analysis of the student soap opera audience. *Communication Research*, 16, 155-178.

Babrow, A. S. & Swanson, D. L. (1988). Disentangling antecedents of audience exposure levels: Extending expectancy-value analyses of gratifications sought from television news. *Communication Monographs*, 55, 1-21.

Backman, D. R., Haddad, E. H., Lee, J. W., Johnston, P. K. & Hodgkin, G. E. (2002). Psychosocial predictors of healthful dietary behavior in adolescents. *Journal of Nutrition Education and Behavior*, 34, 184-193.

Bae, H. S. (2008). Entertainment-education and recruitment of cornea donors: The role of emotion and issue involvement. *Journal of Health Communication*, 13, 20-36.

Bae, H. S. & Kang, S. (2008). The influence of viewing an entertainment-education program on cornea donation intention: A test of the theory of planned behavior. *Health Communication, 23,* 87-95.

Bagozzi, R. P., Dholakia, U. M. & Mookerjee, A. (2006). Individual and group bases of social influence in online environments. *Media Psychology, 8,* 95-126.

Bamberg, S., Ajzen, I. & Schmidt, P. (2003). Choice of travel mode in the theory of planned behavior: The roles of past behavior, habit, and reasoned action. *Basic and Applied Social Psychology, 25,* 175-188.

Bandura, A. (2001). Social cognitive theory of mass communication. *Media Psychology, 3,* 265-299.

Bandura, A. (2004). Health promotion by social cognitive means. *Health Education & Behavior, 31,* 143-164.

Beullens, K., Roe, K. & Van den Bulck, J. (2011). The impact of adolescents' news and action movie viewing on risky driving behavior: A longitudinal study. *Human Communication Research, 37,* 488-508.

Beullens, K., Roe, K. & Van den Bulck, J. (2012). Music video viewing as a marker of driving after the consumption of alcohol. *Substance Use & Misuse, 47,* 155-165.

Bhochhibhoya, A. & Branscum, P. (2018). The application of the theory of planned behavior and the integrative behavioral model towards predicting and understanding alcohol-related behaviors: A systematic review. *Journal of Alcohol and Drug Education, 62,* 39-63.

Blackburn, G. & Scharrer, E. (2019). Video game playing and beliefs about masculinity among male and female emerging adults. *Sex Roles: A Journal of Research, 80,* 310-324.

Blanchard, C. M., Courneya, K. S., Rodgers, W. M., Daub, B. & Knapik, G. (2002). Determinants of exercise intention and behavior during and after phase 2 cardiac rehabilitation: An application of the theory of planned behavior. *Rehabilitation Psychology, 47,* 308-323.

Blumler, J. G. & Katz, E. (Hrsg.) (1974). *The uses of mass communications. Current perspectives on gratifications research.* Beverly Hills, CA: Sage.

Bortz, J. (1993). *Statistik für Sozialwissenschaftler.* Berlin, Heidelberg, New York: Springer.

Brandl, A. (2004). Strukturgleichungsmodelle: Forschungslogik, Anwendung und Güteprüfung. In W. Wirth, E. Lauf & A. Fahr (Hrsg.), *Forschungslogik und -design in der Kommunikationswissenschaft, Bd. 1* (S. 216-244). Köln: Herbert von Halem.

Breckler, S. J. (1984). Empirical validation of affect, behavior, and cognition as distinct components of attitude. *Journal of Personality and Social Psychology, 47*, 1191-1205.

Brosius, H.-B. (1995). *Alltagsrationalität in der Nachrichtenrezeption. Ein Modell zur Wahrnehmung und Verarbeitung von Nachrichteninhalten.* Opladen: Westdeutscher Verlag.

Brosius, H.-B., Haas, A. & Koschel, F. (2015). *Methoden der empirischen Kommunikationsforschung. Eine Einführung* (7. Aufl.). Wiesbaden: Springer VS.

Buchthal, O. V., Doff, A. L., Hsu, L. A., Silbanuz, A., Heinrich, K. M. & Maddock, J. E. (2011). Avoiding a Knowledge Gap in a Multiethnic Statewide Social Marketing Campaign: Is Cultural Tailoring Sufficient? *Journal of Health Communication, 16*, 314-327.

Büschges, G., Abraham, M. & Funk, W. (1998). *Grundzüge der Soziologie.* München, Wien: Oldenbourg.

Callow, M. A., Callow, D. D. & Smith, C. (2020). Older adults' intention to socially isolate once COVID-19 stay-at-home orders are replaced with "Safer-at-Home" public health advisories: A survey of respondents in Maryland. *Journal of Applied Gerontology: The Official Journal of the Southern Gerontological Society, 39*, 1175-1183.

Carmack, H. J. & Heiss, S. N. (2018). Using the theory of planned behavior to predict college students' intent to use LinkedIn for job searches and professional networking. *Communication Studies, 69*, 145-160.

Carter, S. & Yeo, A. C.-M. (2016). Mobile apps usage by Malaysian business undergraduates and postgraduates. *Internet Research, 26*, 733-757.

Cha, J. (2013). Predictors of television and online video platform use: A coexistence model of old and new video platforms. *Telematics & Informatics, 30*, 296-310.

Chaiken, S., Liberman, A. & Eagly, A. H. (1989). Heuristic and systematic information processing within and beyond the persuasion context. In J. S. Uleman & J. A. Bargh (Hrsg.), *Unintended thought* (S. 212-252). New York: Guilford Press.

Chaiken, S. & Trope, Y. (Hrsg.) (1999). *Dual-process theories in social psychology.* New York, NY: Guilford Press.

Chang, L., Yen, C. C., Xue, L., Tai, B. T., Chan, H. C., Duh, H. B.-L. & Choolani, M. (2017). Factors associated with mobile health information seeking among Singaporean women. *Journal of Women & Aging, 29,* 75-86.

Chatzisarantis, N. L. D., Hagger, M. S., Biddle, S. J. H. & Karageorghis, C. (2002). The cognitive processes by which perceived locus of causality predicts participation in physical activity. *Journal of Health Psychology, 7,* 685-699.

Chatzisarantis, N. L. D., Hagger, M. S. & Smith, B. (2006). Influences of perceived autonomy support on physical activity within the theory of planned behavior. *European Journal of Social Psychology, 37,* 934-954.

Cheng, E. W. (2019). Choosing between the theory of planned behavior (TPB) and the technology acceptance model (TAM). *Educational Technology Research and Development, 67,* 21-37.

Chia, S. C., Hairong, L., Detenber, B. & Waipeng, L. (2006). Mining the internet plateau: An exploration of the adoption intention of non-users in Singapore. *New Media & Society, 8,* 589-609.

Chiang, L. & Huang, C. Y. (2007). Use of pirated compact discs on four college campuses: a perspective from theory of planned behavior. *Psychological Reports, 101,* 361-364.

Chipojola, R., Chiu, H.-Y., Huda, M. H., Lin, Y.-M. & Kuo, S.-Y. (2020). Effectiveness of theory-based educational interventions on breastfeeding self-efficacy and exclusive breastfeeding: A systematic review and meta-analysis. *International Journal of Nursing Studies, 109,* 103675. doi: 10.1016/j.ijnurstu.2020.103675

Chirayil, E. I., Thompson, C. L. & Burney, S. (2014). Predicting Human Papilloma Virus vaccination and Pap smear screening intentions among young Singaporean women using the theory of planned behavior. *SAGE Open, 4,* 1-10.

Christian, J. & Armitage, C. J. (2002). Attitudes and intentions of homeless people towards service provision in South Wales. *British Journal of Social Psychology, 41,* 219-231.

Chu, S.-C., Chen, H.-T. & Sung, Y. (2016). Following brands on Twitter: An extension of theory of planned behavior. *International Journal of Advertising, 35,* 421-437.

Cialdini, R. B. (2003). Crafting normative messages to protect the environment. *Current Directions in Psychological Science, 12,* 105-109.

Cialdini, R. B., Reno, R. R. & Kallgren, C. A. (1990). A focus theory of normative conduct: Recycling the concept of norms to reduce littering in public places. *Journal of Personality and Social Psychology, 58,* 1015-1026.

Cingel, D. & Krcmar, M. (2013). Predicting media use in very young children: The role of demographics and parent attitudes. *Communication Studies, 64,* 374-394.

Cohen, S. (2013). Nudging and informed consent. *The American Journal of Bioethics, 13,* 3-11.

Coleman, J. S. & Fararo, T. J. (Hrsg.) (1992). *Rational choice theory. Advocacy and critique.* Newbury Park, CA: Sage.

Conner, M. & Armitage, C. J. (1998). Extending the theory of planned behavior: A review and avenues for further research. *Journal of Applied Social Psychology, 28,* 1429-1464.

Conner, M. & Flesch, D. (2001). Having casual sex: Additive and interactive effects of alcohol and condom availability on the determinants of intentions. *Journal of Applied Social Psychology, 31,* 89-112.

Conner, M., Godin, G., Sheeran, P., & Germain, M. (2013). Some feelings are more important: Cognitive attitudes, affective attitudes, anticipated affect, and blood donation. *Health Psychology, 32,* 264-272.

Cooper, C. P., Burgoon, M. & Roter, D. L. (2001). An expectancy-value analysis of viewer interest in television prevention news stories. *Health Communication, 13,* 227-240.

Corey, S. M. (1937). Professed attitudes and actual behaviour. *Journal of Educational Psychology, 28,* 271-280.

Crites, S. L., Fabrigar, L. R. & Petty, R. E. (1994). Measuring the affective and cognitive properties of attitudes: Conceptual and methodological issues. *Personality and Social Psychology Bulletin, 20,* 619-634.

Daschmann, G. (2001). *Der Einfluß von Fallbeispielen auf Leserurteile. Experimentelle Untersuchungen zur Medienwirkung.* Konstanz: UVK.

Davidson, A. R. & Jaccard, J. J. (1979). Variables that moderate the attitude-behaviour relation: Results of a longitudinal survey. *Journal of Personality and Social Psychology, 37,* 1364-1376.

Davis, F. D. (1989). Perceived usefulness, perceived ease of use, and user acceptance of information technology. *MIS Quarterly, 13*, 319-339.

Davis, F. D., Bagozzi, R. P. & Warshaw, P. R. (1989). User acceptance of computer technology: A comparison of two theoretical models. *Management Science, 35*, 982-1002.

Deci, E. L. & Ryan, R. M. (2000). The 'What' and 'Why' of goal pursuits: Human needs and the selfdetermination of behaviour. *Psychological Inquiry, 11*, 227-268.

Deci, E. L. & Ryan, R. M. (2008). Self-determination theory: A macrotheory of human motivation, development, and health. *Canadian Psychology/Psychologie Canadienne, 49*, 182-185.

de Leeuw, A., Valois, P., Ajzen, I. & Schmidt, P. (2015). Using the theory of planned behavior to identify key beliefs underlying pro-environmental behavior in high-school students: Implications for educational interventions. *Journal of Environmental Psychology, 42*, 128-138.

DeMaio, T. (1984). Social desirability and survey measurement: A review. In C. Turner & E. Martin (Hrsg.), *Surveying subjective phenomena, Bd. 2* (S. 257-282). New York: Basic Books.

Dermentzi, E. & Papagiannids, S. (2018). Academics' intention to adopt online technologies for public engagement. *Internet Research, 28*, 191-212.

Diekmann, A. (1996). Homo ÖKOnomicus. Anwendungen und Probleme der Theorie rationalen Handelns im Umweltbereich. In A. Diekmann & C. C. Jaeger (Hrsg.), *Umweltsoziologie* (S. 89-118). Opladen: Westdeutscher Verlag.

Dillard, J. (2011). An Application of the integrative model to women's intention to be vaccinated against HPV: Implications for message design. *Health Communication, 26*, 479-486.

Doll, J. & Ajzen, I. (1992). Accessibility and stability of predictors in the theory of planned behavior. *Journal of Personality and Social Psychology, 63*, 754-765.

Doll, J. & Hasebrink, U. (1989). Zum Einfluß von Einstellungen auf die Auswahl von Fernsehsendungen. In J. Groebel & P. Winterhoff-Spurk (Hrsg.), *Empirische Medienpsychologie* (S. 45-63). München: Psychologie-Verlags-Union.

Doll, J., Petersen, L. & Rudolf, M. (2000). Determinanten der Internetnutzung von Gymnasiasten und Studenten: Eine Anwendung der Theorie geplanten und rollengesteuerten Verhaltens. *Medienpsychologie, 12*, 5-22.

Downs, A. (1957). *An economic theory of democracy*. New York: Harper.

Downs, D. S. & Hausenblas, H. A. (2005). The theories of reasoned action and planned behavior applied to exercise: A meta-analytic update. *Journal of Physical Activity and Health, 2*, 76-97.

Dubé, E., Gagnon, D., Ouakki, M., Bettinger, J. A., Witteman, H. O., MacDonald, S., Fisher, W., Saini, V., Greyson, D., & Canadian Immunization Research Network (2018). Measuring vaccine acceptance among Canadian parents: A survey of the Canadian Immunization Research Network. *Vaccine, 36*, 545-552.

Dulany, D. E. (1961). Hypotheses and habits in verbal "operant conditioning". *Journal of Abnormal and Social Psychology, 63*, 251-263.

Dunckel, H. (1986). Handlungstheorie. In G. Rexilius & S. Grubitzsch (Hrsg.), *Psychologie. Theorien - Methoden - Arbeitsfelder. Ein Grundkurs* (S. 533-556). Reinbeck: Rowohlt.

Eagly, A. H. & Chaiken, S. (1993). *The psychology of attitudes*. Fort Worth, TX: Harcourt Brace.

Eckstein, K., Noack, P. & Gniewosz, B. (2013). Predictors of intentions to participate in politics and actual political behaviors in young adulthood. *International Journal of Behavioral Development, 37*, 428-435.

Edwards, K. M., Gidycz, C. A. & Murphy, M. J. (2015). Leaving an abusive dating relationship: A prospective analysis of the investment model and theory of planned behavior. *Journal of Interpersonal Violence, 30*, 2908-2927.

Edwards, H., Walsh, A., Courtney, M., Monaghan, S., Wilson, J. & Young, J. (2007). Promoting evidence-based childhood fever management through a peer education programme based on the theory of planned behaviour. *Journal of Clinical Nursing, 16*, 1966-1979.

Elliott, M. A., Armitage, C. J. & Baughan, C. J. (2007). Using the theory of planned behavior to predict observed driving behavior. *British Journal of Social Psychology, 46*, 69-90.

Engelmann, I. (2016). *Gatekeeping*. Baden-Baden: Nomos.

Evers, A. & Sieverding, M. (2015). Academic career intention beyond the PhD: Can the theory of planned behavior explain gender differences? *Journal of Applied Social Psychology, 45,* 158-172.

Ewoldsen, D. R., Rhodes, N. & Fazio, R. H. (2015). The MODE model and its implications for studying the media. *Media Psychology, 18,* 312-337.

Faqah, A., Moiz, B., Shahid, F., Ibrahim, M. & Raheem, A. (2015). Assessment of blood donation intention among medical students in Pakistan – An application of theory of planned behavior. *Transfusion and Apheresis Science, 53,* 353-359.

Fazio, R. H. (1986). How attitudes guide behavior? In R. M. H. Sorrentino & E. T. Higgins (Hrsg.), *Handbook of motivation and cognition: Foundations of social behavior* (S. 204-243). New York: Guilford.

Fazio, R. H. (1989). On the power and functionality of attitudes: The role of attitude accessibility. In A. R. Pratkanis, S. J. Breckler & A. G. Greenwald (Hrsg.), *Attitude structure and function* (S. 153-179). Hillsdale, NJ: Erlbaum.

Fazio, R. H. (1990a). A practical guide to the use of response latency in social psychological research. In C. Hendrick & M. S. Clark (Hrsg.), *Review of personality and social psychology (Bd. 11)* (S. 74-97). Newbury Park, CA: Sage.

Fazio, R. H. (1990b). Multiple processes by which attitudes guide behavior: The MODE model as an integrative framework. *Advances in Experimental Social Psychology, 23,* 75-109.

Fazio, R. H. (1995). Attitudes as object-evaluation associations: Determinants, consequences, and correlates of attitude accessibility. In R. E. Petty & J. A. Krosnick (Hrsg.), *Attitude strength: Antecedents and consequences* (S. 247-282). Mahwah, NJ: Erlbaum.

Fazio, R. H. & Towles-Schwen, T. (1999). The MODE model of attitude-behavior processes. In S. Chaiken & Y. Trope (Hrsg.), *Dual-process theories in social psychology* (S. 97-116). New York, NY: Guilford Press.

Feng, G. C., Du, X., Lin, Z., He, Y., Luo, N. & Zhang, Y. (2021). Determinants of technology acceptance: Two model-based meta-analytic reviews. *Journalism & Mass Communication Quarterly, 98,* 83-104.

Fishbein, M. (1963). An investigation of the relationships between beliefs about an object and the attitude toward that object. *Human Relations, 16,* 233-239.

Fishbein, M. (1965). The prediction of interpersonal preferences and group member satisfaction from estimated attitudes. *Journal of Personality and Social Psychology, 1,* 663-667.

Fishbein, M. (1967). Attitude and the prediction of behavior. In M. Fishbein (Hrsg.), *Readings in attitude theory and measurement* (S. 477-492). New York: Wiley.

Fishbein, M. (1980). A theory of reasoned action: Some applications and implications. In H. E. Howe & M. M. Page (Hrsg.), *Beliefs, attitudes, and values (=Nebraska symposium on motivation, 1979, Bd. 27)* (S. 195-259). Lincoln, NE: University of Nebraska Press.

Fishbein, M. (1990). AIDS and behavior change: An analysis based on the theory of reasoned action. *Interamerican Journal of Psychology, 24,* 37-56.

Fishbein, M. (2000). The role of theory in HIV prevention. *AIDS Care, 12,* 273-278.

Fishbein, M. (2007). A reasoned action approach: Some issues, questions, and clarifications. In I. Ajzen, D. Albarracín & R. Hornik (Hrsg.), *Prediction and change of health behavior. Applying the reasoned action approach* (S. 281-295). Mahwah, NJ: Erlbaum.

Fishbein, M. & Ajzen, I. (1975). *Belief, attitude, intention, and behavior. An introduction to theory and research.* Reading, MA: Addison-Wesley.

Fishbein, M. & Ajzen, I. (2010). *Predicting and changing behavior. The reasoned action approach.* New York: Taylor & Francis.

Fishbein, M. & Cappella, J. N. (2006). The role of theory in developing effective health communications. *Journal of Communication, 56,* S1-S17.

Fishbein, M., Cappella, J. N., Hornik, R., Sayeed, S., Yzer, M. & Ahern, R. K. (2002). The role of theory in developing effective antidrug public service announcements. In W. D. Crano & M. Burgoon (Hrsg.), *Mass media and drug prevention: Classic and contemporary theories and research* (S. 89-117). Mahwah, NJ: Erlbaum.

Fishbein, M., Guenther-Grey, C., Johnson, W. D., Wolitski, R. J., McAlister, A., Rietmeijer, C. A. & O'Reilly, K. (1996). Using a theory-based community intervention to reduce AIDS risk behaviours: the CDC's AIDS Community Demonstration Projects. In S. Oskamp & S. C. Thompson (Hrsg.), *Understanding and preventing HIV risk behaviour: safer sex and drug use* (S. 177-206). Thousand Oaks, CA: Sage.

Fishbein, M., von Haeften, I. & Appleyard, J. (2001). The role of theory in developing effective interventions: Implications from Project SAFER. *Psychology, Health & Medicine, 6,* 223-238.

Fishbein, M. & Yzer, M. C. (2003). Using theory to design effective health behavior interventions. *Communication Theory, 13,* 164-183.

Fisher, W. A., Fisher, J. D. & Rye, B. J. (1995). Understanding and promoting AIDS preventive behavior: Insights from the theory of reasoned action. *Health Psychology, 14,* 255-264.

Frey, D., Stahlberg, D. & Gollwitzer, P. M. (2001). Einstellung und Verhalten: Die Theorie des überlegten Handelns und die Theorie des geplanten Verhaltens. In D. Frey & M. Irle (Hrsg.), *Theorien der Sozialpsychologie (Bd. 1: Kognitive Theorien)* (S. 361-398). Bern: Hans Huber.

Fuchs, R., Seelig, H., Göhner, W., Schlatterer, M. & Ntoumanis, N. (2016). The two sides of goal intentions: Intention self-concordance and intention strength as predictors of physical activity. *Psychology & Health, 32,* 110-126.

Gagné, C. & Gaston, G. (2000). The theory of planned behavior: Some measurement issues concerning belief-based variables. *Journal of Applied Social Psychology, 30,* 2173-2193.

Galloway, J. J. & Meek, L. F. (1981). Audience uses and gratifications. An expectancy model. *Communication Research, 8,* 435-449.

Gastil, J. (2000). Thinking, drinking, and driving: Application of the theory of reasoned action to DWI prevention. *Journal of Applied Social Psychology, 30,* 2217-2232.

Gaube, S., Fischer, P. & Lermer, E. (2021). Hand(y) hygiene insights: Applying three theoretical models to investigate hospital patients' and visitors' hand hygiene behavior. *PloS one, 16*(1), e0245543. doi: 10.1371/journal.pone.0245543

Gehrau, V. (2017). *Die Beobachtung als Methode in der Kommunikations- und Medienwissenschaft* (2. Aufl.). Konstanz: UVK.

Gerbner, G. & Gross, L. (1976). Living with television: The violence profile. *Journal of Communication, 26,* 173-199.

Gerbner, G., Gross, L., Morgan, M. & Signorielli, N. (1986). Living with television: The dynamics of the cultivation process. In J. Bryant & D. Zillmann (Hrsg.), *Perspectives on media effects* (S. 17-40). Hillsdale, NJ: Lawrence Erlbaum.

Gerbner, G., Gross, L., Morgan, M. & Signorielli, N. (1994). Growing up with television: The cultivation perspective. In J. Bryant

& D. Zillmann (Hrsg.), *Media effects. Advances in theory and research* (S. 17-41). Hillsdale, NJ: Erlbaum.

Ghasemzadeh, S., Babazadeh, T., Allahverdipour, H., Sadeghi-Bazargani, H., Kouzekanini, K. (2017). Cognitive-behavioral determinants of using helmet by motorcyclists in a rural community. *Journal of Transport & Health, 6*, 548-554.

Giles, M. & Rea, A. (1999). Career self-efficacy: An application of the theory of planned behavior. *Journal of Occupational and Organizational Psychology, 72*, 393-398.

Gillison, F. B., Rouse, P., Standage, M., Sebire, S. J. & Ryan, R. M. (2019). A meta-analysis of techniques to promote motivation for health behaviour change from a self-determination theory perspective. *Health Psychology Review, 13*, 110-130.

Gollwitzer, P. M. (1996). Das Rubikonmodell der Handlungsphasen. In J. Kuhl & H. Heckhausen (Hrsg.), *Motivation, Volition und Handlung (=Enzyklopädie der Psychologie, Teilband C/IV/4)* (S. 531-582). Göttingen: Hogrefe.

Gollwitzer, P. M. (1999). Implementation intentions: Strong effects of simple plans. *American Psychologist, 54*, 493-503.

Gregorio-Pascual, P. & Mahler, H. I. M. (2020). Effects of interventions based on the theory of planned behavior on sugar-sweetened beverage consumption intentions and behavior. *Appetite, 145*, 104491.

Gretebeck, K. A., Black, D. R., Blue, C. L., Glickman, L. T., Huston, S. A. & Gretebeck, R. J. (2007). Physical activity and function in older adults: Theory of planned behavior. *American Journal of Health Behavior, 31*, 203-214.

Greif, S. (1983). Handlungstheoretische Ansätze. In D. Frey & S. Greif (Hrsg.), *Sozialpsychologie. Ein Handbuch in Schlüsselbegriffen* (S. 88-98). München: Urban & Schwarzenberg.

Griffin, R. J., Dunwoody, S. & Neuwirth, K. (1999). Proposed model of the relationship of risk information seeking and processing to the development of preventive behaviors. *Environmental Research, 80*, 230–245.

Greve, W. (2002). Handlungstheorien. In D. Frey & M. Irle (Hrsg.), *Theorien der Sozialpsychologie (Bd. 2: Gruppen-, Interaktions- und Lerntheorien)* (S. 300-325). Bern: Hans Huber.

Guan, M., Coles, V. B., Samp, J. A., Sales, J. M., DiClemente, R. J. & Monahan, J. L. (2016). Incorporating communication into the theory of planned behavior to predict condom use among African

American women. *Journal of Health Communication*, *21*, 1046-1054.

Guenther, L., Froehlich, K. & Ruhrmann, G. (2015). (Un)Certainty in the news: Journalists' decisions on communicating the scientific evidence of nanotechnology. *Journalism & Mass Communication Quarterly*, *92*, 199-220.

Hagger, M. S., Chan, D. K. C., Protogerou, C. & Chatzisarantis, N. L. D. (2016). Using meta-analytic path analysis to test theoretical predictions in health behavior: An illustration based on meta-analyses of the theory of planned behavior. *Preventive Medicine*, *89*, 154-161.

Hagger, M. S. & Chatzisarantis, N. L. D. (2009). Integrating the theory of planned behaviour and self-determination theory in health behaviour: A meta-analysis. *British Journal of Health Psychology*, *14*, 275-302.

Hagger, M. S., Chatzisarantis, N. L. D., Barkoukis, V., Wang, C. K. J. & Baranowski, J. (2005). Perceived autonomy support in physical education and leisure-time physical activity: A cross-cultural evaluation of the trans-contextual model. *Journal of Educational Psychology*, *97*, 376-390.

Hagger, M. S., Chatzisarantis, N. L. D. & Biddle, S. J. H. (2002a). A meta-analytic review of the theories of reasoned action and planned behavior in physical activity: Predictive validity and the contribution of additional variables. *Journal of Sport and Exercise Psychology*, *24*, 3-32.

Hagger, M. S., Chatzisarantis, N. L. D. & Biddle, S. J. H. (2002b). The influence of autonomous and controlling motives on physical activity intentions within the theory of planned behaviour. *British Journal of Health Psychology*, *7*, 283-297.

Hagger M. S., Polet, J. & Lintunen, T. (2018). The reasoned action approach applied to health behavior: Role of past behavior and tests of some key moderators using meta-analytic structural equation modeling. *Social Science & Medicine*, *213*, 85-94.

Ham, C. D., Lee, J., & Lee, H. S. (2014). Understanding consumers' creating behaviour in social media: An application of uses and gratifications and the theory of reasoned action. *International Journal of Internet Marketing and Advertising*, *8*, 241. doi: 10.1504/IJIMA.2014.067652

Hankins, M., French, D. & Horne, R. (2000). Statistical guidelines for studies of the theory of reasoned action and the theory of planned behavior. *Psychology and Health, 15,* 151-161.

Hardeman, W., Johnston, M., Johnston, D. W., Bonetti, D., Wareham, N. J. & Kinmonth, A. L. (2002). Application of the theory of planned behavior in behavior change interventions: A systematic review. *Psychology and Health, 19,* 123-158.

Hardeman, W., Prevost, A. T., Parker, R. A. & Sutton, S. (2013). Constructing multiplicative measures of beliefs in the theory of planned behaviour. *British Journal of Health Psychology, 18,* 122-138.

Hardeman, W., Sutton, S., Griffin, S., Johnston, M., White, A., Wareham, N. J. & Kinmonth, A. L. (2005). A causal modelling approach to the development of theory-based behaviour change programmes for trial evaluation. *Health Education Research, 20,* 676-687.

Hartmann, T. (2009). Action theory, theory of planned behavior and media choice. In T. Hartmann (Hrsg.), *Media choice: A theoretical and empirical overview* (S. 32-52). New York, NY: Routledge.

Hartmann, T., Vorderer, P. & Jung, Y. (2009). *Reviving action-oriented research on media choice.* Vortragspaper präsentiert auf der 59. Jahrestagung der International Communication Association, Chicago, 21.-25. Mai 2009.

Hasebrink, U. & Doll, J. (1990). Zur Programmauswahl von Fernsehzuschauern. Die Bedeutung von Einstellungen gegenüber Sendungstypen. *Rundfunk und Fernsehen, 38,* 21-36.

Hassan, L. M., Shiu, E. & Parry, S. (2016). Addressing the cross-country applicability of the theory of planned behaviour (TPB): A structured review of multi-country TPB studies. *Journal of Consumer Behaviour, 15,* 72-86.

Hausenblas, H. A., Carron, A. V. & Mack, D. E. (1997). Application of the theories of reasoned action and planned behavior to exercise behavior: A meta-analysis. *Journal of Sport and Exercise Psychology, 19,* 36-51.

Haustein, S. & Hunecke, M. (2007). Reduced use of environmentally friendly modes of transportation caused by perceived mobility necessities: An extension of the theory of planned behavior. *Journal of Applied Social Psychology, 37,* 1856-1883.

Hawai State Department of Health (2021). *Step It Up Hawaii Media Campaign.* https://www.healthyhawaii.com/get-active, letzter Zugriff: 19.06.2021.

Hawkins, R. P. & Pingree, S. (1982). Television's influence on social reality. In D. Pearl, L. Bouthilet & J. B. Lazar (Hrsg.), *Television and behavior. Ten years of scientific progress and implications for the eighties, Vol. 2* (S. 224-247). Rockville, MD: National Institute of Mental Health.

Heap, S. P. H. & Varoufakis, Y. (1995). *Game theory. A critical introduction.* London, New York: Routledge.

Heath, Y. & Gifford, R. (2002). Extending the theory of planned behavior: Predicting the use of public transportation. *Journal of Applied Social Psychology, 32,* 2154-2189.

Heckhausen, H., Gollwitzer, P. M. & Weinert, F. E. (Hrsg.) (1987). *Jenseits des Rubikon: Der Wille in den Humanwissenschaften.* Berlin: Springer.

Herrmann, L. K. & Kim, J. (2017). The fitness of apps: A theory-based examination of mobile fitness app usage over 5 months. *MHealth, 3,* 1-9. doi: 10.21037/mhealth.2017.01.03

Hermann, C., Liang, C. T. H. & DeSipio, B. E. (2018). Exploring sexual consent and hostile masculine norms using the theory of planned behavior. *Psychology of Men & Masculinity, 19,* 491-499.

Hessing, D. J., Elifers, H. & Weigel, R. H. (1988). Exploring the limits of self-reports and reasoned action: An investigation of the psychology of tax evasion behavior. *Journal of Personality and Social Psychology, 54,* 405-413.

Higgins, C. A., Galavotti, C., O'Reilly, K. & Sheridan, J. (1997). Evolution and development of the AIDS Community Demonstration Projects. In N. H. Corby & R. J. Wolitski (Hrsg.), *Community HIV prevention: the long Beach AIDS Community Demonstration Project* (S. 5-20). California State University, CA: The University Press.

Higgins, E. T. & King, G. A. (1981). Accessibility of social constructs: Information processing consequences of individual and contextual variability. In N. Cantor & J. F. Kihlstrom (Hrsg.), *Personality, cognition and social interaction* (S. 69-121). Hillsdale, NJ: Lawrence Erlbaum.

Hippler, H.-J., Schwarz, N., Noelle-Neumann, E., Knäuper, B. & Clark, L. (1991). Der Einfluß numerischer Werte auf die Bedeutung verbaler Skalenpunkte. *ZUMA-Nachrichten, 15,* 54-65.

Ho, S. S., Detenber, B. H., Rosenthal, S. & Lee, E. W. J. (2014). Seeking information about climate change: Effects of media use in an extended PRISM. *Science Communication, 36*, 270-295.

Ho, S. S., Lee, W. & Hameed, S. S. (2008). Muslim surfers on the internet: Using the theory of planned behaviour to examine the factors influencing engagement in online religious activities. *New Media & Society, 10*, 93-113.

Ho, S. S., Liao, Y. & Rosenthal, S. (2015). Applying the theory of planned behavior and media dependency theory: Predictors of public pro-environmental behavioral intentions in Singapore. *Environmental Communication, 9*, 77-99.

Hogarth, R. M. & Reder, M. W. (Hrsg.) (1987). *Rational choice. The contrast between economics and psychology.* Chicago, London: University of Chicago Press.

Holmes, M. M., Bishop, F. L., & Calman, L. (2017). "I just googled and read everything": Exploring breast cancer survivors' use of the internet to find information on complementary medicine. *Complementary Therapies in Medicine, 33*, 78-84.

Haagsma, M. C., King, D. L., Pieterse, M. E. & Peters, O. (2013). Assessing problematic video gaming using the theory of planned behavior: A longitudinal study of Dutch young people. *International Journal of Mental Health and Addiction, 11*, 172-185.

Hovick, S. R., Kahlor, L. & Liang, M.-C. (2014). Personal cancer knowledge and information seeking through PRISM: The planned risk information seeking model. *Journal of Health Communication, 19*, 511-527.

Hsu, C.-L., Chen, M.-C. & Lin, Y.-H. (2017). Information technology adoption for sustainable development: Green e-books as an example. *Information Technology for Development, 23*, 261-280.

Hubner, A. Y. & Hovick, S. R. (2020). Understanding risk information seeking and processing during an infectious disease outbreak: The case of Zika virus. *Risk Analysis.* doi: 10.1111/risa.13456

Humphreys, L., von Pape, T. & Karnowski, V. (2013). Evolving mobile media: Uses and conceptualizations of the mobile internet. *Journal of Computer-Mediated Communication, 18*, 491-507.

Hung, S.-Y., Ku, C.-Y. & Chang, C.-M. (2003). Critical factors of WAP services adoption: An empirical study. *Electronic Commerce Research and Applications, 2*, 42-60.

Jäckel, M. (1992). Mediennutzung als Niedrigkostensituation. Anmerkungen zum Nutzen- und Belohnungsansatz. *Medienpsychologie, 4,* 246-266.

Jemmott, J. B., Jemmott, L. S. & Fong, G. T. (1992). Reductions in HIV risk – associated sexual behaviors among black male adolescents: Effects of an AIDS prevention intervention. *American Journal of Public Health, 82,* 372-377.

Johnson Avery, E. (2007). *An application of the theory of planned behavior to understand voting behaviors of the young electorate.* Vortragspaper präsentiert auf der 57. Jahrestagung der International Communication Association, San Francisco, 24.-28. Mai 2007.

Johnson, E. J., Hassin, R., Baker, T., Bajger, A. T. & Treuer, G. (2013). Can Consumers Make Affordable Care Affordable? The Value of Choice Architecture. *PLoS ONE, 8,* e81521. doi: 10.1371/journal.pone.0081521

Johnson-Young, E. A. (2018). Predicting intentions to breastfeed for three months, six months, and one year using the theory of planned behavior and body satisfaction. *Health Communication, 34,* 789-800.

Jonas, K. & Doll, J. (1996). Eine kritische Bewertung der Theorie des überlegten Handelns und der Theorie des geplanten Verhaltens. *Zeitschrift für Sozialpsychologie, 27,* 18-31.

Kahlor, L. (2010). PRISM: A planned risk information seeking model. *Health Communication, 25,* 345-356.

Kahlor, L. A., Yang, J., Li, X., Wang, W., Olson, H. C. & Atkinson, L. (2020). Environmental risk (and benefit) information seeking intentions: The case of carbon capture and storage in Southeast Texas. *Environmental Communication, 14,* 555-572.

Kahneman, D. (2011). *Thinking, fast and slow.* New York: Farrar, Straus and Giroux.

Kalichman, S. C. (2007). The theory of reasoned action and advances in HIV/AIDS. In I. Ajzen, D. Albarracín & R. Hornik (Hrsg.), *Prediction and change of health behavior. Applying the reasoned action approach* (S. 265-272). Mahwah, NJ: Erlbaum.

Kamb, M. L., Fishbein, M., Douglas, J. M., Rhodes, F., Rogers, J., Bolan, G., Zenilman, J., Hoxworth, T., Malotte, K., Iatesta, M., Kent, C., Lentz, A., Graziano, S., Byers, R. H. & Peterman, T. A. (1998). Efficacy of risk-reduction counseling to prevent human immunodeficiency virus and sexually transmitted diseases. *Journal of the American Medical Association, 280,* 1161-1167.

Kaplan, D. (2000). *Structural equation modeling: Foundations and extensions.* Thousand Oaks, CA: Sage.

Karnowski, V. (2017). *Diffusionstheorie* (2. Aufl.). Baden-Baden: Nomos.

Karnowski, V., Leonhard, L. & Kümpel, A. S. (2018). Why users share the news: A theory of reasoned action-based study on the antecedents of news-sharing behavior. *Communication Research Reports, 35,* 91-100.

Kasprzyk, D. & Montano, D. E. (2007). Application of an integrated behavioral model to understand HIV prevention behavior of high-risk men in rural Zimbabwe. In I. Ajzen, D. Albarracín & R. Hornik (Hrsg.), *Prediction and change of health behavior. Applying the reasoned action approach* (S. 149-172). Mahwah, NJ: Erlbaum.

Kasprzyk, D., Montano, D. E. & Fishbein, M. (1998). Application of an Integrated Behavioral Model to predict condom use: A prospective study among high HIV risk groups. *Journal of Applied Social Psychology, 28,* 1557-1583.

Kim, Y. (2011). Understanding j-blog adoption: Factors influencing Korean journalists' blog adoption. *Asian Journal of Communication, 21,* 25-46.

Kim, E., Lee, J.-A., Sung, Y. & Choi, S. M. (2016). Predicting selfie-posting behavior on social networking sites: An extension of theory of planned behavior. *Computers in Human Behavior, 62,* 116-123

Kim, J., Namkoong, K. & Chen, J. (2020). Predictors of online news-sharing intention in the U.S. and South Korea: An application of the theory of reasoned action. *Communication Studies, 71,* 315-331.

Kink, N. & Hess, T. (2008). Search Engines as Substitutes for Traditional Information Sources? An Investigation of Media Choice. *Information Society, 24,* 18-29.

Kinnally, W. & Bolduc, H. (2020). Integrating the theory of planned behavior and uses and gratifications to understand music streaming intentions and behavior. *Atlantic Journal of Communication, 28,* 165-179.

Kirchgässner, G. (2008). *Homo oeconomicus: Das ökonomische Modell individuellen Verhaltens und seine Anwendung in den Wirtschafts- und Sozialwissenschaften.* Tübingen: Mohr Siebeck.

Klimmt, C. & Rosset, M. (2020). *Das Elaboration-Likelihood-Modell* (2. Aufl.). Baden-Baden: Nomos.

Krämer, B. (2021). *Fallbeispieleffekte* (2. Aufl.). Baden-Baden: Nomos.

Krampen, G. (2000). *Handlungstheoretische Persönlichkeitspsychologie*. Göttingen: Hogrefe.

Kraus, S. J. (1995). Attitudes and the prediction of behaviour: A meta-analysis of the empirical literature. *Personality and Social Psychology Bulletin, 21*, 58-75.

Kroeber-Riel, W. & Weinberg, P. (1999). *Konsumentenverhalten*. München: Vahlen.

Krupat, E., Camargo, C. A. Jr., Strewler, G. J., Espinola, J. A., Fleenor, T. J. Jr. & Dienstag, J. L. (2017). Factors associated with physicians' choice of a career in research: A retrospective report 15 years after medical school graduation. *Advances in Health Sciences Education, 22*, 5-15.

Lai, H.-M., Chen, C.-P. & Chang, Y.-F. (2014). Determinants of knowledge seeking in professional virtual communities. *Behaviour & Information Technology, 33*, 522-535

Lampert, C. (2007). *Gesundheitsförderung im Unterhaltungsformat. Wie Jugendliche gesundheitsbezogene Botschaften in fiktionalen Fernsehprogrammen wahrnehmen und bewerten*. Baden-Baden: Nomos.

Lanzini, P., & Khan, S. A. (2017). Shedding light on the psychological and behavioral determinants of travel mode choice: A meta-analysis. *Transportation Research Part F: Traffic Psychology and Behaviour, 48*, 13-27.

LaPiere, R. T. (1934). Attitudes vs. actions. *Social Forces, 13*, 230-237.

Lasswell, H. D. (1948). The structure and function of communication in society. In L. Bryson (Hrsg.), *The communication of ideas. A series of addresses* (S. 32-51). New York: Harper & Bros. Wiederabgedruckt in M. Gottschlich (Hrsg.) (1987), *Massenkommunikationsforschung. Theorieentwicklung und Problemperspektiven* (S. 17-26). Wien: Braumüller.

Lee, H.-S. (2013). Predicting and understanding undergraduate students' intentions to gamble in a casino using an extended model of the theory of reasoned action and the theory of planned behavior. *Journal of Gambling Studies, 29*, 269-288.

Lee, M. C. (2010). Explaining and predicting users' continuance intention towards e-learning: An extension of the expectation-conformation model. *Computers & Education, 54*, 506-516.

Lee, A. M., Coleman, R. & Molyneux, L. (2016). From thinking to doing: Effects of different social norms on ethical behavior in journalism. *Journal of Media Ethics, 31*, 72-85.

Lee, S. K., Karnowski, V., von Pape, T. & Cionea, I. A. (2016). An English scale for measuring mobile phone appropriation: Translation and assessment. *Studies in Communication | Media, 5*(4), 397-426.

Lee, J. H., Kim, J. H. & Hong, J. H. (2010). A comparison of adoption models for new mobile media services between high- and low-motive groups. *International Journal of Mobile Communications, 8*, 487-506.

Lee, P. H., Kuo, S. Y., Ou, T. S., Lin, Y. K., Chi, M. J., Chen, S. R., Lin, P.C. & Lai, H. R. (2020). Predicting exercise intentions and behaviors of Taiwanese children in a longitudinal sample. *Journal of pediatric nursing, 51*, e50-e56.

Lemay, E. P. Jr., O'Brien, K. M., Kearney, M. S., Sauber, E. W. & Venaglia, R. B. (2019). Using conformity to enhance willingness to intervene in dating violence: A theory of planned behavior analysis. *Psychology of Violence, 9*, 400-409.

Lepre, C. R. (2007). Getting through to them: Reaching students who need career counseling. *The Career Development Quarterly, 56*, 74-84.

Leung, L. & Chen, C. (2017). Extending the theory of planned behavior: A study of lifestyles, contextual factors, mobile viewing habits, TV content interest, and intention to adopt mobile TV. *Telematics & Informatics, 34*, 1638-1649.

Li, M. & Chapman, G. B. (2013). Nudge to Health: Harnessing decision research to promote health behavior. *Social and Personality Psychology Compass, 7*, 187-198.

Li, A. S. W., Figg, G. & Schüz, B. (2019). Socioeconomic status and the prediction of health promoting dietary behaviours: A systematic review and meta-analysis based on the theory of planned behaviour. *Applied Psychology: Health and Well-Being, 11*, 382-406.

Lin, H.-F. (2006). Understanding behavioral intention to participate in virtual communities. *Cyberpsychology & Behavior, 9*, 540-547.

Lin, T. T. C., Younbo, J. & Sim, C. (2015). Towards an understanding of intention to use mobile videos: Impression management, perceived facilitation, and social norms. *Mobile Media & Communication, 3,* 106-124.

Lin, X., Featherman, M. & Sarker, S. (2013). Information sharing in the context of social media: An application of the theory of reasoned action and social capital theory. *Proceedings of the 2013 AIS SIGHCI Workshop on HCI Research in MIS,* 1-5.

Link, E. (2019). *Vertrauen und die Suche nach Gesundheitsinformationen. Eine empirische Untersuchung des Informationshandelns von Gesunden und Erkrankten.* Wiesbaden: Springer VS.

Loken, B. (1983). The theory of reasoned action: Examination of the sufficiency assumption for a television viewing behavior. *Advances in Consumer Research, 10,* 100-105.

Lowe-Calverley, E. & Grieve, R. (2018). Self-ie love: Predictors of image editing intentions on Facebook. *Telematics & Informatics, 35,* 186-194.

Lu, Y., Zhou, T. & Wang, B. (2009). Exploring Chinese users' acceptance of instant messaging using the theory of planned behavior, the technology acceptance model, and the flow theory. *Computers in Human Behavior, 25,* 29-39.

Lucero-Romero, G. & Arias-Bolzmann, L. G. (2020). Millennials' use of online social networks for job search: The Ecuadorian case. *Psychology & Marketing, 37,* 359-368.

Madden, T. J., Ellen, P. S. & Ajzen, I. (1992). A comparison of the theory of planned behavior and the theory of reasoned action. *Personality and Social Psychology Bulletin, 18,* 3-9.

Maddock, J. E., Silbanuz, A. & Reger-Nash, B. (2008). Formative research to develop a mass media campaign to increase physical activity and nutrition in multiethnic state. *Journal of Health Communication, 13,* 208-215.

Maier, M., Retzbach, J., Glogger, I. & Stengel, K. (2018). *Nachrichtenwerttheorie* (2. Aufl.). Baden-Baden: Nomos.

Manning, M. (2009). The effects of subjective norms on behaviour in the theory of planned behaviour: A meta-analysis. *British Journal of Social Psychology, 48,* 649-705.

Mathieson, K. (1991). Predicting user intentions: Comparing the technology acceptance model with the theory of planned behavior. *Information Systems Research, 2,* 173-191.

Matterne, U., Diepgen, T. L. & Weisshaar, E. (2011). A longitudinal application of three health behaviour models in the context of skin protection behaviour in individuals with occupational skin disease. *Psychology & Health, 26*, 1188-1207.

McEachan, R. R., Conner, M., Taylor, N. J. & Lawton, R. J. (2011). Prospective prediction of health-related behaviours with the theory of planned behaviour: A meta-analysis. *Health Psychology Review, 5*, 97-144.

Maxian, W. (2007). *Personal news agenda, interpersonal networks, and news access: What the TRA can explain.* Vortragspaper präsentiert auf der 57. Jahrestagung der International Communication Association, San Francisco, 24.-28. Mai 2007.

McAlister, A. L., Perry, C. L. & Parcel, G. S. (2008). How individuals, environments, and health behaviors interact: Social cognitive theory. In K. Glanz, B. K. Rimer & K. Viswanath (Hrsg.), *Health behavior and health education: Theory, research, and practice* (S. 167-188). San Francisco, CA: Wiley & Sons.

Meltzer, C. E. (2019). *Kultivierungsforschung.* Baden-Baden: Nomos.

Menozzi, D., Sogari, G., Veneziani, M., Simoni, E., Mora, C. (2017). Eating novel food: An application of the theory of planned behaviour to predict the consumption of an insect-based product. *Food Quality and Preference, 59*, 27-34.

Merikivi, J., Verhagen, T. & Feldberg, F. (2013). Having belief(s) in social virtual worlds: A decomposed approach. *New Media & Society, 15*, 1168-1188.

Metag, J. (2020). What drives science media use? Predictors of media use for information about science and research in digital information environments. *Public Understanding of Science, 29*, 561-578.

Meyer, P., Kayser, B., Kossovsky, M. P., Sigaud, P., Carballo, D., Keller, P.-F., Martin, X. E., Farpour-Lambert, N., Pichard, C. & Mach, F. (2010). Stairs instead of elevators at workplace: cardioprotective effects of a pragmatic intervention. *European Journal of Cardiovascular Prevention and Rehabilitation, 17*, 569-575.

Millar, R. & Shevlin, M. (2003). Predicting career information-seeking behavior of school pupils using the theory of planned behavior. *Journal of Vocational Behavior, 62*, 26-42

Mitchell, G. & Grieve, R. (2020). Using Facebook to gain health information and support: How attitude, norms, and locus of control predict women's intentions. *Australian Psychologist, 55*, 670-685.

Möhring, W. & Schlütz, D. (2010). *Die Befragung in der Medien- und Kommunikationswissenschaft. Eine praxisorientierte Einführung* (2. Aufl.). Wiesbaden: Springer VS.

Montanaro, E. A. & Bryan, A. D. (2014). Comparing theory-based condom interventions: Health belief model versus theory of planned behavior. *Health Psychology, 33*, 1251-1260.

Montano, D. E. & Kasprzyk, D. (2015). Theory of reasoned action, theory of planned behavior, and the integrated behavioral model. In K. Glanz, B. K. Rimer & K. Viswanath (Hrsg.), *Health behavior: Theory, research, and practice* (S. 96-124). San Francisco: Jossey-Bass.

Morgan, M., Deedat S. & Kenten, C. (2015). 'Nuging' registration as an organ donor: Implications of changes in choice contexts for socio-cultural groups. *Current Sociology Monograph, 63*, 714-728.

Morren, M. & Grinstein, A. (2016). Explaining environmental behavior across borders: A meta-analysis. *Journal of Environmental Psychology, 47*, 91-106.

Mou, Y. & Lin, C. A. (2015). Exploring podcast adoption intention via perceived social norms, interpersonal communication, and theory of planned behavior. *Journal of Broadcasting & Electronic Media, 59*, 475-493.

Muk, A. (2007). Consumers' intentions to opt in to SMS advertising. *International Journal of Advertising, 26*, 177-198.

Nabi, R. L. & Sullivan, J. L. (2001). Does television viewing relate to engagement in protective action against crime? A cultivation analysis from a theory of reasoned action perspective. *Communication Research, 28*, 802-825.

Niepel, C., Burrus, J., Greiff, S., Lipnevich, A. A., Brenneman, M. W. & Roberts, R. D. (2018). Students' beliefs and attitudes toward mathematics across time: A longitudinal examination of the theory of planned behavior. *Learning and Individual Differences, 63*, 24-33.

Niu, Z., Willoughby, J. F., Mei, J., Li, S. & Hu, P. (2020). A cross-cultural comparison of an extended planned risk information seeking model on mental health among college students: Cross-sectional study. *Journal of Medical Internet Research, 22*, e15817. doi: 10.2196/15817

Norman, P., Webb, T. L. & Millings, A. (2019). Using the theory of planned behaviour and implementation intentions to reduce binge drinking in new university students. *Psychology & Health, 34*, 478-496.

Nosek, B. A., Graham, J., Lindner, N. M., Kesebir, S., Hawkins, C. B., Hahn, C., Schmidt, K., Motyl, M., Joy-Gaba, J., Frazier, R. & Tenney, E. R. (2010). Cumulative and career-stage citation impact in social-personality psychology programs and their members. *Personality and Social Psychology Bulletin, 36*, 1283-1300.

Oliver, M. B. (2009). Affect as a predictor of entertainment choice: The utility of looking beyond pleasure. In T. Hartmann (Hrsg.), *Media choice: A theoretical and empirical overview* (S. 167-184). New York, NY: Routledge.

Orbell, S., Hodgkins, S. & Sheeran, P. (1997). Implementation intentions and the theory of planned behavior. *Personality and Social Psychology Bulletin, 23*, 945-954.

Osberg, T. M. & Shrauger, J. S. (1986). Retrospective versus prospective judgments of self and others' behavior. *Journal of Social Psychology, 126*, 169-178.

Osgood, C. E., Suci, G. J. & Tannenbaum, P. H. (1957). *The measurement of meaning.* Urbana, IL: University of Illinois Press.

Ouellette, J. A. & Wood, W. (1998). Habit and intention in everyday life: The multiple processes by which past behavior predicts future behavior. *Psychological Bulletin, 124*, 54-74.

Palmgreen, P. & Rayburn, J. D. (1982). Gratifications sought and media exposure. An expectancy value model. *Communication Research, 9*, 561-580.

Palmgreen, P. & Rayburn, J. D. (1983). A response to Stanford. *Communication Research, 10*, 253-257.

Papies, D. & Clement, M. (2008). Adoption of new movie distribution services on the internet. *Journal of Media Economics, 21*, 131-157.

Park, N., Jung, Y. & Lee, K. M. (2011). Intention to upload video content on the internet: The role of social norms and ego-involvement. *Computers in Human Behavior, 27*, 1996-2004.

Pellino, T. A. (1997). Relationships between patient attitudes, subjective norms, perceived control, and analgesic use following elective orthopedic surgery. *Research in Nursing & Health, 20*, 97-105.

Peng, T.-Q., Zhu, J. J. H., Tong, J.-J. & Jiang, S.-J. (2012). Predicting internet non-users' adoption intention and adoption behavior. *Information, Communication & Society, 15*, 1236-1257.

Perse, E. M. (2001). *Media effects and society.* Mahwah, NJ: Erlbaum.

Peslak, A., Ceccucci, W. & Sendall, P. (2012). An empirical study of social networking behavior using theory of reasoned action. *Journal of Information Systems Applied Research, 5*, 1946-1836.

Petraitis, J., Flay, B. R. & Miller, T. Q. (1995). Reviewing theory of adolescent substance use: Organizing pieces in the puzzle. *Psychological Bulletin, 117*, 67-86.

Petty, R. E. & Cacioppo, J. T. (1986). The elaboration likelihood model of persuasion. *Advances in Experimental Social Psychology, 19*, 123-205.

Petty, R. E. & Cacioppo, J. T. (1996). *Attitudes and persuasion. Classic and contemporary approaches.* Boulder: Westview Press.

Phau, I., Lim, A., Liang, J. & Lwin, M. (2014). Engaging in digital piracy of movies: A theory of planned behaviour approach. *Internet Research, 24*, 246-266.

Pimmer C., Linxen, S. & Gröhbiel, U. (2012). Facebook as a learning tool? A case study on the appropriation of social network sites from mobile phones in developing countries. *British Journal of Educational Technology, 43*, 726-738.

Plotnikoff, R. C., Costigan, S. A., Karunamuni, N. & Lubans, D. R. (2013). Social cognitive theories used to explain physical activity behavior in adolescents: A systematic review and meta-analysis. *Preventive Medicine, 56*, 245-253.

Prasetyo, Y. T., Castillo, A. M., Salonga, L. J., Sia, J. A. & Seneta, J. A. (2020). Factors affecting perceived effectiveness of COVID-19 prevention measures among Filipinos during enhanced community quarantine in Luzon, Philippines: Integrating protection motivation theory and extended theory of planned behavior. *International Journal of Infectious Diseases, 99*, 312-323.

Prochaska, J. O., DiClimente, C. C. & Norcross, J. C. (1992). In search of how people change: Applications to addictive behaviors. *American Psychologist, 47*, 1102-1114.

Prochaska, J. O., Redding, C. A. & Evers, K. E. (2008). The transtheoretical model and stages of change. In K. Glanz, B. K. Rimer & K. Viswanath (Hrsg.), *Health behavior and health education: Theory, research, and practice* (S. 97-121). San Francisco, CA: Wiley & Sons.

Pürer, H. (2015). *Journalismusforschung.* Stuttgart: UTB.

Rana, N. P., Slade, E., Kitching, S. & Dwivedi, Y. K. (2019). The IT way of loafing in class: Extending the theory of planned behavior

160

(TPB) to understand students' cyberslacking intentions. *Computers in Human Behavior, 101*, 114-123.

Rapoport, A. & Chammah, A. M. (1965). *Prisoner's Dilemma: A study on conflict and cooperation.* Ann Arbor: University of Michigan Press.

Rayburn, J. D. & Palmgreen, P. (1984). Merging uses and gratifications and expectancy-value theory. *Communication Research, 11*, 537-562.

Reid, A. E. & Aiken, L. S. (2011). Integration of five health behaviour models: Common strengths and unique contributions to understanding condom use. *Psychology & Health, 26*, 1499-1520.

Reifegerste, D. & Rossmann, C. (2017). Promoting physical activity with group pictures. Affiliation-based visual communication for high-risk populations. *Health Communication, 32*, 161-168.

Reinecke, J., Schmidt, P. & Ajzen, I. (1996). Application of the theory of planned behavior to adolescents' condom use: A panel study. *Journal of Applied Social Psychology, 26*, 749-772.

Reinhardt, A. & Rossmann, C. (2021). Age-related framing effects: Why vaccination against COVID-19 should be promoted differently in younger and older adults. *Journal of Experimental Psychology: Applied.* doi: 10.1037/xap0000378

Reynolds-Tylus, T. & Quick, B. L. (2017). Examining differences in predictors of African American, Caucasian, and Latino young adults' intentions to register as an organ donor. *Journal of Broadcasting & Electronic Media, 61*, 368-392.

Rhodes, F., Stein, J. A., Fishbein, M., Goldstein, R. B. & Rotheram-Borus, M. J. (2007). Using theory to understand how interventions work: Project RESPECT, condom use, and the integrative model. *AIDS and Behavior, 11*, 393-407.

Riebl, S. K., Estabrooks, P. A., Dunsmore, J. C., Savla, J., Frisard, M. I., Dietrich, A. M., Peng, Y., Zhang, X. & Davy, B. M. (2015). A systematic literature review and meta-analysis: The theory of planned behavior's application to understand and predict nutrition-related behaviors in youth. *Eating Behaviors, 18*, 160-178.

Rigopoulou, I. D., Chaniotakis, I. E. & Kehagias, J. D. (2017). An extended technology acceptance model for predicting smartphone adoption among young consumers in Greece. *International Journal of Mobile Communications, 15*, 372-387.

Rithalia, A., McDaid, C., Suekarran, S., Myers, L. & Sowden, A. (2009). Impact of presumed consent for organ donation on donation rates: A systematic review. *British Medical Journal*, 338, 284-287.

Rogers, R. W. (1975). A protection motivation theory of fear appeals and attitude change. *Journal of Psychology*, 91, 93-114.

Roncancio, A. M., Ward, K. K., Sanchez, I. A., Cano, M. A., Byrd, T. L., Vernon, S. W., Fernandez-Esquer, M. E. & Fernandez, M. E. (2015). Using the theory of planned behavior to understand cervical cancer screening among Latinas. *Health Education & Behavior*, 42, 621-626.

Rondan-Cataluña, F. J., Arenas-Gaitán, J. & Ramírez-Correa, P. E. (2015). A comparison of the different versions of popular technology acceptance models. *Kybernetes*, 44, 788-805.

Rosenberg, I. M. & Hovland, C. I. (1960). Cognitive, affective, and behavioral components of attitudes. In C. I. Hovland & I. M. Rosenberg (Hrsg.), *Attitude organization and change: An analysis of consistency among attitude components* (S. 1-14). New Haven: CT: Yale University Press.

Rosengren, K. E. (1974). Uses and gratifications: A paradigm outlined. In J. G. Blumler & E. Katz (Hrsg.), *The uses of mass communications. Current perspectives on gratifications research* (S. 269-286). Beverly Hills, CA: Sage.

Rosenstock, I. M. (1974). The Health Belief Model and Preventive Health Behavior. *Health Education Monographs*, 2, 354-386.

Rossmann, C. (2008). *Fiktion Wirklichkeit. Ein Modell der Informationsverarbeitung im Kultivierungsprozess*. Wiesbaden: VS Verlag.

Rossmann, C. (2012). „Gemeinsam ist es leichter" – Zur Relevanz der Psychologie und Kommunikationswissenschaft für die Planung einer Kampagne zur Förderung körperlicher Aktivität. In S. Fengler, T. Eberwein & J. Jorch (Hrsg.), *Theoretisch Praktisch!? Anwendungsoptionen und gesellschaftliche Relevanz der Kommunikations- und Medienforschung* (S. 255-269). Konstanz: UVK.

Rossmann, C. (2013). Identifying effective messages for the promotion of physical activity in Germany. *International Journal of Communication and Health*, 2, 1-11.

Rossmann, C. (2015). Strategic Health Communication: Theory- and Evidence-Based Campaign Development. In D. Holtzhausen & A. Zerfass (Hrsg.), *The Routledge Handbook of Strategic Communication* (S. 409-423). New York: Routledge.

Rossmann, C. (2017). Content effects: Health campaign communication. In P. Rössler (Hrsg.), *The International Encyclopedia of Media Effects* (Bd. I, S. 187-197). New York: Wiley.

Rossmann, C. (2020). Theories of reasoned action and planned behavior in media psychology. In J. Van den Bulck (Hrsg.), *The International Encyclopedia of Media Psychology*. New York: Wiley. doi: 10.1002/9781119011071.iemp0108

Rossmann, C., Lampert, C., Stehr, P. & Grimm, M. (2018). Nutzung und Verbreitung von Gesundheitsinformationen. Ein Literaturüberblick zu theoretischen Ansätzen und Befunden. Gütersloh: Bertelsmann Stiftung. Online verfügbar unter: https://www.bertelsmann-stiftung.de/de/publikationen/publikation/did/nutzung-und-verbreitung-von-gesundheitsinformationen, letzter Zugriff: 23.06.2021.

Rossmann, C., Reinhardt, A. & Weber, W. (2021). *Empfehlungen für Kommunikationsmaßnahmen gegen die Pandemiemüdigkeit bei Jugendlichen und jungen Erwachsenen. Ergebnisse zweier Online-Befragungen und eines systematischen Literaturüberblicks. Fachliche Expertise.* Köln: Bundeszentrale für gesundheitliche Aufklärung. doi: 10.17623/BZGA:2021-FE-EKPJM

Rossmann, C., Riesmeyer, C., Brew-Sam, N., Karnowski, V., Jöckel, S., Chib, A. & Ling, R. (2019). Appropriation of mobile health for diabetes self-management: lessons from two qualitative studies. *JMIR Diabetes, 4*, e10271. doi: 10.2196/10271

Rossmann, C., Stehr, P., Brill, J., Temmann, L. J., Weber, W. & Wendt, K. N. (2021). *Health Information Behavior in Times of Crisis: Determinants of Information Retrieval and Information Processing in the Context of the SARS-CoV-2 Pandemic among Younger and Older Adults.* Vortragspaper präsentiert auf der 71. Jahrestagung der International Communication Association (ICA), Virtual Conference, 27. bis 31. Mai 2021.

Rothman, A. J. & Salovey, P. (1997). Shaping perceptions to motivate healthy behavior: The role of message framing. *Psychological Bulletin, 121*, 3-19.

Rothman, A. J., Stark, E. & Salovey, P. (2006). Using message framing to promote healthy behavior: A guide to best practices. *Best Practices in the Behavioral Management of Chronic Diseases, 3*, 31-48.

Rubin, A. M. (2009). The uses-and-gratifications perspective of media effects. In J. Bryant & M. B. Oliver (Hrsg.), *Media effects.* Ad-

vances in theory and research (S. 165-184). Hillsdale, NJ: Erlbaum.

Savage, L. J. (1954). *The foundations of statistics.* New York: Wiley.

Scharrer, E. & Blackburn, G. (2018). Is reality TV a bad girls club? Television use, docusoap reality television viewing, and the cultivation of the approval of aggression. *Journalism & Mass Communication Quarterly, 95,* 235-257.

Schifter, D. E. & Ajzen, I. (1985). Intention, perceived control, and weight loss: An application of the theory of planned behavior. *Journal of Personality and Social Psychology, 49,* 843-851.

Schmidt, A. T. & Engelen, B. (2020). The ethics of nudging: An overview. *Philosophy Compass, 15,* e12658. doi: 10.1111/phc3.12658

Schnell, R., Hill, P. B. & Esser, E. (1999). *Methoden der empirischen Sozialforschung.* München, Wien: R. Oldenbourg.

Schwarzer, R. (2008). Modeling health behavior change: How to predict and modify the adoption and maintenance of health behaviors. *Applied Psychology, 57,* 1-29.

Schwarzer, R. & Fleig, L. (2014). Von der Risikowahrnehmung zur Änderung des Gesundheitsverhaltens – Ein langer Weg. *Zentralblatt für Arbeitsmedizin, Arbeitsschutz und Ergonomie, 64,* 338-341.

Schweiger, W. (2007). *Theorien der Mediennutzung. Eine Einführung.* Wiesbaden: VS Verlag.

Seel, R. & Rossmann, C. (2020). Akzeptanz und Adoption telemedizinischer Anwendungen in der ambulanten Versorgung: Eine qualitative Befragung von Fachärztinnen und -ärzten. In A. Kalch & A. Wagner (Hrsg.), *Gesundheitskommunikation und Digitalisierung. Zwischen Lifestyle, Prävention und Krankheitsversorgung* (S. 17-31). Baden-Baden: Nomos.

Segrin, C. & Nabi, R. L. (2002). Does television viewing cultivate unrealistic expectations about marriage? *Journal of Communication, 52,* 247-261.

Sheehy, N., Chapman, A. J. & Conroy, W. (Hrsg.) (1997). *Bibliographical dictionary of psychology.* London: Routledge.

Sheeran, P. (2002). Intention-behavior relations: A conceptual and empirical review. *European Review of Social Psychology, 12,* 1-36.

Sheeran, P., Gollwitzer, P. M. & Bargh, J. A. (2013). Nonconscious processes and health. *Health Psychology, 32,* 460-473.

Sheeran, P. & Orbell, S. (1999). Using implementation intentions to increase attendance for cervical cancer screening. *Health Psychology, 19,* 283-289.

Sheppard, B. M., Hartwick, J. & Warshaw, P. R. (1988). The theory of reasoned action: A meta-analysis of past research with recommendations for modifications and future research. *Journal of Consumer Research, 15,* 325-343.

Shevlin, M. & Millar, R. (2006). Career education: An application of latent growth curve modelling to career information-seeking behaviour of school pupils. *British Journal of Educational Psychology, 76,* 141-153.

Shrum, L. J. (1999). The relationship of television viewing with attitude strength and extremity: Implications for the cultivation effect. *Media Psychology, 1,* 3-25.

Simon, H. A. (1978). Rationality as process and as product of thought. *American Economic Review, 68,* 1-16.

Simon, H. A. (1981). *Entscheidungsverhalten in Organisationen: Eine Untersuchung von Entscheidungsprozessen in Management und Verwaltung.* Landsberg am Lech: Verlag Moderne Industrie.

Simon, H. A. (1993). *Homo rationalis. Die Vernunft im menschlichen Leben.* Frankfurt am Main: Campus.

Singh, K., Leong, S. M., Tan, C. T. & Cheong Wong, K. (1995). A theory of reasoned action perspective of voting behavior: Model and empirical test. *Psychology & Marketing, 12,* 37-51.

Singhal, A. & Rogers, E. M. (2004). Entertainment-education: A communication strategy for social change. In A. Singhal, M. J. Cody, E. M. Rogers & M. Sabido (Hrsg.), *Entertainment-education and social change. History, research, and practice* (S. 3-20). Mahwah, NJ: Erlbaum.

Skinner, C. S., Tiro, J. & Champion, V. L. (2015). The health belief model. K. Glanz, B. K. Rimer & K. Viswanath (Hrsg.), *Health behavior: Theory, research, and practice* (S. 75–94). San Francisco, CA: Jossey-Bass.

Smith, H. N. (1932). A scale for measuring attitudes about prohibition. *Journal of Abnormal and Social Psychology, 26,* 429-437.

Smith, B. N. & Stasson, M. F. (2000). A comparison of health behavior constructs: Social psychological predictors of AIDS-preventive behavioral intentions. *Journal of Applied Social Psychology, 30,* 443-462.

Smith-McLallen, A. & Fishbein, M. (2008). Predictors of intentions to perform six cancer-related behaviours: roles for injunctive and descriptive norms. *Psychology, Health & Medicine, 13*, 389-401.

Sniehotta, F. F., Presseau, J. & Araújo-Soares, V. (2014). Time to retire the theory of planned behaviour. *Health Psychology Review, 8*, 1-7.

Soffer, O. & Gordoni, G. (2018). To post or not to post? Anonymous user comments in the Israeli journalistic sphere. *Journalism Studies, 19*, 1390-1408.

Sommer, D. (2019). *Uses and Gratifications*. Baden-Baden: Nomos.

Sommer, L. (2011). The theory of planned behavior and the impact of past behavior. *International Business & Economics Research Journal, 10*, 91-110.

Starfelt Sutton, L. C. & White, K. M. (2016). Predicting sun-protective intentions and behaviours using the theory of planned behaviour: a systematic review and meta-analysis. *Psychology & Health, 31*, 1272-1292.

Stead, M., Tagg, S., MacKintosh, A. M. & Eadie, D. (2005). Development and evaluation of a mass media theory of planned behaviour intervention to reduce speeding. *Health Education Research, 20*, 36-50.

Steadman, L. & Rutter, D. R. (2004). Belief importance and the theory of planned behavior: Comparing modal and ranked modal beliefs in predicting attendance at breast screening. *British Journal of Health Psychology, 9*, 447-463.

Stehr, P., Karnowksi, V. & Rossmann, C. (2020). The multi-faceted usage patterns of nutrition apps: A survey on the appropriation of nutrition apps among German-speaking users of MyFitnessPal. *BMC Medical Informatics and Decision Making, 20*, 279. doi: 10.1186/s12911-020-01294-9

Stehr, P., Luetke Lanfer, H. & Rossmann, C. (2021). Beliefs and motivation regarding physical activity among older adults in Germany: Results of a qualitative study. *International Journal of Qualitative Studies in Health & Well-being, 16*. doi: 10.1080/17482631.2021.1932025

Stehr, P., Rossmann, C., Geppert, J., Lütke Lanfer, H. & Kremer, T. (2020). *„Mensch Opa, du bist noch so fit!" Entwicklung einer evidenzbasierten Kommunikationsstrategie zur Förderung körperlicher Aktivität bei älteren und hochaltrigen Menschen in Deutschland*. Baden-Baden: Nomos.

Stehr, P., Rossmann, C., Kremer, T. & Geppert, J. (2021). Determinants of physical activity in older adults: Integrating self-concordance into the theory of planned behavior. *International Journal of Environmental Research and Public Health, 18*, 5759. doi: 10.3390/ijerph18115759

Steinmetz, H., Knappstein, M., Ajzen, I., Schmidt, P. & Kabst, R. (2016). How effective are behavior change interventions based on the theory of planned behavior? *Zeitschrift für Psychologie, 224*, 216-233.

Stephenson, M. T., Quick, B. L., Atkinson, J. & Tschida, D. A. (2005). Authoritative parenting and drug-prevention practices: Implications for antidrug ads for parents. *Health Communication, 17*, 301-321.

Sundstrom, B., Ferrara, M., DeMaria, A. L., Gabel, C., Booth, K. & Cabot, J. (2018). It's your place: Development and evaluation of an evidence-based bystander intervention campaign. *Health Communication, 33*, 1141-1150.

Sutton, L. C. S. & White, K. M. (2016). Predicting sun-protective intentions and behaviours using the theory of planned behaviour: A systematic review and meta-analysis. *Psychology & Health, 31*, 1272-1292.

Tandoc, E. C. Jr. & Ferrucci, P. R. (2017). Giving in or giving up: What makes journalists use audience feedback in their news work? *Computers in Human Behavior, 68*, 149-156.

Tapera, R., Mbongwe, B., Mhaka-Mutepfa, M., Lord, A., Phaladze, N. A. & Zetola, N. M. (2020). The theory of planned behavior as a behavior change model for tobacco control strategies among adolescents in Botswana. *PloS one, 15*, e0233462. doi: 10.1371/journal.pone.0233462

Taylor, S. & Todd, P. (1995). Assessing IT usage: The role of prior experience. *MIS Quarterly, 19*, 561-570.

Taylor, S. & Todd, P. (1997). Understanding the determinants of consumer composting behavior. *Journal of Applied Social Psychology, 27*, 602-628.

Tefertiller, A. (2017). Moviegoing in the *Netflix* age: Gratifications, planned behavior, and theatrical attendance. *Communication & Society, 30*, 27-44.

Teo, T. (2012). Examining the intention to use technology among pre-service teachers: An integration of the technology acceptance model and theory of planned behavior. *Interactive Learning Environments, 20,* 3-18.

Thaler, R. H. & Sunstein, C. R. (2008). *Nudge: Improving Decisions about Health, Wealth, and Happiness.* New Haven, & London: YaleOxford University Press.

Thaler, R. H. & Sunstein, C. R. (2011). *Nudge. Wie man kluge Entscheidungen anstößt.* Berlin: Ullstein.

Thurstone, L. L. & Chave, E. J. (1929). *The measurement of attitude: A psychophysical method and some experiments with a scale for measuring attitude toward the church.* Chicago: University of Chicago Press.

Treise, D. & Weigold, M. F. (2001). AIDS public service announcements: Effects of fear and repetition on predictors of condom use. *Health Marketing Quarterly, 18,* 39-61.

Troy, E., Blaine, M., Morrison, D. & Harris, B. (2019). Media use, cross-national samples, and the theory of planned behavior: Implications for climate change advocacy intentions. *International Journal of Communication, 13,* 3694-3718.

Tseng, Y.-F., Wang, K.-L., Lin, C.-Y., Lin, Y.-T., Pan, H.-C. & Chang, C.-J. (2018). Predictors of smoking cessation in Taiwan: Using the theory of planned behavior. *Psychology, Health & Medicine, 23,* 270-276.

Tversky, A. & Kahneman, D. (1974). Judgement under uncertainty: Heuristics and biases. *Science, 185,* 1124-1131.

Tyson, M., Covey, J. & Rosenthal, H. E. S. (2014). Theory of planned behavior interventions for reducing heterosexual risk behaviors: A meta-analysis. *Health Psychology, 33,* 1454-1467.

van den Putte, B. & Hoogstraten, J. (1997). Applying structural equation modeling in the context of the theory of reasoned action: Some problems and solutions. *Structural Equation Modeling, 4,* 320-337.

van de Ven, M. O., Engels, R. C., Otten, R. & van den Eijnden, R. J. (2007). A longitudinal test of the theory of planned behavior predicting smoking onset among asthmatic and non-asthmatic adolescents. *Journal of Behavioral Medicine, 30,* 435-445.

van Leuven, J. (1981). Expectancy theory in media and message selection. *Communication Research, 8,* 425-434.

Venkatesh, V. & Davis, F. D. (2000). Theoretical extension of the technology acceptance model: Four longitudinal field studies. *Management Science, 46,* 186-204.

Venkatesh, V., Morris, M. J., Davis, G. B. & Davis, F. D. (2003). User acceptance of information technology: Toward a unified view. *MIS Quarterly, 27*, 425-478.

Venkatesh, V., Thong, J. Y. L. & Xu, X. (2012). Customer acceptance and use of information technology: extending the unified theory of acceptance and use of technology. *MIS Quarterly, 36*, 157-178.

Verplanken, B. & Aarts, H. (1999). Habit, attitude, and planned behavior: Is habit an empty construct or an interesting case of automaticity? *European Review of Social Psychology, 10*, 101-134.

Verplanken, B. & Faes, S. (1999). Good intentions, bad habits, and effects of forming implementation intentions on healthy eating. *European Journal of Social Psychology, 29*, 591-604.

von Pape, T., Karnowski, V. & Wirth, W. (2008). Die Mobile-Phone-Appropriation-Skala (MPA-Skala): Konstruktion und Evaluation. In J. Matthes, W. Wirth, G. Daschmann & A. Fahr (Hrsg.), *Methoden und Forschungslogik der Kommunikationswissenschaft, Bd. 3. Die Brücke zwischen Theorie und Empirie* (S. 96-127). Köln: von Halem.

von Pape, T., Karnowski, V., Wirth, W., Klimmt, C. & Hartmann, T. (2007). *Living in oblivion. A diary-study on the appropriation of a role-playing game.* Vortragspaper präsentiert auf der 57. Jahrestagung der International Communication Association, San Francisco, 24. bis 28. Mai 2007.

Vu, H. T. & Lee, T. T. (2013). Soap operas as a matchmaker: A cultivation analysis of the effects of South Korean TV dramas on Vietnamese women's marital intentions. *Journalism & Mass Communication Quarterly, 90*, 308-330.

Walsh, S. P. & White, K. M. (2007). Me, my mobile, and I: The role of self- and prototypical identity influences in the prediction of mobile phone behavior. *Journal of Applied Social Psychology, 37*, 2405-2434.

Wang, X. (2015). Using attitude functions, self-efficacy, and norms to predict attitudes and intentions to use mobile devices to access social media during sporting event attendance. *Mobile Media & Communication, 3*, 75-90.

Wang, X. & McClung, S. R. (2011). Toward a detailed understanding of illegal digital downloading intentions: An extended theory of planned behavior approach. *New Media & Society, 13*, 663-677.

Wang, J., Liu, R.-D., Ding, Y., Liu, Y., Xu, L. & Zhen, R. (2017). What influences Chinese adolescents' choice intention between playing online games and learning? Application of theory of planned behavior with subjective norm manipulated as peer support and parental monitoring. *Frontiers in Psychology*, 8. doi: 10.3389/fpsyg.2017.00589

Webb, T. L., Joseph, J., Yardley, L. & Michie, S. (2010). Using the Internet to promote health behavior change: A systematic review and meta-analysis of the impact of theoretical basis, use of behavior change techniques, and mode of delivery on efficacy. *Journal of Medical Internet Research*, 12, 97-114.

Weber, M. (1980). *Wirtschaft und Gesellschaft. Grundriß der verstehenden Soziologie*. Tübingen: Mohr.

Weinstein, N. D. (1993). Testing four competing theories of health-protective behavior. *Health Psychology, 12*, 324-333.

Welker, M. (2001). *Determinanten der Internet-Nutzung. Eine explorative Anwendung der Theorie des geplanten Verhaltens zur Erklärung der Medienwahl*. München: R. Fischer.

Werbik, H. (1978). *Handlungstheorien*. Stuttgart: Kohlhammer.

Wicker, A. W. (1969). Attitudes versus actions: The relationship of verbal and overt behavioral responses to attitude objects. *Journal of Social Issues, 25*, 41-78.

Willoughby, J. F. & Myrick, J. G. (2016). Does context matter? Examining PRISM
as a guiding framework for context-specific health risk information seeking among young adults. *Journal of Health Communication, 21*, 696-704.

Wirth, W., Karnowski, V. & von Pape, T. (2006). *Measuring moulds of social shaping: Evidence from cell phone appropriation*. Vortragspaper präsentiert auf der 56. Jahrestagung der International Communication Association, Dresden, 19. bis 23. Juni 2006.

Wirth, W., von Pape, T. & Karnowski, V. (2007). How to measure appropriation? Towards an integrative model of mobile phone appropriation. In T. Hess (Hrsg.), *Ubiquität, Interaktivität, Konvergenz und die Medienbranche: Ergebnisse des interdisziplinären Forschungsprojektes intermedia* (S. 83-105). Göttingen: Universitätsverlag Göttingen.

Wirth, W., von Pape, T. & Karnowski, V. (2008). An integrative model of mobile phone appropriation. *Journal of Computer-Mediated Communication, 13*, 593-617.

Wright, S. (1921). Correlation and causation. *Journal of Agricultural Research, 20,* 557-585.

Wu, J. & Song, S. (2020). Older adults' online shopping continuance intentions: Applying the technology acceptance model and the theory of planned behavior. *International Journal of Human-Computer Interaction, 37,* 938-948.

Yang, Z. J. (2015). Predicting young adults' intentions to get the H1N1 vaccine: An integrated model. *Journal of Health Communication, 20,* 69-79.

Yang, Z. J., Aloe, A. M. & Feeley, T. H. (2014). Risk information seeking and processing model: A meta-analysis. *Journal of Communication, 64,* 20-41.

Yang, H. C. & Wang, Y. (2015). Social sharing of online videos: Examining American consumers' video sharing attitudes, intent, and behavior. *Psychology & Marketing, 32,* 907-919.

Yao, M. Z. & Linz, D. G. (2008). Predicting self-protections of online privacy. *Cyberpsychology & Behavior, 11,* 615-617.

Yzer, M. C., Cappella, J. N., Fishbein, M., Hornik, R., Sayeed, S. & Ahern, R. K. (2004). The role of distal variables in behavior change: Effects of adolescents' risk for marijuana use on intention to use marijuana. *Journal of Applied Social Psychology, 34,* 1229-1250.

Zemore, S. E. & Ajzen, I. (2014). Predicting substance abuse treatment completion using a new scale based on the theory of planned behavior. *Journal of Substance Abuse Treatment, 46,* 174-182.

Zhang, Y. & Krcmar, M. (2004). *Effects of television viewing of sexual content on behavioral intentions in priming and no-priming conditions: A cultivation analysis from a theory of reasoned action perspective.* Vortragspaper präsentiert auf der 54. Jahrestagung der International Communication Association, New Orleans, USA, 27.-31. Mai 2004.

Zhang, C. Q., Zhang, R., Schwarzer, R., & Hagger, M. S. (2019). A meta-analysis of the health action process approach. *Health Psychology, 38,* 623-637.

Zillmann, D. & Brosius, H.-B. (2000). *Exemplification in Communication. The influence of case reports on the perception of issues.* Mahwah, NJ: Erlbaum.

Bisher in der Reihe erschienene Bände

Band 1: Agenda-Setting
Von Marcus Maurer, 2., aktualisierte Auflage 2017, 110 S., brosch., 19,90 €,
ISBN 978-3-8487-4022-2

Band 2: Nachrichtenwerttheorie
Von Michaela Maier, Joachim Retzbach, Isabella Glogge, Karin Stengel, 2., aktualisierte Auflage 2018, 174 S., brosch., 21,90 €,
ISBN 978-3-8487-4234-9

Band 3: Parasoziale Interaktion und Beziehungen
Von Tilo Hartmann, 2., aktualisierte Auflage 2017, 130 S., brosch., 21,90 €,
ISBN 978-3-8487-4264-6

Band 4: Theory of Reasoned Action - Theory of Planned Behavior
Von Constanze Rossmann, 2011, 135 S., brosch., 19,90 €,
ISBN 978-3-8329-4249-6

Band 5: Das Elaboration-Likelihood-Modell
Von Christoph Klimmt und Magdalena Rosset, 2., aktualisierte Auflage 2020, 124 S., brosch., 21,90 €,
ISBN 978-3-8487-6031-2

Band 6: Diffusionstheorien
Von Veronika Karnowski, 2., aktualisierte Auflage 2017, 113 S., brosch., 20,90 €,
ISBN 978-3-8487-2249-5

Band 7: Schweigespirale
Von Thomas Roessing, 2. Auflage 2019, 112 S., brosch., 21,90 €,
ISBN 978-3-8487-4868-6

Band 8: Third-Person-Effect
Von Marco Dohle, 2., aktualisierte Auflage 2017, 122 S., brosch., 21,90 €,
ISBN 978-3-8487-4590-6

Band 9: Domestizierung
Von Maren Hartmann 2013, 173 S., brosch., 19,90 €,
ISBN 978-3-8329-4279-3

Band 10: Framing
Von Jörg Matthes, 2., aktualisierte Auflage 2021, 105 S., brosch., 19,90 €,
ISBN 978-3-8329-5966-1

Band 11: Determination, Intereffikation, Medialisierung
Theorien zur Beziehung zwischen PR und Journalismus
Von Wolfgang Schweiger, 2013, 145 S., brosch., 19,90 €,
ISBN 978-3-8329-6935-6

Band 12: Wissenskluft und Digital Divide
Von Nicole Zillien und Maren Haufs-Brusberg, 2014, 121 S.,
brosch., 19,90 €,
ISBN 978-3-8329-7857-0

Band 13: Fallbeispieleffekte
Von Benjamin Krämer, 2., aktualisierte Auflage 2021, 134 S.,
brosch., 19,90 €,
ISBN 978-3-8487-0599-3

Band 14: Priming
Von Bertram Scheufele, 2016, 104 S., brosch., 19,90 €,
ISBN 978-3-8487-2217-4

Band 15: Presence and Involvement
Von Matthias Hofer, 2016, 123 S., brosch., 19,90 €,
ISBN 978-3-8487-1508-4

Band 16: Gatekeeping
Von Ines Engelmann, 2016, 126 S., brosch., 19,90 €,
ISBN 978-3-8487-1349-3

Band 17: Konsistenztheorien & Selective Exposure
Von Arne Freya Zillich, 2019, 122 S., brosch., 19,90 €,
ISBN 978-3-8487-3072-8

Band 18: Medialisierung und Mediatisierung
Von Thomas Birkner, 2., aktualisierte Auflage 2019, 132 S.,
brosch., 21,90 €
ISBN 978-3-8487-5884-5

Band 19: Meinungsführer und der Flow of Communication
Von Stephanie Geise, 2017, 180 S., brosch., 24,90 €
ISBN 978-3-8487-3229-6

Band 20: Wirkungstheorien der Medien-und-Gewaltforschung
Von Astrid Zipfel, 2019, 220 S., brosch., 26,90 €
ISBN 978-3-8487-4181-6

Band 21: Kultivierungsforschung
Von Christine E. Meltzer, 2019, 112 S., brosch., 19,90 €
ISBN 978-3-8487-4839-6

Band 22: Narrative Persuasion
Von Freya Sukalla, 2019, 146 S., brosch., 21,90€
ISBN 978-3-8487-4146-5

Band 23: Uses and Gratifications
Von Denise Sommer, 2019, 150 S., brosch., 21,90€
ISBN 978-3-8329-6807-6